Die Besten 2004

Klagenfurter Texte

Die 28. Tage der deutschsprachigen Literatur in Klagenfurt

Die Besten 2004

Klagenfurter Texte

Die 28. Tage der deutschsprachigen
Literatur in Klagenfurt

Mit den Texten der Preisträger
Uwe Tellkamp
Arne Roß
Guy Helminger
Simona Sabato

Herausgegeben von Iris Radisch

Piper München Zürich

Der Verlag dankt den Veranstaltern der Tage der deutschsprachigen Literatur – der Landeshauptstadt Klagenfurt und dem ORF Kärnten –, dem Generalsponsor Telekom Austria und 3sat für die freundliche Unterstützung.

ISBN 3-492-04648-7
Piper Verlag GmbH, München 2004

Umschlaggestaltung: R·M·E, Roland Eschlbeck
Umschlagmotiv: Can Cobanli
Gesamtherstellung: Kösel, Krugzell
Printed in Germany

www.piper.de

Inhalt

IRIS RADISCH

Vorwort

Das sind sie, in diesem Jahr die elf besten Texte des 28. Ingeborg-Bachmann-Wettbewerbs, den ich hier, leider unberechtigterweise, noch immer so nenne, obwohl ein ärgerliches juristisches Gerangel mit der Familie Bachmann dem Klagenfurter Wettbewerb diesen schönen, würdigen Namen seit einigen Jahren entzogen hat. Das ist schade, denn Ingeborg Bachmann ist ein guter Maßstab. Nicht in dem Sinn, dass ihre flirrende, hochnervöse, immer mit der eigenen Auflösung ringende Prosa in irgendeiner Weise ein Vorbild für die in Klagenfurt zum Vortrag kommenden Texte abgeben könnte. Das hieße, die literarische Uhr anzuhalten oder ihre Zeiger gar zurückstellen zu wollen. Im Gegenteil: Ingeborg Bachmann als Schutzheilige oder einfach als Schirmherrin dieses Nachwuchswettbewerbs ist eine Verpflichtung zur Modernität. Ihr Werk war wie wenig andere besonders durchlässig für das Neue ihrer Gegenwart, es war geöffnet für das Kommende, noch kaum Begriffene und war verletzt durch das Vergangene, noch kaum Erkannte. Diese Porosität hat sie angreifbar und unverwechselbar gemacht. Zwei Eigenschaften, die, wenn man mich fragt, einen gelungenen Text des Klagenfurter Wettbewerbs in jedem Fall auszeichnen sollten.

Man könnte meinen, dass diese Eigenschaften gerade den Texten junger, noch wenig bekannter Autoren mehr zukommen als dem literarischen Establishment. Dabei lässt man sich von der Hoffnung leiten, dass gerade junge Autoren ihrer Zeit literarisch ungeschützter, gleichsam unbewaffneter begegnen als ältere. Die Erfahrung, besonders in Klagenfurt, zeigt aber, dass das nicht stimmt. Nichts kann so alt sein, so gediegen und so gefesselt an den Kanon literarischer Üblichkeiten wie der Text eines jungen Autors. Die alte, auch schon etwas abgedroschene Rede von der Krise des Klagenfurter Wettbewerbs hat hierin ihren Ursprung: in dem merkwürdigen Widerspruch zwischen der Jugend seiner Teilnehmer und dem Alter seiner Texte, der in den letzten Jahren manchem ins Auge sprang. Wobei Klagenfurt in Schutz zu nehmen ist: Epigonentum ist nicht am Wörthersee erfunden worden, und wie immer ist Klagenfurt einfach nur ein treuer Spiegel dessen, was die Gegenwartsliteratur zu bieten hat. Man sollte nicht den Boten schlagen und die schlechte Nachricht meinen. An den Beschwernissen, die die deutsche Gegenwartsliteratur ihren Liebhabern bereitet, sind ohnehin weniger die Autoren als die Verlage schuld. Mitleidslos haben sie alles veröffentlicht, was wie ein Los in der Lotterie um deutschsprachige Erfolgstitel aussah, nachdem in dieser Lostrommel überraschenderweise in den 90er Jahren ein paar Hauptgewinne steckten. Der Überdruss am vielversprechenden Debüt, der die Titelflut bald begleitete, hat inzwischen wieder zu übertriebener Enthaltsamkeit geführt. Man pflegt die Bestände. Die Bücher, die noch immer zuverlässig überall Aufmerksamkeit finden, sind die der 60- bis 70jährigen. Der Generationswechsel, der sich in den Nachbarkünsten, im Theater, in der Malerei vollzieht, hat die Literatur noch nicht richtig erreicht.

Das kann man beklagen oder begrüßen - für den Klagenfurter Wettbewerb sind diese Beharrungskräfte nicht gültig. Was hier zum Vortrag kommt, wird ausgewählt ganz ohne Nebenabsichten. Weder der New Economy des literarischen Marktes noch den Ansprüchen des noch immer Ton angebenden literarischen Vorruhestandes und schon gar nicht vorweggenommenen Erwartungen eines Fernseh-Millionenpublikums muss hier genügt werden. Insofern hat der Leser dieses Bandes große Chancen, einen ungetrübten Eindruck davon zu erhalten, was die nachwachsende Generation wirklich schreibt.

Ein solcher Eindruck kann sich, wenn man durchaus will, auch zu einem Bild, vielleicht zu einem Gesamtbild verfestigen. In diesem Jahr hat das, wie auch immer ermittelte Gesamtbild alle – Beobachter, Jury und Publikum – besonders überzeugt. Nicht nur die große Entdeckung, der Bachmann-Preisträger Uwe Tellkamp und seine von einem großen Wortorchester begleitete Erinnerungsreise in die ostdeutsche Vergangenheit hat alle begeistert. Begeistert hat vor allem der Reichtum des literarischen Spektrums, das beinahe quer steht zu den Angeboten auf den Tischen der Buchhandlung. Dorothea Dieckmann, Arno Geiger, Roswitha Haring, Guy Helminger, Wolfgang Herrndorf, Andreas Münzner, Richard David Precht, Thomas Raab, Arne Roß, Sabina Sabato – verschiedener könnten die literarischen Welten kaum sein, die hier aufeinander treffen. Sie reichen von einer so zeitgemäß desillusionierten wie raffinierten Weiterarbeit im Bergwerk der klassischen Moderne (Geiger) auf der einen bis zum radikalen Abschied von allen bekannten literarischen Weltbildern (Sabato) auf der anderen Seite. Die Stillagen bewegen sich zwischen einem heiterem philosophischen Absurdismus (Helminger), über einen feingewirkten täuschend einfachen Realismus (Roß) bis zum anarchischen, ja rhizomatischen Mix aller denkbaren uneigentlichen Redeweisen des Medienkapitalismus (Raab).

Auf einen Nenner zu bringen, in eine »Tendenz« zu bündeln ist das nicht. Doch darf man erleichtert, vielleicht sogar beglückt feststellen, dass die karge Zeit der lakonischen, so welt- wie spracharmen Erzählungen, die immer kurz vor dem endgültigen Verstummen in parataktischem Stammeln über die Hinfälligkeit ihrer eigenen Botschaften verzweifelten, vorbei zu sein scheint. Was immer man den Autoren dieses Bandes vorzuwerfen hat, zwei Dinge fehlen ihnen in keinem Fall: Risikobereitschaft und extreme Experimentierfreude. Eine Autorin, die sich zutraut, umstandslos in den Kopf eines Häftlings in Guantánamo zu schlüpfen (Dieckmann) kann man größenwahnsinnig nennen und muss doch ihren Mut bewundern. Ein Autor, der es schafft, ein nächtliches Balkongespräch über den Mond zwischen einem Jugendlichen und einem großstädtischen Alltagsphilosophen in einer vibrierenden Spannung zu halten (Herrndorf), überzeugt durch seine klare Entscheidung für die Reduktion. Der Versuch, die völlige Auflösung aller Sinnsysteme nicht nur zu beschreiben, sondern gleichsam in actu vorzuspielen (Sabato), ist zumindest an Radikalität kaum noch zu überbieten. Der Bachmann-Preisträger Uwe Tellkamp, von dem wir sicher noch viel hören werden, stellt sich ganz bewusst in die risikoreiche ostdeutsche Tradition der braunkohleschwarzen Romantik eines Wolfgang Hilbig oder Reinhard Jirgl.

Alles in allem sind das gute Nachrichten. Das Klagenfurter Ritual ist mitsamt seinen 28 Dienstjahren unleugbar ein Klassiker geworden. Die Literatur, der dieser Klassiker ein noch immer einzigartiges Forum bietet, ist alles andere als klassisch. Sie ist auf dem Weg, unterwegs zu etwas Neuem, das natürlich nie das Bessere, sondern stets nur das Zeitgemäßere ist. Und doch kann man stolz sein, wenn es in Klagenfurt auch nur halbwegs gelingt: Zeitzeuge zu werden, eine Literatur kennenzulernen, die durchlässig ist für die Gegenwart, verletzbar durch die Vergangenheit, mit einem Wort – unverwechselbar.

HERTA MÜLLER

Die Anwendung der dünnen Straßen

Einmal im Jahr wurde das Kalb ins Zimmer getragen und auf den Diwan gelegt.

Alle anderthalb Stunden, täglich, sagte meine Großmutter: »Mir tickt die Wolke durch den Kopf.«

Das eine hat mit dem anderen zu tun:

Im Frühsommer fährt der Großvater mit dem Pferdewagen an den Fluss Sand holen. Er steht viel zu lang im kalten Wasser. Schon am Tag darauf spürt er ein schneidiges Ziehen im ganzen Körper, als spüle sich ihm der Fluss auch zu Hause in kalten Wirbeln durchs Fleisch. Der Großvater kann sich kaum noch bewegen. Wenn er sich rührt ist ihm, als würde der Körper in Stücke brechen. Der Stadtarzt sagt: Im Nacken die Nerven sind erfroren. Auf diese Nerven sind wir angewiesen, sie sind die Fäden, die uns vom kleinen Finger bis zum kleinen Zeh biegsam machen. Sie steuern jede Bewegung. Die Fäden im Nacken halten uns auch beim Gehen, ohne sie würden wir umfallen wie ein Stück Holz.

Der Arzt operiert den Großvater am Nacken. Die Operation misslingt.

Der Großvater wurde steif wie ein Pflock aus dem Spital zum Sterben nach Hause ins Bett geschickt. Statt die Fäden im Nacken neu zu knüpfen, hat der Arzt sie alle durchgeschnitten, sagte man mir als Kind. KNÜPFEN ist seither für mich ein wichtiges Wort, das Gehorchen der Gelenke hat mit KNÜPFEN zu tun, dass wir den Körper, den wir haben, morgens in den Tag und abends in den Schlaf schicken können. Dass wir über ihn nur solange verfügen, wie lang er richtig geknüpft ist. Danach verfügt er über uns.

Vor meiner Geburt wurde der Großvater zum Sterben nach Hause geschickt, aber in seinem Bett lag er, bis ich zwölf Jahre alt geworden war. Das Liegen tat ihm weh, war eine Quälerei, alle Haut, die er hatte, eine einzige Wunde. Er lag auf drei aufgeblasenen Gummischläuchen. Einer zwischen den Schultern, einer im Kreuz, einer in den Kniekehlen. Sein Stöhnen kam mir als Kind so gewöhnlich vor, wie bei anderen das Reden. Es gehörte zum Zimmer, in dem er lag, als hätte nicht er, sondern die Luft diese Stimme, oder ein Möbel, oder die Wand, der Plafond, oder die Tür. Er musste alle anderthalb Stunden hochgehoben und ein bisschen anders auf die Gummischläuche hingelegt werden, ein bisschen mehr auf die rechte oder linke Seite. Er war leicht, aber zum Hochheben und Umlegen Dutzende Male Tag und Nacht war er schwer.

Egal, ob meine Großmutter im Hof, im Garten, im Laden, bei Nachbarn oder auf dem Feld war, sie trug zwölf Jahre lang überall eine Tasche mit einem Wecker bei sich, eine Tasche aus schwarzen und dunkelroten Lederstreifen geflochten, schlabbrig und speckig vom vielen Gebrauch. Dreimal musste der Schuster neue Griffe drannähen, weil die alten zerschlissen waren. Der Wecker läutete jede anderthalb Stunde in der Tasche, wenn es Zeit war, ihren Mann ein bisschen anders hinzulegen. Und wenn er läutete, ließ sie alles fallen und rannte los. Und wenn sie sich ein bisschen verspätete, schrie der Gepeinigte die Gehetzte an, dass er nicht schreien wolle, aber nicht anders könne. Und sie schrie zurück, dass sie sich nicht verspäten wollte, aber nicht anders konnte. Ihr Leben und sein Sterben wurden zwölf Jahre im Anderthalb-Stunden-Takt von einem Wecker dirigiert: behütet und erpresst.

Und einmal im Jahr trug dann mein Vater das neugeborene Kalb auf den Armen ins Zimmer des Großvaters, legte es, damit er es sieht, vis-a-vis von seinem Bett auf den grünen Samtdiwan mit dem dunkelroten Pfingstrosen-Muster. Das Kalb lag auf den Pfingstrosen am Kopfende und ich setzte mich daneben auf die Pfingstrosen ans Fußende. Der Gepeinigte sah dieses Kalb vielleicht eine ganze halbe Stunde immerfort an, als würde er seine Haare zählen. Mich bemerkte er dabei gar nicht. Und ich sah mehr als zu ihm auf das Kalb und die faustdicken roten Pfingstrosen. Manche waren ganz aufgeblüht, man sah innen drin ihr gelb gekräuseltes Herz. Hie und da traf sich mein Blick mit dem des Großvaters. Es war wie ein gegenseitiger Stich, es gehörte sich nicht, dass einer dem andern mit Blicken so in die Augen bohrt. Ich glaube, es war zu wenig Vertrautheit zwischen uns, um das auszuhalten, um sich durchschauen zu lassen. Der Gepeinigte schaute verzückt. Der Glanz in seinem Blick ging wie ein grässlicher Hunger auf das Kalb los. So ein rücksichtsloser Hunger, wie man ihn mit dem Mund gar nicht haben kann. Denn beim Mundhunger wird das Essen immer kleiner, das Gegessene verschwindet hinterm Gaumen. Aber beim Augenhunger bleibt das Gegessene groß vor den Augen stehen. Weil nichts, nicht einmal ein Millimeter daran verschwindet, wird es sogar größer, je länger mit dem Augenhunger gegessen wird. Größer, weil aufgebläht von der Betrachtung, monströs, weil sich die Wahrnehmung mit dem Material des Gegenstandes verbandelt, weil der Gegenstand dem Augenhunger immer mehr ausgeliefert ist. Der Gepeinigte buhlte um Teilhabe an diesem neuen, grad geborenen Fleisch des Kalbs. Er war nicht glücklich, sondern das Glück hatte ihn. Das Glück schleifte ihn hinter sich her. Ja, er hatte ein vom Glück zerrissenes Gesicht.

BEHÜTET und ERPRESST, GLÜCK und ZERRISSEN. Was treffen sich da für Worte. Was taugt ihr Gegensatz, wenn die Lage, aus der sie entstehen, sie zu Ein-und-Demselben macht.

Natürlich hat meine Großmutter nie im Leben den Satz gesagt: »Mir tickt die Wolke durch den Kopf.« Aber, wenn ich über sie schreibe, muss sie den Satz sagen. Nicht meinetwegen, ihretwegen muss sie ihn sagen. Ich muss für sie diesen Satz erfinden, damit ihr Wecker im Satz das Ausmaß kriegt, das er in ihrer schwarzrot geflochtenen Ledertasche, ich möchte fast sagen LEBENSTASCHE hatte. Damit dieser Wecker ERPRESST und BEHÜTET, wenn's mir gelingt, zärtlich erpresst und monströs behütet. Und damit die Sätze die Pointen des Lebens einholen, muss die Großmutter HERZTIER sagen und: »Dein Herztier ist eine Maus.« Sie muss die eine Großmutter werden, die sich zu Tode singt, weil ihr keine Krankheit beim Sterben helfen kann, und nicht die andere Großmutter, die sich genauso erfunden zu Tode betet.

Literatur ist ein fades Wort. Der Literatur bin ich keinen Satz schuldig, sondern mir selber bin ich Sätze schuldig. Mir selber und mir allein, weil ich das, was mich umgibt, sagen können will.

Ein andermal heißt es in einem Text: »Wo ist dieser Ort. Über den Morgen hinaus ist der Tag mir so wenig wie nie. (...) Ich hab noch ein Wort, noch ein kleines, ein zerrenden Sagen in mir. Ich hab noch zu reden fürs Wasser im Blick. Damit ich den Blick noch heben kann, hab ich zu sagen, wer uns die Lippen so schwer, wer uns das Wort so klein macht und wenig wie nie.«

Die sogenannten Landsleute aus dem Banat haben mich Nestbeschmutzerin, Hure und Hexe genannt, der Geheimdienst hat mich zum Staatsfeind erklärt. Beide Seiten haben gegen mich gehetzt, Hand in Hand gearbeitet, auch wenn sie es nicht wussten. Sie brauchten keine Absprachen, denn sie hatten die gleichen Gründe: sie hassten das Aufwühlen ihrer geregelten Welt.

In Bezug auf beiderlei Attacken hab ich mir gedacht: Indem sie sich wehren, geben sie zu, dass sie sich in den Sätzen wiederfinden. Sie toben, weil sie sich nicht so haben wollen, wie sie sind, aber wenn sie nicht so wären, hätten sie die Wut zum Toben nicht.

Den Wörtern im Satz geht es vielleicht wie dem Kalb auf dem Diwan, denn es ist Augenhunger im Spiel beim Schreiben. Der Augenhunger frisst die Wörter, bis sie sich vergrößern. Der Augenhunger und die Vergrößerung sind ein Diktat des Satzes, sonst nichts. Außerhalb davon wehren die Wörter diese Vergrößerung ab, außerhalb wäre sie unangebracht, obszön. Jenseits des Augenhungers sind die Wörter wieder gewöhnlich, sie schrumpfen auf ihren Gebrauchswert zurück, in die Normalität der nichtschreibenden Leute. Zum Glück ist es so, ich brauche, um durch den Tag zu kommen, ständig gewöhnliche Wörter, die bei sich selber stehen bleiben, sonst würde ich die vergrößerten nicht aushalten.

Wenn Scherben funkeln, entsteht ein störrischer Glanz aber nie ein Ganzes. Und wenn wir im Einzelnen hängen bleiben und im Detail denken, besteht alles aus Scherben. Es bricht sich selbst, damit man es genau sehen kann. Und ich breche es noch einmal anders, damit ich darüber schreiben kann. Damit es im

Wort annähernd das Ausmaß kriegt, das es den wirklichen Personen, die ich kenne, schuldig ist. Zwischen der Haltung zu ihnen und der Haltung zum Wort entscheidet sich der Satz, bis er gänzlich erfunden das wirklich Gewesene einigermaßen streifen kann.

Wem gehört das Ticken der Wolke im Kopf, wem das Kalb auf dem Diwan, wem die Großmutter, die sich zu Tode singen oder beten muss. Wem also gehört das Bedürfnis, »zu sagen, wer uns die Lippen so schwer macht, das Wort so klein und wenig wie nie.« Es gehört keiner Dorfheimat und keiner Staatsheimat. Die im Augenhunger gestapelten Vergrößerungen gehören nur dem Text, der sie gebaut hat, um zu funktionieren. Loyalität dem Wirklichen gegenüber und Versessenheit aufs Flirren gehören im Satz zusammen. Das eine kommt ohne das andere nicht in Gang. Die Tragweite entsteht aus dem Festhalten des Gewesenen, das sich im Satz erst dann gültig behauptet, wenn ihm das Eins-zu-Eins entzogen worden ist, wenn es mit Erfundenem vermischt, eine völlig künstliche, weil mit Tricks gebaute Intimität annimmt und beim Lesen wieder frei gibt.

Der Augenhunger verpasst den Wörtern diese Intimität, zieht sie in größtmögliche Nähe, eine die das Gelebte weiter trägt als es beim Erleben war. Nur durchs Erfinden wird die erlebte Wirklichkeit auf ihre Wahrheit zurückgezwungen. Eine Wahrheit durch Nähe, die ich den wirklichen Personen und Gegenständen schuldig bin. Mit Nähe meine ich nicht Einverständnis, sondern die kürzest mögliche Distanz. Seltsam nur, je kürzer die Distanz ist, um so schneller gelangt man durch sie aus der Mitte der Zugehörigkeit an den Rand. In einer überschaubaren Gemeinschaft, sei es ein Dorf oder ein Staat, weil beide sich selbst überwachen, wird man wegen des Augenhungers der Wörter vom Mitglied zum Feind.

Ich jedenfalls bin doppelt an den Rand gelangt, gleichzeitig an den der Dorfheimat und der Staatsheimat. Und das, obwohl der Augenhunger der Wörter nie aus Überheblichkeit kam, sondern aus der genauen Liebe.

Und es war der genauen Liebe geschuldet, wenn ich den Heimatbesitzern sagen musste: Ihr habt diese Dorfheimat im Nationalsozialismus ins Verbrechen manövriert. Ich hatte mit 16, kaum in der Stadt, Gedichte von Paul Celan gelesen, ich habe sie fast nicht ausgehalten. Hier ging es um mehr als um Gedichte, denn ich musste mir beim Lesen sagen, dass ich in eine banatschwäbische Welt geboren bin, mit einem Vater, mit Onkeln und Nachbarn, die Hitler dienten, als er Celans Eltern ermorden ließ. Celans Flucht aus Rumänien ist somit auch die Angst vor meinem Vater. Und Celans Selbstmord ist das Ende dieser Flucht. Ich genierte mich vor den Gedichten, wollte mich für diesen Vater entschuldigenden. Nur, wie kann man sich bei Gedichten entschuldigen und wie im Namen einer deutschen Minderheit, wenn diese 1960 und 1970 und die Jahre danach immer noch singt: »Jetzt fahren wir nach Engeland.« Wenn dieser Vater sich auf den Hochzeiten in den frühen Morgen säuft, wenn ihm der SS-Soldat auf dem Panzer im Suff durch den Schädel schwimmt: Ein Widergänger mit glasigen Augen und schunkelnden Knien, der am Männertisch einer Hochzeit zwischen Flaschen und Blasmusik noch einmal unterwegs auf Eroberung ist. Einer, der beim Johlen das E-n-g-eland zieht, damit die Takte passen, damit er es auskosten kann. Dieser Männertisch war im Krieg, dachte ich, diese singende Kumpanei hat Paul Celan aus dem Leben gekippt. Sie praktizierte schon zur Hitler-Zeit die Abwechslung zwischen Treibjagd und deutschem Männerchor. Und es war schon damals kein ahnungsloses Liedersingen, bei dem die Hakenkreuze diese Deutschen in einem rumänischen Landstrich eitel machten. Sie hatten sich Hitlers Zunge geliehen, wurden fröhlich und derb. Sie hofften, dass ihre Maisfelder und Maulbeerbäume, Häuser und Straßen, ihr Kirchturm und Bahnhof eines Tages Nazideutschland heißen werden, dass Hitlers Krieg aus dieser deutschen Minderheit die Herren der Gegend machen wird.

Ich wollte meinen Vater lieben, wenn er nicht sang. Wenn ich mit ihm im LKW stundenlang durch zu große Maisfelder fuhr, wenn wir uns im Brummen des Autos nichts zu sagen hatten, eng nebeneinander saßen und schwiegen, bis er dann wieder einen Nazispruch sagte und schnippisch lachte, im Glauben, es sei ihm in der Einöde zu zweit ein guter Witz gelungen. Er ließ mich am Versuch der Liebe immer noch einmal aufs Neue scheitern, bis er starb. Wenn bei mir ein Gefühl anfing, machte er sich möglichst schnell widerlich, dass die Liebe sich sofort blamierte, wenn sie aufkam. Er war ein Marodeur, der auf dem Rückzug ins Zivile nie mehr heimisch wurde. Dieser Marodeur in seinem Kopf hat mir die Komplizenschaft zwischen Unbelehrbarkeit und Diktatur gezeigt. Und mich gewarnt vor der Diktatur, in der ich selber lebte. Ich sah Eigenschaften an ihm, die sich an sozialistischen Funktionären wiederholten.

Mein Vater ging mit 18 in die SS. Und ich 1971 über den Asphalt der Stadt als halbverstörtes Dorfkind und Gymnasiastin. Ich dachte mir: Jetzt bin ich 18, so alt wie er damals. Auf dem Asphalt standen die Sprüche, die Lüge, der Zwang und die Angst aller vor allen. Jeder in diesem Land wusste, das hier ist seit 30 Jahren eine Diktatur. Weil ich jetzt so alt wie mein Vater damals war, musste ich mir auf diesem Asphalt sagen: Jetzt wiederholt sich die Jugend meines Vaters an mir, jetzt kommt es ganz allein auf mich an, was ich tu und was nicht. Der Vergleich meines Alters mit seiner Jugend führte zu der Einsicht: Privat anständig bleiben bedeutet öffentlich versagen. Überall hatten schmierige, hirnlose Figuren, Täter und Claqueure das Heft in der Hand. Jeder Aufstieg gründete aufs Drangsalieren anderer: Heucheln, Lauern, Denunziation, Fertigmache. Ich musste mich damit abfinden, zu nichts imstande zu sein, außer zum Ekel vor den Zuständen und zum Erschrecken vor dem Zerbrechen von Menschen, die ich sehr mochte. Ich hatte keinerlei Möglichkeit, den Machtfiguren etwas anzutun, ich konnte nur nicht aufhören, sie zu beurteilen, meinen Ekel zu begründen. Mir in den Kopf zu sagen: Die bauen diese Staatsheimat auf Menschenverachtung, planen Angst und machen Friedhöfe. Bei denen hat kein Mensch eine Chance, wenn er nicht auf andere losgeht. Alle, die ich schätze, dürfen hier keinen Augenblick so sein, wie ich sie kenne. Den Freunden und mir hat diese Staatsheimat nicht nur die Fabrik und die Straßenbahn gestohlen, nein auch unsere Wohnungen, Tisch und Stuhl, das Kissen im Bett, das Besteck, sogar den Kamm, mit dem wir uns im Haar den Scheitel ziehen. Jedes Maß hat man hier auf den Kopf gestellt. Man hat uns hier zur Anwendung der dünnen Straßen gezwungen, die Wege, auf die wir unseren Fuß noch setzen können, sind lediglich unsere eigenen Nerven.

Todesdrohungen, wie soll es anders sein, machen Todesangst. Die Überforderung der Nerven wurde zu unserer zweiten Natur. Denn man gewöhnt sich daran. Und wenn wieder mal etwas bedrohlich wird, spürt man, je genauer man es weiß, nur noch Watte. Von der pausenlosen Intensität wird man benommen. Übermüdete Wachheit, Raserei ausgestopft mit Watte. Man lernt, dass die Watte nicht still, sondern bloß unerbittlich ist. Die Gemütslage zwischen Räsonieren und Hinnehmen gleicht sich an. Der Gebrauch der Logik nimmt sich den Sinn. Das Einordnen der Dinge wird obsolet. Denn man räumt etwas aus dem Kopf, es ist Watte. Und an die frei gewordene Stelle tut man wieder Watte. Man nimmt ihr von innen ein Stückchen weg, damit sie von außen besser wachsen und eindringen kann. Es klingt seltsam, man ist sich durch Raserei und Gleichmut doppelt vorhanden. Nur ist der eine Zustand, sosehr er sich auch streckt, für den anderen nicht erreichbar. Man ist sich doppelt abhanden gekommen. Dann ist es so weit: Der Wind in einer Akazie, das Quietschen des Fahrstuhls, das Anknipsen eines Lichtschalters wird zum Geräusch der Gefahr. Aber auch die Lautlosigkeit, mit der im Weg die Pfütze glänzt und auf dem Tisch die Suppe im Teller.

Ich hatte keine Angst mehr, ich gehörte ihr. Das ist ein schlimmeres Stadium, denn die erste Station hinter der Angst ist wahrscheinlich die letzte, bevor man den Verstand verliert. Der Augenhunger meines Großvaters wurde auf dem Asphalt mein Alltag. Die Dinge luden sich auf, ich musste sie genau ansehen, wissend, dass ihr Augenhunger sie so unberechenbar vergrößert, damit ich nicht merke, wie er mich dabei frisst. Ich funktionierte von außen, ging drei Jahre morgens um 5 Uhr in die Fabrik. Mir tickte der Wecker der Fabrik im Kopf. Ich gestattete mir keine Minute Verspätung. Eingeübter Morgentakt der Füße, den Kopf hob ich und sah zwischen Bäumen in den Himmel. Weil die Wörter einen Augenhunger haben, dachte ich: Auf dünnen Straßen muß man nicht auf seine Füße achten, sondern auf die Nerven.

Wenn ich darüber schreibe, ziehen sich die Weckerjahre meiner Großmutter über meine drei Fabrikjahre. Dann steht im Satz:

Mir tickt die Wolke durch den Kopf
und die Stadt sitzt krötenstill morgens
vor meinem Mantelknopf.

Die Anwendung der dünnen Straßen läuft auch durchs Leben meiner Mutter. Mit 17 wurde sie zu fünf Jahren Zwangsarbeit deportiert ins Lager in die heutige Ukraine. Dort grassierte der wilde Hunger, einer der sich von unserem täglich zahmen, grundlegend unterscheidet. Und der wilde Frost und das militärische Kommando. Meine Mutter hat Internierte wie sie verhungern, erfrieren und an der Zwangsarbeit sterben sehen. Drei Jahre nach der Heimkehr aus dem Lager kam ich zur Welt, die Deportation steckte noch in ihr und streute sich in meine Kindheit. Wenn ich essen sollte, sprach sie vom grausigen Hunger in Russland, bis mir kein Essen mehr schmeckte. Wenn sie mich kämmte, redete sie vom Kahlscheren im Lager, bis ich kein Recht mehr auf meine Haare hatte. Wenn ich abends schlafen sollte, erwähnte sie den gefrorenen Mond über der Steppe, bis mich keine Decke und kein Ofen mehr wärmten. Ich verstand die Inhalte nicht, aber der Schrecken übertrug sich umso mehr. Schrecken ohne Inhalt alarmiert ein Kind unverantwortlich. Sie sah doch, dass ich nicht verstand, worum es geht. Es reichte ihr, dass sie mir weh tun konnte. Hätte sie doch gewartet, denn mit 17, also in ihrem Alter von damals, hätte ich begriffen, der Schrecken wäre nicht mehr ohne Inhalt dahergekommen. Aber da weigerte sie sich, Auskunft zu geben. Sie erwähnte das Lager nicht mehr, behielt ihre dünnen Straßen für sich. Seit ich meine eigenen dünnen Straßen habe, verausgabt sie ihre Beschädigung nur noch in Handgriffen, hoffend dass ich diese nicht durchschaue.

Die Anwendung der dünnen Straßen kenne ich nur von einem Mann in ihrem Alter, den sie nicht kennt, der deportiert war wie sie. Ich nenne ihn Franz. Ich bin den dünnen Straßen nach mit Franz in die Ukraine gereist, ins DONBASS-Gebiet.

Die Städte der Arbeitslager heißen Dnjepropetrovsk, Gorlovka, Donezk, Enakieva, Krivoi-Rog. Da, wo in jedem Park ein Panzer aus dem Zweiten Weltkrieg steht, in jedem Zentrum ein Lenin, hoch wie ein Turm, von der Kohle und Metallurgie nachtschwarz in der Sonne, knüpfen sich, wenn's abends dunkel wird, die Lichtfäden der Sterne nicht wie gewohnt zum kleinen und zum großen Wagen, sondern zum kleinen und zum großen Panzer. Und wenn man dies Bild abwehrt, zum kleinen und zum großen Kühlturm. Überall in den Gärten und als Sträuße auf den Märkten sind Pfingstrosen. Die Pfingstrose ist die Blume der Ukraine. Zwischen allen Lenins und Panzern wird sie einem zur Sowjetblume, eine Pflanze im Siegeswahn. Als wäre der Krieg erst gestern gewesen, oder noch gar nicht vorbei, blüht sie hier zwischen jahrzehntelang mit frischer Ölfarbe gestrichenem Kriegsgerät. Alles Eisen, vom Wasserhahn in den Hotels bis zur Silhouette der Fabriken, ist in der Ukraine kaputt, verrostetes Gerippe. Aber das Kriegsgerät ist auf Hochglanz poliert. Man schaut es an und es glänzt die Angst vor der Zivilität. Der aus dem Sowjetimperium entlassene Staat ist 60 Jahre nach dem Krieg immer noch ein Marodeur des Sieges. Tragisch an diesem so notwendigen Sieg über Hitler ist, dass man aus diesem Sieg nichts lernen durfte. Er durfte sich für den Einzelnen nicht lohnen als individuelles Leben und privates Glück. Dass man außen siegen und innen für alle Tage danach zerbrochen sein kann, durfte keiner hier sagen. Statt seine Sieger danach zu fragen, erzwang der Staat die hysterisch verordnete, überwachte Siegesbeschwörung. Er versteckte dahinter die Repression. Wer sich als Marodeur nicht genügte, sich ein Stück zivile Würde in sein Leben wünschte, für den gab es den Gulag.

Die Pfingstrose, eine alte Bauernblume mit diskretem Duft. Seinerzeit auf dem grünen Diwan sah ich sie an, um einen Halt gegen den Augenhunger zu finden. In der Ukraine lauerte die Pfingstrose selbst, hauchrosa oder geronnen rot fing sie an, dem Kriegsgerät zu gleichen, den Handgranaten. Nie hätte ich diese Assoziation für möglich gehalten: Parfüm und Dynamit.

Als ich mit Franz in der Ukraine war, über die Anwendung der dünnen Straße sprach, habe ich ihm von der Pfingstrose nichts gesagt. Ich war froh, dass sie ihn schonte. Sie fiel ihm nicht auf, war aber in allem drin, was er mir erzählte:

1945 ist Franz 17 Jahre alt. Eine bürgerliche Familie, der Vater Zeichenlehrer, der Tuschfedern sammelt, ein Federzimmer hat. Eine Mutter die Gitarre spielt, elegante Ballkleider trägt, Mokkatassen mit Goldrändern sammelt. Es gibt keinen Koffer im Haus. Als Franz für die Deportation packen muss, montiert er das Grammophon aus der samtverkleideten Kiste und stopft das Loch, wo die Kurbel war, mit einem Korken zu. Er fährt mit dem Grammophonkistchen ins Lager. Im Stadtmantel des Großvaters, mit den Ledergamaschen des Nachbarn, geliehen, damit sie an den Waden warm halten. Mit einem glänzend und matt schachbrettgewürfelten bordeauxroten Seidenschal, den er bald für drei Scheiben Brot verscherbelt. Alles im Grammophonkistchen und was er am Körper trägt, ist, da wo er ankommt, improvisierte, lächerliche Verkleidung. Wie sollte man sich zu Hause beim Packen fünf Jahre Lager vorstellen. Wie im panischen, letzten Moment der Kleinstadt-Normalität das Desaster vorbereiten. Man hätte packen können, wie man will, kein Mitbringsel wäre für den Nullpunkt der Existenz tauglich gewesen. Franz nennt den chronischen Hunger heute noch zärtlich HUNGERENGEL. Und die beste Kohleschaufel wegen der geschwungenen und spitz zulaufenden Form HERZSCHAUFEL. Die Öfen und Kühltürme, die in fünf Jahren fürs Auge zum Halt werden mussten mit weißen Dunstwolken und gelbem Glutspektakel nennt er SKYLINE, vergleicht die zum Heimatgefühl umgestülpte Fremdheit und Verwahrlosung mit der Kindesheimat, der Silhouette der Karpaten. Der uhrgenaue Takt von Beladen und Entladen der Öfen, der Weißdunst und das glutgelbe Leuchten hatten in ihrer pünktlichen Wiederkehr die Zudringlichkeit des Weckers in der Tasche meiner Großmutter. Die Farben am Himmel erpressten und behüteten. Zwischen ERPRESSEN und BEHÜTEN ist wieder mal der Gegensatz gelöscht.

Franz arbeitete in diesem Kokswerk unter den Öfen im Keller bei der heißen und kalten Schlacke. Er spricht vom Vanille- und Bananenduft des Teers, von Kopfkissenbezügen, die er nach der Schicht auf dem Weg zwischen Fabrik und Schlafbaracke mit jungem Meldekraut voll pflückte. Gekocht, mit viel Salz bestreut, wurde das Unkraut gegessen. Salz war schwer zu beschaffen, ein Vermögen wert. Franz sagt, Salz betrügt den Hunger genauso wie Zucker. Als das Unterhemd zerschlissen war, hat Franz sich daraus Klopapier geschnitten. Als die Jacke zerschlissen war, hat er sich daraus eine Schirmmütze genäht. Pedant zugeschnitten, akkurat mit Karton verstärkt. Ein Musterstück an Handarbeit. Eine Mütze als Selbstvergewisserung und Würde, ein kleines Wunder, das ihn stolz machte. Es war der Beweis, dass in ihm noch eine Spur von früher existiert, dass er die Zivilisation nicht gänzlich vergessen hat.

Auch die Deportation von Franz nenne ich beim Schreiben »die Anwendung der dünnen Straßen.« Die Anwendung ist ein Gebrauch gegen den Willen und ohne Wahl. Im Satz sollen die Straßen nicht schmal sein, nicht ungewiss sondern DÜNN, damit sie brechen, ohne die entsprechenden Wörter zu bemühen. Nicht Halbverhungerter soll Franz heißen im Satz sondern LÖFFELBIEGER. Wo sich die Realität so extrem aufreißt, kann sie nur getroffen werden durch Überrumpelung, durch ein Wort, das sie nicht erwartet:

Der Löffelbieger sagt
in Weiß gekleidet liegt
der Schnee so
nackt die Anwendung
der dünnen Straßen
das bisschen Krümmung in den Mokkatassen
das Grammophonkistchen die Herzschaufel
kannst du doch wissen alles Material wird später
mal dein rechteckiges Kissen ich aber war
nur für eine kurze Reise kostümiert ein
junger Wind oder ein alter Hunger
hatte mir das Mützchen destabilisiert es
kam der König mit dem Zuckerstreuer er
schrie und schwieg es kam ein neuer
König mit dem Zittersieg

UWE TELLKAMP

Der Schlaf in den Uhren

(Romanauszug)

Manchmal hör ich sie fließen unaufhaltsam.
Manchmal steh ich auf, mitten in der Nacht,
und laß die Uhren alle stehen

– Rosenkavalier: Monolog der Marschallin, mir ist, als ob ich sie hörte, die Stimmen, die Musik, Erinnerung

– aber die Uhren schlugen, Muriel, ich sehe dich, eingekapselt von Apparaten, die dich und deine Träume retten sollten, Träume, um die es im Grunde immer geht, erinnerst du dich, wie die Straßenbahn in den Schienen schlenkerte und Funken stoben, wenn sie, von der Haltestelle Leipziger Straße kommend, vor dem Bahnhof Neustadt um die Ecke bog, die rotweiß gestrichene tschechische »Tatra«-Bahn mit den Haltestellenschildern aus Pappe, wie sie gegen die Fenster schlugen, und die Heimkehrenden darunter waren in ihre Zeitungen oder Bücher oder Gedanken versunken, während vorn, in der Fahrerkanzel, das Mikrofon knackte und die horizontal angebrachten Zeiger der Volt- und Ampèremeter auf- und niederschaukelten, der Geschwindigkeitszeiger (Formelzeichen v) funktionierte meist nicht, wenn der Fahrer, die Hände auf einen Querbügel gelegt, das blankpolierte Pedal trat, mit dem er Strom, nicht Gas, gab, und das breit wie ein Biberschwanz war; hin und wieder drehte er am gelb eingekreisten schwarzen Hebel, stellte auf »Fahrgastbedienung«, so daß die Aussteigenden den Knopf an der Haltestange vor den Stufen zur Klapptür drücken und sich selbst hinauslassen konnten, am Platz der Einheit, der wie eine riesige Karieshöhle lag, die Menschen schlugen ihre Kragen auf gegen den wehenden Schnee und verschwanden in der Alaunstraße oder Richtung Otto-Buchwitz-Straße, ein Sog von aschdunklen

Mänteln, reifbedeckten Hüten, das einzige Licht noch im Geschäft für Papier und Füllfederhalter Maetzig? Maetzke? ich weiß nicht mehr genau, ob es wirklich so hieß, nur daran, daß es mit M begann und wohl den Umlaut ae hatte, glaube ich mich erinnern zu können; manchmal der Geruch vom VEB Elbe-Chemie, vielleicht kippten sie dann einen schmauchenden Bottich voller Reinigungslauge in Abfüllbehälter oder hatten einen Hebel an einem vom Flugrost befallenen Zylinder gedrückt, aus dem die Zahnpastaration eines ganzen Monats in die roten »Putzi«-Tuben quoll, ein rohrdicker Strang Kinderzahncreme, der in Makkaronihaare auffächerte, genug für ganz Vineta, als das mir Dresden, die Stadt, in der ich Kind war, vorkommt unter den Sturzbächen und dem Dünenschutt der Stunden; die Bahntüren schlossen sich mit einem von Gummis gedämpften Heuschreckenbeinstrecken, und ich nahm Bilder mit und Stimmen: Alaun, würde Vater uns erklären, meiner Schwester Muriel und mir, Chromalaun, Kalialaun, Ammoniakalaun, würde von Papiermühlen erzählen, wo Alaun zum Leimen des Papiers verwendet wurde, vom Salmiakgeist, der die Häuser in der Neustadt mit Harnsalzschorf überzog; die Bahn gewann an Fahrt, aber nur, um nach hundert Metern bereits wieder abzubremsen: Rothenburger Straße; Mädchen mit Geigenkästen steigen ein, Angestellte mit abgewetzten Aktentaschen, noch den Dunst der Chemischen Reinigung, Zweigbetrieb des VEB Purotex, den Zigarettenrauch des Cafés in den Mänteln, Umsteiger aus der Linie Sechs, und werden sie ebenso wie die Mädchen mit den Geigenkästen die Nase rümpfen über das »Duchi«-Parfum der russischen Offiziersfrauen, an das sich der Geruchssinn der Fahrgäste bis zum Waldschlösschen, wo fast alle Russen aussteigen werden, nicht gewöhnt haben wird; er ist süß und schwer, dieser Geruch, Moschus und Patchouli, lastend, wie der der »Chokolade- und Cichorienfabrik« zwischen Alaun- und Königsbrücker Straße gewesen sein muß,

»Tell«-Schokolade, Hartwig & Vogel, sagte Lucie Krausewitz, ich sehe sie lachen, die Hand heben und abwinken, Lucie Krausewitz, die mit ihrem Mann Arno, dem ehemaligen Flugzeugbauer, in der Hochparterrewohnung des Hauses meiner

Kindheit wohnte, sie lacht und hebt die Kaffeetasse, nippt und sagt: Diese riesigen Schokoladewannen, Fabian, Kakaomasse, Zucker und Butter verknetet, dann erwärmt und umgerührt von forkengroßen Edelstahlbügeln, und nach dem Krieg, als es wieder losging, dann VEB Elbflorenz hieß, füllten wir heimlich etwas ab in mitgebrachte Soldatenessgeschirre, um es gegen Kohle und Stoff zu tauschen, damit wir uns was schneidern konnten, Arno, deine Fliegeruniform war nur noch ein Bündel verlauster Lumpen, wir taumelten nach Hause, so benommen waren wir von dem schweren Geruch aus den Schokoladewannen, der aber den Vorteil hatte, unsere Mägen zu füllen; wir mußten mittags etwas essen, das war Vorschrift vom Werkmeister, da wir die Erschöpfung sonst erst dann bemerkt hätten, wenn es zu spät gewesen wäre, der Körper braucht Nahrung, aber das Hungergefühl ist weg, und ich erinnere mich, Fabian

dann ruckte die Straßenbahn wieder an, ließ das Haus mit dem Ochsenauge links liegen, das Antiquariat mit seinen nelkengelb erleuchteten Fenstern, seinen misstrauischen, geschulten und einsamen älteren Fräulein, die nur von Hermann Hesse und Goethe und Klaus Mann etwas hielten, weniger dagegen von Thomas Mann, die Schierlingsmienen aufsetzten, wenn jemand die hellgrün gebundene Friedrich-Wolf-Ausgabe in fünf Bänden zur Kasse schleppte, die an den Brillen rückten und die Säbel in ihren Augen blankzogen, wenn einer der baskenbemützten Herren oder pickelgeplagten Oberschüler, die schweigend und mit andächtig die Schräglage wechselnden Köpfen – je nach Leserichtung des Buchrückens – vor den Regalen standen, einen der finster drohenden Bände der Pflicht-MEGA, Marx-Engels-Gesamtausgabe, aus ihrem unter dem Staub der Jahre festgekrusteten Verbund brach und tatsächlich die mit Zitterbleistift eingetragene Eins zu bezahlen gedachte – Eins Emm! rief die Verkäuferin der anderen an der Kasse zu, schrie es nachgerade vor Pein, so dass das ganze Geschäft sich nach diesem Übertretling ungeschriebener Gesetze umwandte, Eins Emm der De-De-Err der Herr! worauf die zweite Antiquarin pikiert an der Kassenkurbel drehte, plingend sprang der Preis ins Sichtfenster, und die Lade aufrasseln ließ, um das Geldstück zu entfernen; die erste Antiquarin hatte das in blaues – Leder? – eingebundene Werk mit Eisfingern in einen Bogen entschieden abgeratschtes Packpapier plumpsen lassen und mit den geübten Griffen von Kammerjägern eingesargt; die Bahn gewann an Fahrt,

erinnere mich, Fabian, wie die Bleuger Liese mir zuflüsterte: Wirst sehen, ich tu's; an den fetten, an diesem Tag besonders intensiven Schokoladegeruch, denn der Vorarbeiter hatte allen Kakao in die Wannen geschüttet, der noch übrig war, wir haben bis zum Schluß Schokolade produziert, wir waren ja kriegswichtig, die Flieger hatten Sonderrationen, die Nachtjäger der Messerschmitt 262 auf dem Flugplatz Klotzsche, nicht wahr, Arno; alles hatte er hineinkippen lassen: Die Russen bringen Hunde mit, Mädchen, wenn die Scho-klade, er sagte immer Scho-klade, euren Geruch übertüncht, finden sie euch nicht, und immer die Sirenen von den Tieffliegern, wir versteckten uns unter den Wannen, ich hörte über mir die Schokolade Blasen werfen, das Geräusch des Atmens und das Keuchen des Vorarbeiters, dessen Holzbein gegen den Wannenrand stieß, wenn er sich bewegte, und er bewegte sich zu oft

»Duchi«-Parfum, die Bahn nahm Anlauf hinter der Nordstraße, schien die nächste Haltestelle so schnell wie möglich erreichen zu wollen, Waldschlösschenstraße: Ein Teil der Offiziere in den erbsbreigrünen Uniformen mit den radgroßen, fast immer in den Nacken zurückgeschobenen Schirmmützen stieg aus, ihre vom Kasernenstumpfsinn und Alkohol finnig gewordenen Gesichter wandten sich ab; sie vermieden den Blickkontakt mit uns, den »Freunden« – Arno Krausewitz lachte trocken, stieß einen Rauchpuff aus seiner »Mundlos«-Zigarre an die Decke: Klar, UddSR, Unjon der deutschsprachischen Sof-jettrepu-bliggen –, und während die Elf wieder anzog, sah ich sie in Richtung Dr.-Kurt-Fischer-Allee verschwinden, vielleicht unter dem Kommando eines rotblonden, glattgescheitelten Offiziers namens Putin, ich sah ihnen nach, sie warfen einen Blick auf ihre Uhren und schwenkten ihre billigen Aktentaschen, die es für sie in ihren Läden und »Magasins« zu kaufen gab, wo dicke sowjetische Frauen, die sich für das sprachunkundige Ohr in einer

Art von Schwalben-Zwitschersprache unterhielten, an den Kassen in Form eines Holzkugel-Abakus' warteten und verstummten, wenn jemand eintrat, der nicht dorthin gehörte; dann taten sie mir leid, all die Offiziere, aber noch mehr die blutjungen, milchbärtigen Soldaten unter der Aufsicht bärbeißig dreinblickender Kasachen, Turkmenen oder Georgier mit pechschwarzem Haar, niedriger Stirn und blauschwarz schimmerndem Bartwuchs, was mochten sie denken von diesem Land, in dem sie, die vielleicht in ihrem bisherigen Leben noch nie die Grenzen ihres Dorfes überschritten hatten, stationiert waren, tausende Kilometer von zuhaus entfernt, zum Stummsein verurteilt gegenüber diesen Menschen, die vor Jahrzehnten einen Krieg gegen ihre Väter und Großväter verloren hatten, aber sich darum wenig zu kümmern schienen, da sie die Soldaten aus dem Reich des Eises und der Finsternis mit feindseligen Blicken bedachten,

zu oft, und draußen die Stimmen und das Geräusch von mit den Füßen beiseite gestoßenen Blecheimern, übrig geblieben von Löscharbeiten nach den Angriffen, das Gelächter und die jaulenden Hunde, Stimmen auf dem hallenden Gang und die Hunde, die sich auf die Schokolade in den Wannen stürzten, das Geräusch ihrer schlappenden Lefzen, ich konnte nichts sehen, denn es gab kein Licht, und die hohen Fenster waren rußverschmiert, die Stimmen, plötzlich laut, dann zerrten sie uns unter den Wannen vor gutte Frau Frau gutt Frau kommen mit, und leuchteten uns mit ihren Feuerzeugen ab, der Vorarbeiter trat dazwischen, als einer der Soldaten die Hand nach mir ausstreckte, ein anderer Soldat hielt ihm die Pistole an die Schläfe, drückte ab und zischte Faschist schlechte Faschist, wieder die Hand, dann hörte ich das metallische Geräusch, die Bleuger Liese hatte den Ring aus der Handgranate gezogen und flüsterte Haut ab haut ab, wir waren zu fünft, sie zu acht oder neun; wie derselbe Soldat, der den Vorarbeiter erschossen hatte, zum zweiten Mal die Pistole hob und die Bleuger Liese erschoss, auf die wegrollende Handgranate mit dem Stiefel trat, sie aufhob und aus dem Fenster warf und die anderen etwas brüllten, das Runter! oder Deckung! heißen musste, wir warfen uns hin, bevor die Druckwelle aus Fenstersplittern, Schokolade, Mauerstücken uns traf, dann, nachdem es wieder still geworden war, standen die Soldaten auf, wollten sich den Staub von den Uniformen klopfen, hielten inne, als sie sahen, daß sie von oben bis unten mit Schokolade bespritzt waren, streckten die Zeigefinger aus, schleckten sie ab, stürzten sich auf die umgekippten Wannen, vor denen zwei ihrer Hunde getötet lagen und der Vorarbeiter und die Bleuger Liese, schoben sich die Käppis zurück, grinsten: Deutsche Frau gutt hat Mutt, dann boten sie uns Papirossy an, schöpften Schokolade und kauten sie aus der hohlen Hand, dann zogen sie ab

»Duchi«-Parfum, und sie, die Towarischtschi, wie sie genannt wurden, spürten es wohl, dachte ich, wenn ich sie beobachtete; aber ob es die Frauen spürten, wußte ich nicht zu entscheiden, Frauen sind im allgemeinen sensibler als Männer, aber vielleicht traf das auf die Offiziersfrauen nicht zu, auf die meisten von ihnen, will ich einschränkend sagen; ich mag Verallgemeinerungen nicht. Vielleicht überspielten sie Scham und Schüchternheit mit ihren lauten, schrillstimmig geführten Unterhaltungen mit den weinerlichen Verschleifungen der russischen Worte im Diskant, dem ruckenden Gestikulieren und den kehligen Glucksern, die sie wie fette Hennen ausstießen, ein Gebaren, das nicht zu wissen oder sich nicht darum zu scheren schien, dass der junge Mann in dem militärgrünen Parka, der sie beobachtete und zu ergründen versuchte, womöglich verstehen konnte, was sie sagten, immerhin war er Mitglied der »Gesellschaft für Deutsch-Sowjetische Freundschaft« und besaß ein Mitgliedsbuch mit en bloc gekauften Beitragsmarken, immerhin lernte er seit der fünften Klasse Russisch in der Schule, Nina Nina tam Kartina eto Traktor i Motor und weitere im Alltagsgespräch sehr nützliche Vokabeln wie Raketa und Sjelskochosjaist wennui Kooperativ und Kiew jestch otschen seljonnaui Gorod – Kiew ist eine sehr grüne Stadt –; aber es gab die Wachtposten vor dem Lazarett der Roten Armee oben im Turm, mit denen Muriel und ich Unterhaltungen angeknüpft hatten im Tausch gegen eine alte asthmatisch tickende Uhr aus Ruhla; Gespräche, die uns für die Russischprüfungen in der POS sehr geholfen hatten, und das

Wort »Swinja Sabaka«, Schweinehund, kannte ich aus den Flüchen der Wachtposten. Es war merkwürdig für mich, es aus den knallig orangerot oder pinkfarben bepinselten Lippen der russischen Offiziersfrauen zu hören, dann hasste ich sie, weil ich das Wort auf uns, auf mich bezog, hasste die teigigen, grellgeschminkten, grobporigen und gedunsenen Gesichter, die kloßigen Augen mit pfauenblauen Lidschatten, die korallenroten Fingernägel, die ganze Aufgedonnertheit und Penetranz dieser Frauen, die sich mit dem Putz von Mandarinenten zu heraldischen Archetypen des Phänomens »Weibchen« auftakelten: farbkastenbunte, dralle und prahlerische Herausforderung in der von Grau und Feindseligkeiten durchwucherten Welt; hasste ihre dick mit Talmi beringten Kapaunenfinger, das Marketenderinnenkeifen, die Speckwülste ihrer weißgepuderten Nacken, die Kürbisbusen, die Stentorstimmen, den »Duchi«-Geruch, den sie sich hohlhandweise überschütten mussten, der Fruchtzucker-Wolke nach zu urteilen, die den Bereich umgab, in dem sie saßen, dieser Geruch, vermischt mit dem nach Schweiß und Knoblauch; aber je länger ich sie beobachtete, desto bröckeliger wurde mein Hass, ich sah die Risse in dem wie Verputz aufgetragenen Makeup, die über den vertuschten Tränensäcken irrlichternden Augen, die Angst, und sie, die mir nichts getan und die vielleicht nicht einmal genug Geld hatten, sich geschmackvoller zu kleiden, was verbargen sie unter »Duchi«-Wolken und Pfingstrosenschminke

Die Zeit im Grund, Quin-quin, die Zeit,
die ändert doch nichts an den Sachen.
Die Zeit, die ist ein sonderbares Ding.
Wenn man so hinlebt, ist sie rein gar nichts.
Aber dann auf einmal,
da spürt man nichts als sie:

– meergrüne Schallplatte in der Nacht, schwappende Systole des auf dem Plattenteller schwimmenden Lichts, »Monarch Record«, kreppig klingende Kaiserzeit-Aufnahme, auf dem Etikett die lange Röhre des Grammophons mit dem weißen Hund davor, der sich rasend drehte

Die Zeit im Grund, Quin-quin, die Zeit,

sang die Marschallin mit der Stimme von Margarethe Siems

– rote und graue Schalensitze in der Straßenbahn, das Brummen der Elektroheizungen unter den Sitzen der Fensterreihe in unregelmäßigen Abständen vom Knacken des anfahrenden oder abbremsenden Wagens unterbrochen; Wilhelminenstraße, wo es eine Blindenschule gab und die Bahn vor einem Zebrastreifenübergang wartete, bis die Blinden, geführt von einer Erzieherin, sich mit ihren langen weißen Stäben über die Straße getastet hatten, was in meiner Erinnerung stets zuerst lautlos geschieht, dann, je mehr die ohnehin gedämpft geführten Gespräche in der Bahn verstummen, allmählich lauter wird, das Tacktack der einen Sektor vor den Füßen absuchenden Stäbe, dieses Geräusch der Heimgesuchten, die mit weißen Gesichtern und leicht schräggeneigten, wie nach innen lauschenden Köpfen die Straße überquerten, die verschlossenen Mienen, seltsam unzugehörig zu den Händen, die mit den Stöcken den Weg freitasteten und also, so empfand ich damals, etwas mit der Gegenwart zu tun haben mussten, während die Gesichter oder besser: die Masken, zu denen die Gesichter geworden waren, in einem anderen Raum lebten, Tacktack in der Stille der stehenden Bahn, dieses Geräusch nicht nur der Heimgesuchten, sondern auch der Heimsuchenden; aber die Uhren, Muriel

– eins, zwei ... Ich hörte die Uhr der Marschallin schlagen

– »Pionierpalast«, die gepflasterte Auffahrt, der Springbrunnen im geisterhaften Licht der wenigen Laternen, die dort zu dieser Stunde brannten, selten stieg hier jemand ein oder aus, das alte Schloss mit seinem drachenhaft gezackten Umriss lag schwarz und leer

die Abordnung der Schokoladenmädchen bewegte sich langsam vorwärts, misstrauisch beäugt von der Abordnung der Volkskammer, vielleicht sahen wir verdächtig aus mit unseren gestärkten Hauben, den Schürzen und Rokokokleidern: Die Genossinnen lassen den Sinn für die gesetzmäßig-historische Entwicklung der Zeitläufte vermissen; vielleicht dachten sie, die uns beobachteten, an einen Hinterhalt, in den der Genosse Vorsitzende sie gelockt hatte, womöglich steckte der Löffel in der kleinen Tasse auf dem Silbertablett nicht in Schokolade, sondern in Schierlingsmilch; sie rückten an ihren Brillen, kratzten sich die Hände, es war seltsam, daß wir ihnen kaum näherkamen, obwohl wir unsere Schritte, immer noch angepasst an den vorgegebenen langsamen Takt der Musik, schon vergrößert hatten, eine sich ängstlich aneinanderdrängende Traube dunkelblauer verdienter Genossen mit dunklen Brillen in den Horst-Sindermann-Gesichtern, sie wichen tatsächlich vor uns zurück, bis eine Lücke zwischen ihnen und dem Genossen Vorsitzenden klaffte und sie sich in ihr Schicksal fügen mussten, sie senkten ein wenig die Köpfe, aber nur für einen kurzen Moment, dann sahen sie der sich nähernden Schokolade mit spanienkämpferisch erhobenen Häuptern entgegen, und ich weiß noch, Fabian, wie der Stoff meines Kleids kratzte, umgeschneidert aus einigen Kostümen aus dem »Theater des Volkes«, wie das Alberttheater unter den Nazis geheißen hatte,

abgebrannt abgebrannt Pommernland ist abgebrannt, Lucie ach was, Arno, das Theater hat der Engländer zerkloppt danach beim Angriff; wie der Stoff, brüchig gewordene Kretonne, nach Naphthalin und immer noch, aber das bildete ich mir wohl ein, Brandgeruch stinkend, gekratzt hat, und wir, die Abordnung Verdienter Aktivistinnen aus dem VEB Elbflorenz, schritten nun auf den Genossen Vorsitzenden zu, der zur Neutaufe des Albrechtsschlosses gekommen war, »Pionierpalast ›Walter Ulbricht‹« sollte es nun heißen, die Auffahrt nun nicht mehr voller Kutschen, sondern voller Staatskarossen, diese schweren schwarzen Särge,

Tschaikas! Daß du dir das nie merken kannst!
sei still, Arno, und paß lieber auf, daß die Asche von deinem Stumpen nicht runterfällt, wie oft hab ich dir schon gesagt, du sollst den Ascher drunterhalten, aber man redet ja gegen Wände, und überhaupt, guck dir die Gardinen an, völlig vergilbt durch diese ekelhaften Jä-ger-stolz,

ne! Mundlos
also Tschaikas, und daneben die Genossen Chauffeure, die in regelmäßigen Abständen einknickten, als hätten sie was mit dem Magen und müßten dringend mal aufs Örtchen, und dabei

sah man die Telefone – oder was immer diese klobigen Kästen mit Kringelschnur waren neben dem Fahrersitz – schon von weitem, ebenso die Ausbuchtungen unter den Achseln ihrer schwarzen, viel zu eng geschnittenen Anzüge, und natürlich war alles abgesperrt, Volkspolizei stand, Hände vor dem Gemächt, an den Kordons; Jung- und Thälmannpioniere schwenkten rote Wimpel und brachen, befördert vom Genossen Bürgermeister auf der Tribüne, in Jubelrufe aus, die uns, den Schokoladenmädchen, die Konzentration auf das später vielgesungene Arbeiterlied »Wann wir schreiten Seit an Seit« erschwerten, dessen Takt wir bei der langsamen Annäherung an den Genossen Vorsitzenden zu folgen hatten, vorbei an dem noch frisch gestrichenen Gras, eine leuchtend saphirblaue sozialistische Wiese dank einem einfallsreichen, jetzt sehr zurückgezogenen und stark schwitzenden Produktionsvorsitzenden des VEB Lacke und Farben »Lacufa«; schwitzend, weil der Genosse Vorsitzende wohlwollend nickend seinen Blick über die von Aprikosenbäumen gesäumte Auffahrt wandern ließ, hierhin und dorthin wies mit zukunftssichtiger, zukunftsempfindlicher Hand: Nu, Genossen, da habbder awwer scheene Frischde hier, was? mit heiserer Eselsstimme ausstieß; schwitzend, er könnte eine der von der Patenbrigade »PGH Sozialistisches Glaserhandwerk« und vom Kollektiv für Jugenderziehung an feinen Drahtstielen in die Bäume gehängten Aprikosen pflücken wollen in einem Anflug von jugendfrischem Übermut – Mao durchschwimmt den Jangtsekiang –, könnte die Staatsratsvorsitzendenhosen schürzen und durch das hellblaue Gras zu waten beabsichtigen, dem der Produktionsvorsitzende des VEB Lacke und Farben »Lacufa« zusammen mit einem Kollektiv von Initiativbewerbern und bewährten Genossen in der Nacht, beim Schein von Grubenstirnlampen, mit der Farbe »Grasgrün« aus Sprüh-Tornistern zur gewünschten weltanschaulichen Bestimmtheit hatte verhelfen wollen

nu, awwer die Sche-mie! Ir-schendeene schemische Re-akzschjon, und aus Ju-chend-schdiel wurde Egg-schbress-jonismus! Gwasi iewer Nacht!

ruhig, Arno, ein schwitzender Vorsitzender, der Genosse Vorsitzende könnte seine dunkel getönte Brille abnehmen, um Schloss, singenden Pionierchor, die Abordnungen der verschiedenen sozialistischen Kollektive, Aktivisten und Veteranen im hellen Licht des Sommertags betrachten zu können

– drei, vier … Ich hörte die Uhr der Marschallin schlagen

– die Bahn beschleunigte vor der letzten Steigung des Bergs, der links jäh in den buchenbestandenen Mordgrund abfiel und rechts, die Straße war in die Bergflanke geschnitten, ebenso jäh anstieg zu den ersten Ausläufern des Turms, schnörkelig verbauten, mit Erkern, Dachreitern und Balustraden verzierten Schwalbennestern; Lahmanns Sanatorium kam in Sicht, roter Sowjetstern am Tor, im Regen frierende Posten in durchnässten Wettermänteln, der von Bogengängen gerahmte Garten mit seinen Hermen und dem mit silberner Silikoneinbrennfarbe gestrichenen Lenin-Kopf in der Mitte, links der luftig verglaste ehemalige Gesellschaftssaal, Kur- und Wandelhalle, die bei Lahmann »Wanderhalle« geheißen hatte; weit hinten, von der Bahn aus nur kurz zu sehen, das Herrenbad; jetzt liefen Soldaten und Offiziere mit verbundenen Armen und Köpfen, an Krücken, in Bademänteln unter den mit Delfinen und griechischen Mäandern verzierten Gebäuden, deren zerbrochene Scheiben und schief hängende Fensterläden den Eindruck starrer Traurigkeit erweckten

– fünf, sechs … Ich hörte die Uhr der Marschallin schlagen

– Schallplatte, ist es Niklas Buchmeister, der mit Glacé-Handschuhen die Platte wendet, so dass sie beim Adventskerzenlicht für einen Moment wie Kupfer schimmert: Das ist der Schlaf, hörte ich flüstern, das ist die Spindel in der Zeit, der tiefe Schlaf; es war nicht Niklas, dessen Grandseigneursgesicht mit der vom Punsch glühenden Adlernase sich über den furnierholzverkleideten Plattenspieler beugt, so dass sich in den Brillengläsern das anhebende Kreisen widerspiegelt, der in Zeitlupe sinkende Abtastarm und die ineinanderwandernden Lichtreflexe der unruhig dünenden »Eterna«-Schallplatte, die sich mit den Schattenflügeln der Pyramide an der Decke mischten; die weißen Glacé-Handschuhe wirkten wie selbstständige Lebewesen im rotdurchspielten Dämmer, der im Zimmer herrschte; nicht Niklas, sondern Vater ging in die Hocke

seine Wintergestalt, höre ich dich erzählen, Muriel, ist präsenter, körperlicher für mich als seine Sommergestalt, die, wenn unsere Erscheinung für andere von dem bestimmt wird, was wir tun, seine wirklichere sein müßte; die Vipern im Serumwerk, mit denen er donnerstags und freitags arbeitete, brauchten tropische Temperaturen, und überheizt habe ich auch das Labor für Pflanzentoxikologie in Erinnerung, das in der Nähe des Botanischen Gartens lag, und in dem er von montags bis mittwochs arbeitete. Dennoch, trotzdem er wie ein Tennisspieler – mit nackten, sommersprossenübersäten Armen – zwischen den Schlangenvitrinen und den Giftpflanzenreihen umherging, dennoch Vaters Wintergestalt, dennoch seine bleichen Züge unter dem japanisch schwarzen Haar, in das er links einen strengen, linealgeraden Scheitel gezogen hatte, die Energie verratende, im Profil klassisch geformte Nase über dem feingeschnittenen Mund, den ich Rauchwölkchen ausstoßen sehe, während Vater die Frontscheibe unseres »Trabant 601« mit einem Plastikkratzer von der Eisschicht befreit, die über Nacht gewachsen ist; den ich Es wird ein kalter Winter werden, feststellen höre, wobei Vater die Hand sinken lässt, mit der er kurz an das Barometer geklopft hat, was die Position der Nadel aber nicht ändern wird. Wenn er nach Hause kam, ging Mutter ihm öffnen, er beugte sich zu ihr: Tag, Iris – Tag, Hans, in der Rechten seinen Hebammenkoffer, den er seit dem Medizinstudium besaß und benutzte, in der Linken meist einen Beutel mit etwas durch *Beziehungen* Ergattertem, erinnerst du dich, Fabian: eine runde weiße Plastikdose mit orangefarbenem Deckel etwa, die ihm eine Fleischermeistersgattin, die seltene Orchideenschösslinge über das Toxikologische Labor am Botanischen Garten bezog, gefüllt hatte – »für Herrn Dozent Blau Hoffmann mit bestem Gruß an die Frau Gemahlin und die Kinder«; ein Buch: Kunstbände von »E. A. Seemann«, Leipzig; eines der reichbebilderten Naturwerke aus dem Prager »Artia«-Verlag; Schallplatten aus dem »Kunstsalon am Altmarkt«: der »Don Giovanni« unter Elmendorff, mit Mathieu Ahlersmeyer und Margarete Teschemacher, Staatskapelle Dresden, 1943; das Streichquartett von Debussy, gespielt vom Vlach-Quartett; eine Aufnahme des »Rosenkavalier«

– sieben, acht … Ich hörte die Uhr der Marschallin schlagen

– nicht Niklas Buchmeister, sondern Vater legte den Kopf schräg und beäugte, das gelbe Staubtuch noch in der Hand, mit dem er die schwarze Scheibe blankgewischt hatte, so dass sie schon beim Auflegen knisterte und Funken zu schlagen schien, ein letztes Mal die Feineinstellung des Balancegewichts am anderen Ende des Abtastbügels, die Geschwindigkeitsregulierung, die auf »33« stehen musste bei den Langspielplatten, und nicht auf »45«, was die Stimmen und das Spiel der Instrumente zu einem quäkenden, irrsinnigen Parforceritt beschleunigt hätte, erst recht bei »78«, der Einstellung für die Schellackplatten, bei denen auch der Saphir gegen einen Stahlstift auszuwechseln war; »33«, sonst würde die Oper zerspringen wie eine gebrochene Uhrenfeder; die weißen Hände blieben in Wartestellung in der Nähe des Bügels, bereit, ihn sofort hochzunehmen, falls der Saphir nicht punktgenau den Beginn der Rille treffen, sondern in die Musik gerissen werden würde, ein gleißender Schnitt tief in Feenfleisch, den Vater ebenso fürchtete wie wir, die wir mit angehaltenem Atem saßen und warteten

der tiefe Schlaf

pulsten die Schallplatten, ich sah die frierenden Posten vor dem Sanatoriumstor mit dem roten Sowjetstern, das unablässige Brummen und Mahlen vom Heizhaus, wo Förderbänder Asche in die Schlucht schütteten

Winter, Mantelschwung, der tiefe Schlaf

und plötzlich, als die Bahn die Bergkuppe erreichte, waren die langgestreckten Gebäude nicht mehr ein Militärlazarett der Roten Armee, sondern wieder Lahmanns Sanatorium, eine Kuranstalt für Magen- und Darmkranke, Refugium für nervlich Überreizte und comme-il-faut-Gäste aus ganz Europa, die weniger Lahmanns Kartoffeldiät und Grahambrot, seine Massage- und Sturzbäder suchten als Ruhe von den Geschäften, der großen Politik

der Erzherzog ist ermordet worden

ermordet?

in Sarajevo, Monsieur

sie wandelten noch in den verglasten Gängen, im Wintergarten, machten Liegekur in den Hallen am Konzertplatz, die Damen mit Diademen, blitzenden Colliers und Reiherfederagraffen, Pelzboas trotz der Sommerwärme, die Fräuleins der jeunesse dorée mit jettschwarzen, fieberglänzenden, belladonnageweiteten Augen, deren Blicke über Gruppen eleganter Herren mit Pomadehaar, Rittmeisterscheitel und kreideweißen Westen zu schwarzem Frack und Zylinder schweiften, tadellos manikürte, nach Veilchenwasser duftende Kavaliere, aufschwimmende Walzertakte im viellüstrigen, hellerleuchteten Saal; wie die Eisblumen

der tiefe Schlaf, kommt, ihr Blumen, Schnee, vergeh

über das Parkett krochen, das Geräusch der Förderbänder des am Rand der Schlucht gelegenen Heizhauses, und wenn Wind aufkam in der Nacht, wehte die Asche herüber zu den Jahrhundertwendevillen mit graubraunem, schadhaftem Putz und roten Pfannen- oder grauen Schieferdächern, die der Regen blankwusch, der Regen, wenn sie auf etwas warteten, diese Häuser, ein geheimes Signal; ich hörte die Stimme der Marschallin:

Die Zeit, die ist ein sonderbares Ding…
Manchmal steh ich auf, mitten in der Nacht,
und laß die Uhren alle stehen

– die Bahn hielt.

Aus der Diskussion der Jury zu Uwe Tellkamp

Martin Ebel: Schade, dass die Bahn angehalten hat. Ich wäre gerne noch länger mitgefahren und hätte mich dem Erinnerungsstrom des Autors überlassen. Ich bin von dem Text begeistert, auch von dem Vortrag, denn ich glaube, der Text ist sehr schwer vorzutragen. Dafür haben Sie ein extra Kompliment verdient, aber hauptsächlich für den Text als Text. Hier geht einer auf die Suche nach der verlorenen Zeit, die er in einer solchen Überfülle findet, wie es eigentlich nur in der Literatur möglich ist. Den Namen Proust, der sich jetzt aufdrängt, den schiebe ich gleich wieder weg. Mir ist ein anderer Name eingefallen, nämlich Claude Simon, dessen letzter Roman »Die Straßenbahn« heißt, und der auch mit einer Eisenbahn in die Erinnerung, in die Vergangenheit zurückfährt. Die Eisenbahn dort fährt in Perpignan an den Strand, die hier fährt durch Dresden und an den Stationen weht uns die Vergangenheit regelrecht hinein. Das ist die Vergangenheit aus der Kindheit des Erzählers, das sind die 70er Jahre, dann geht es aber weiter zurück, wie in einer Erinnerungsstafette, in das Jahr 1945/46, das der Erzähler gar nicht mehr erlebt hat, und dann in einer grandiosen Imagination noch weiter in die Zeit vor den Ersten Weltkrieg. Dies ist mit einer überwältigenden Fülle gestaltet, die mich nach vielen Texten, in denen der Mangel inszeniert wurde, was natürlich auch seine Berechtigung haben kann, sehr angenehm berührt hat. Aber hier ist es eine Fülle, vor der man erst mal in die Knie gehen und alles noch mal lesen möchte, was wir natürlich getan haben. Und dann merkt man, wie genau dieser Text gearbeitet ist, wie souverän dieser Erinnerungsstrom geführt wird, wie er sich aufspaltet in verschiedene Kanäle, wieder zusammenfindet zu kleinen Strudeln, wie genau selbst einzelne sprachliche Erinnerungsbrücken sind. Das sind natürlich sinnliche Brücken über den Gehörsinn und über den Geruchssinn. Ich will jetzt gar nicht in die Einzelheiten gehen, damit ich nicht zu lang werde. Aber ich bin von diesem Text begeistert.

Ursula März: Wie kann ich das toppen? Ich würde es gerne. Herr Tellkamp, das ist ganz große Klasse. Ein großer Text, große Literatur. Ich habe ihn am Sonntagnachmittag zum ersten Mal gelesen und habe mich Stunden damit beschäftigt. Ich habe auch den *Rosenkavalier* noch mal herausgezogen. Schade, dass man hier nur so kurz sprechen darf. Ich würde gerne länger reden, nicht nur um anzugeben, sondern um den Text zu loben. Der Text hat etwas Befreiendes. Wir haben uns so daran gewöhnt oder daran gewöhnen müssen, den Kopf einzuziehen unter Geschichtsdarstellungen, die anekdotisch sind und nichts anderes als eine wahnsinnige Geschichtsverniedlichung, gerade was das 2te Jahrhundert deutscher Geschichte betrifft. Und hier liegt uns eine Geschichtsdarstellung auf ganz hohem Niveau vor, das ist natürlich todesmutig von Ihnen, Herr Tellkamp, auf dem 3000er von Claude Simon. Da hinaufzusteigen und nicht hinunterzufallen ist einfach großartig. Wie andere Anlehnungen auch, kommt die Schokolade aus dem *Rosenkavalier,* denn nach der ersten Liebesnacht der Marschallin, deren großer Monolog über die Zeit hier immer wieder einfließt, wird eine Tasse Schokolade gereicht, und das ist sozusagen der Anfang des Nachdenkens über die Zeit, das Ende der Liebesgeschichte mit dem sehr viel jüngeren Liebhaber. Hier haben wir die Schokoladenfabrik in Dresden, die es vermutlich tatsächlich gibt, und wir haben eine wunderbare Allegorie für das, was ästhetisch geschieht, nämlich die Aufweichung, die Verflüssigung der Zeit. Das geschieht sozusagen theoretisch. Wie kann man Geschichtsstufen miteinander verflüssigen? Wir haben aber auch ganz realistisch die Schokoladenarbeiterin vor uns, die Erfahrungen erzählt. Wir haben sehr beeindruckende Szenen, die sich in der Schokoladenfabrik abgespielt haben, die Erschießung von Zivilisten durch Rotarmisten beispielsweise. Ich unterbreche jetzt in der Hoffnung, dass ich noch einmal zu Wort komme, weil es so viel zu sagen gibt. Dieser Text ist nicht ohne Kontext zu lesen, weil er so etwas wie ein Netz herstellt.

Heinrich Detering: Ich sage nichts Neues, wenn ich sage, dass ich diesen Text sehr schön und sehr gut finde. Beides. Wir haben heute den ganzen Vormittag lange über mehr oder weniger mäßige Texte geredet und jetzt würde die Zeit nicht reichen, um das auch nur annähernd auszuschöpfen, was an schierer Kunstfertigkeit, im schönsten Sinne dieses Wortes, in diesem Text steckt. Ich will nur hervorheben, dass sehr vieles von dem, was wir den Texten gestern und vorgestern abverlangt haben, hier mit scheinbar leichter Hand versammelt ist. Hier ist alles da. Die Struktur, das Ganze ist ein Erzählexperiment mit Sprachmitteln, mit Sprechweisen, und die Fülle des Dargestellten, die sich nicht gegeneinander ausspielen lassen. Es ist beides da; und das Geheimnis, das Ilma Rakusa mit Recht immer haben möchte, das ist weiß Gott auch da. Da ist vor allen Dingen eine sehr souveräne Regie musikalischer Formen. Es ist ja nicht nur von Musik die Rede, sondern es wird in einer genuin musikalischen Weise mit Mehrstimmigkeit polyphon in einem sprachlichen Text gearbeitet. Die vier Stimmen, die hier sprechen, sind: Lucy und Arno, Fabian und Muriel, und dahinter sind die Stimmen aus viel Literatur. Dabei geht der Text ein hohes Risiko ein, und ich war zuerst in Hab-Acht-Stellung, als ich las: »Der Dünenschutt der Stunden« und »Das Eis und die Finsternis«, der Fabian in Dresden und natürlich Hofmannsthal. Es geht aber gut, weil ein ganzer Hallraum, ein über die individuelle Lebensgeschichte hinausgehender, historischer, literarischer, musikalischer Klangraum entsteht, den diese Stimmen auch wahrhaftig ausfüllen.

Iris Radisch: Ich glaube, wir haben hier einen großen Autor entdeckt. Auch ich bin der Meinung, das ist große Literatur. Ich freue mich sehr darüber, dass dieser Reichtum, der hier schon wortreich ausgebreitet, erklärt und beschworen wurde, so viel Begeisterung weckt. Das freut mich – bei allem Respekt vor den Texten, die wir bisher hatten, bei der Begeisterung, zu der wir uns über manche Texte haben hinreißen lassen, die das, was wir hier vorfinden, nicht sehr oft choreographiert haben, die immer wieder neu den Nullpunkt des Schreibens entfaltet und uns in immer wieder neuen Perspektiven die Leerstellen der Existenz vorgeführt haben. Aber ich sehe doch, wie wir darauf warten, in der Literatur Reichtum und Sinnlichkeit zu erfahren, die Wiederauferstehung einer sinnlichen Welt suchen, einer Welt, in der es riecht, in der es schmeckt, in der es Farben gibt. Ich habe das Gefühl, dass wir sehr verarmt sind und geradezu wie Blumen, die gegossen werden, unsere Blätter wieder aufrichten. Das ist richtig so und daran sieht man, woran es in der Literatur fehlt. Ich war natürlich an Claude Simon erinnert, aber auch an eine Literatur, die wir aus Ostdeutschland bekommen haben, nachdem die Mauer fiel. Es ist schon so, dass wir von dort etwas bekommen haben, was in der Form in der österreichischen und westdeutschen Literatur nicht da war, nämlich einen sprachlichen Furor, einen Mut zum Adjektiv, zur Metapher, zu einer überbordenden Bilderwelt. Natürlich, Wolfgang Hilbig und Reinhard Jirgl sind Autoren, die das auch hatten, aber damals war das immer mit Hass und Ekel verbunden. Auch diese Autoren haben schon das alte Deutschland wieder auferstehen lassen mit allem Material, was da drin steckt, aber es war immer zugespitzt, überspitzt, orchestriert mit Hass. Das ist hier plötzlich weg. Das ist eine neue Generation, deswegen auch eine vollkommen neue Stimme für mich. Es gibt in diesem Text eigentlich außer Reichtum und außer dem schwelgerischen und orchestrierenden Umgang mit diesem Reichtum gar kein richtig emotionales Interesse, es gibt keinen Hass, keinen Ekel, keine Abrechnung, keine Moral, keinen Kommentar. Es geht im Grunde nur um Wiederauferstehung, und das weckt mein Interesse und scheint mir ein vollkommen neuer Weg zu sein.

Daniela Strigl: Ich für meinen Teil würde das schon als emotionales Interesse interpretieren, das Interesse, die Vergangenheit buchstäblich zu vergegenwärtigen.

Iris Radisch: Wiederauferstehung, sagte ich ja.

Daniela Strigl: Das ist aber nicht etwas, wo man nicht mit seiner ganzen Emotion dabei ist, denn das hat ja auch uns erreicht und gepackt, diese Emotion, die vervielfältigt wird. Ich glaube allerdings nicht, dass man Fülle und Leere unbedingt gegeneinander ausspielen muss, um diesem Text gerecht zu werden. Man kann eine absolute existentielle Leere auch als Fülle erscheinen lassen, sprachlich. Hier ist die Fülle kongruent im Inhalt und in der Sprache. Es ist natürlich auch ein sehr lyrischer Text und die lyrische Vorstellungskraft und Materialität des Autors erzeugt diese Sinnlichkeit, über die wir uns so freuen. Ich mache jetzt aber doch einen Einwand, weil schon so überschwänglich gelobt wurde. Es gibt ganz wenige Stellen, wo mir zu viel des Guten vorzukommen scheint, etwa bei den Russinnen: deren ganze Aufgedonnertheit und Penetranz, die sich mit dem Putz von Mandarinenten zu heraldischen Archetypen des Phänomens Weibchen auftakeln usw. Da kommt es mir insgesamt ein bisschen zu aufgetakelt vor, aber im Gesamten hat auch mich dieser Rhythmus, den die Straßenbahnfahrt erzeugt, mitgerissen.

Heinrich Detering: Frau Strigl, gerade die Stelle hatte ich mir schon bei der ersten Lektüre angestrichen und darüber gestaunt, dass das funktioniert. Es ist ja eigentlich viel zu viel des Guten, es sind mehrere Metaphernfelder ineinander geschoben, das muss normalerweise schief gehen; aber hier, bei den Frauen, die sich mit dem Putz von Mandarinenten zu heraldischen Archetypen des Phänomens Weibchen auftakeln, hier blüht es auf, finde ich.

Das geht, das geht sogar ab wie eine Rakete, und ich weiß nicht, wieso es funktioniert, aber es funktioniert.

Klaus Nüchtern: Nachdem sozusagen der Rest der Jury im mimetischen Furor mit dem Text die blumenschmeißende Spätromantik entdeckt hat, will ich jetzt einfach meine Redezeit spenden. Ich finde den Text auch toll, mir ist bewusst, dass er will, dass ich ihn toll finde, und das hängt natürlich nicht zuletzt mit der Tageszeit zusammen. Ich fühle mich ein bisschen überfahren, so wie eine 33er Schallplatte, die auf 45 abgespielt wurde, und wie nach drei Stunden Strauß-Oper hat man dann auch wieder das Bedürfnis, nicht nur nach einer Tasse Schokolade, sondern vielleicht einen Obstler mit Knäckebrot unter White Stripes aufzulegen. Aber natürlich ist es super gemacht.

Ursula März: Vielleicht noch ganz kurz. Einer der Grundcharakterzüge des Textes ist ja, dass er aus der Gattung der Ekstase kommt. Es ist ein ekstatischer Text, dadurch auch die vielen Steigungen, und zugleich ist es ein theoretisch denkender Text. Das empfinde ich als sehr beeindruckend.

Heinrich Detering: Also Ekstase finde ich nicht zutreffend. *Wir* hier sind gerade hübsch ekstatisch. Der Text ist ja gerade so gebändigt, weil er die Form eines Rondos hat.

Ursula März: Er spielt damit und hat zugleich eine große kalkulierende Kühle, das finde ich großartig. Wie er beispielsweise mit dem Thema Zeit umgeht, ist ja fast theoretisch. Vom Monolog der Marschallin, der sozusagen vor dem 20ten Jahrhundert dessen große ästhetische Reflexion über die Zeit vorwegnimmt, bis zu Claude Simon, der sich damit sein ganzes Lebenswerk hindurch beschäftigt hat. Wie kann man Geschichte ohne Chronologie, sondern synoptisch erzählen? Aber das ist eben nicht nur als Theorie da, sondern auch als eine Unheimlichkeit der Zeit. Das nur als eine kleine Sache, die aber verblüffend geschickt gemacht ist.

Iris Radisch: Der Text denkt nicht theoretisch, Frau März, das kann man wirklich nicht sagen. Er ist sehr musikalisch und er mag das, was an Theorie in der Musik steckt, hier auch musikalisch umsetzen, aber theoretisch denken tut er zum Glück nicht.

Ursula März: Nein. Aber er hat eine große Reflexionsbasis. Das auf alle Fälle.

Heinrich Detering: Also das Klavier ist sehr wohltemperiert.

Norbert Miller: Also mir ist das Klavier zu wohltemperiert, wenn ich doch mal einen kleinen Einwand machen darf. Ich habe mir den Text ebenfalls herausgesucht als einen der großartigsten, die wir haben, also an der allgemeinen Zustimmung ist auch bei mir kein Zweifel. Wie der Text in seinem Reichtum, in seiner vielgestaltigen Weise diese ganzen Perspektiven ineinander blendet, wie er vergnügt, gelegentlich auch ganz kritisch und genau seine Bahnfahrt durch Dresden inszeniert – das alles finde ich sehr gut. Ich habe meine Schwierigkeiten exakt bei dem, was Ihnen so gefällt, bei diesen Meditationen über die Zeit. Der Text ist in sich ganz wunderbar, er hat nach meiner Vorstellung nur zwei winzige Fehler. Der eine ist die Meditation über die Zeit am Beispiel von Hofmannsthal und der zweite ist die von Herrn Detering so geschätzte Musikalität. Ich glaube nicht an Übertragbarkeit musikalischer Strukturen auf die Literatur. Da fallen wir immer auf das Gleiche zurück. Gesang, vierstimmiger Satz, Fuge, Sonatenhauptsatz, symphonische Form und Kanon. Das ist das, was uns dazu einfällt, das braucht der Text alles gar nicht. Der Text hat einen Aufhänger und an der Stelle finde ich ihn am ehesten schwach. Sonst gefällt mir der Text ganz ausgezeichnet.

Iris Radisch: Einem reichen Text zu sagen, dass er zu viel hat oder dass er etwas hat, was er nicht braucht, ist eigentlich auch schon wieder ein Luxus. Ich bin da aber grundsätzlich derselben Meinung.

Heinrich Detering: Ich könnte Ihnen, Herr Miller, in diesem Fall nicht heftiger widersprechen. Aus Erfahrung kann ich sicher sagen, dass es natürlich Übertragungen von musikalischen Strukturen in der Literatur gibt. Gerade hier hat die Rondo-Form, über diesen behelfsmäßigen Begriff könnte man selbstverständlich viel Genaueres sagen, etwas, das semantisch in der erzählten Geschichte gedeckt ist. Wenn die aus dem *Rosenkavalier* übernommene Meditation über die Zeit – ich weiß, Sie finden das kunsthandwerklich – wegfällt, fällt der Rahmen weg, der das ganze Bild hält, denn sie erfüllt hier auch die Funktion einer gleichmütigen Vogelschau-Perspektive auf die Geschichte, auf die eigene und auf die große Geschichte, die zur schönen Gelassenheit des Textes insgesamt beiträgt. Es gibt auf der ersten Seite von Ernst Jüngers »Abenteuerlichem Herz« diesen Satz, ich glaube nur in der ersten Auflage: »Dies alles gibt es also!« Und etwas davon ist in diesem rahmenden und dann leitmotivisch wiederkehrenden Spiel mit vergehender und stillstehender und in sich zurückkreisender Zeit enthalten. Es wäre schlecht, wenn der Text diese philosophischen Gedankengänge nur illustrieren würde. Es wäre genauso schlecht, wenn sie wegfielen und er nur Erinnerungen präsentierte. Dass er beides in einer Balance hält, gehört für mich essentiell zum Kunstcharakter dieses Textes.

Burkhard Spinnen: Niemand wird dem Autor den Respekt für seine Fähigkeit verweigern können, Sätze zu bilden, die ausgesprochen musikalisch sind, und sich seines Themas so anzunehmen, dass es ausgesprochen glaubhaft wirkt. Es ist ein großes und schwieriges Thema, das ja schon in diesen wenigen Seiten Anstalten macht, zumindest ein ganzes

Jahrhundert zu umgreifen. Es ist Stadtgeschichte und damit natürlich, wenn es sich um Dresden handelt, Deutsche Geschichte. Ich persönlich habe allerdings Schwierigkeiten mit Opern. Daraus kann ich kein kritisches Argument machen, das ist vollkommen klar, aber von der Oper kenne ich einigermaßen ihren Umgang mit den Figuren und Sujets und das, was sie daraus macht. Es gibt freilich, ich darf das nur ganz am Rande meines Glückwunschs zu diesem Text erwähnen, eine Art historische Abkehr von der Oper als einer Darstellungsweise, die die Aufladung ihrer Figuren und Handlungen mit einem jahrhundertelang funktionierenden Pathos betreibt. Man hat das nicht mehr ertragen. Es gibt keine Opern mehr. Wenn es Ihnen gelingen sollte, das Opernhafte und das Wunderbare an der Oper in die deutsche Literatur wieder einzuführen, ein großes Kompliment. Ich bin sehr gespannt auf das gesamte Buch.

Ilma Rakusa: Ich bin glücklich, dass ich hier nichts verteidigen muss, ich muss nicht einmal etwas klären. Es wurde viel gesagt, wie ich glaube, viel Richtiges und viel Begeistertes. Ich war von dem Text auch bereits bei der ersten Lektüre sehr, sehr angetan. Er hat mich einfach mitgetragen und selten übt ein Text eine solche suggestive Magie aus. Man kann sich einerseits dem Text und seinem Sog anvertrauen, stellt aber andererseits beim Überprüfen fest, dass es, wo auch immer man den Finger hinlegt, stimmig ist. In diesem Sinn hat mich der Text sehr überzeugt und ich bin glücklich, dass Herr Tellkamp ihn hier vorgelesen und so einhellige Zustimmung gefunden hat.

Daniela Strigl: Noch eine Anmerkung zur Oper: Es passt gut zum *Rosenkavalier*, der ja als Oper auch zwei Gesichter hat. Das ist eine Oper, die eigentlich sehr ironisch und sehr leicht ist, dennoch mit einem Hang zur Süße, und die kann an einigen Stellen ein bisschen zu dick aufgetragen wirken.

Trotzdem gibt man sich dem gerne hin und in dieser Fülle liegt der Kunstgenuss.

Norbert Miller: Und ich gebe gerne zu, dass sie in das Dresdenbild hineingehört, weil sie da schließlich einmal uraufgeführt worden ist.

ELMAR KREKELER

Uwe Tellkamp im Porträt

Die Zeit hat ein Fenster. Das ist eine Tatsache. Menschen mit einem überaus vollen Terminkalender behaupten das jedenfalls. Und gewähren anderen Menschen mit weniger vollen Terminkalendern immer dann Audienzen, wenn sie gerade ein derartiges Zeitfenster haben. Begegnet man Uwe Tellkamp lernt man nicht nur, dass die Zeit tatsächlich ein Fenster hat (Tellkamp besaß als angehender Chirurg und Schriftsteller schon vor Klagenfurt einen übervollen Terminkalender), sondern auch, was passiert, wenn man es öffnet, lernt, dass die Zeit höchst unterschiedliche Aggregatzustände haben kann, dass sie nicht nur still zu stehen und zu rasen vermag, sondern dass sie rostet, verrottet. Dass man von ihr erstickt, erdrückt, ermattet werden kann. Und bewegt und überwältigt und hinweggespült und übersprudelt. Uwe Tellkamp ist ein Zeitdichter.

Und ein professioneller Zeitfensteröffner. Dafür nicht zuletzt war ihm die Bachmann-Jury – vom in enge Sätze und enge Texte geronnenen Leben in engen literarischen Räumen ermüdet – in Klagenfurt vor die Füße gefallen. Tellkamp hatte sich hingesetzt, Hofmannsthal zitiert und in schier endlosen, mäandernden Sätzen einen Wirbel von Sprachen, Geschichten, Gerüchen, Tönen, Geschmäckern, Zeiten ins ORF-Studio strudeln lassen. Die Regentschaft der Parataxe war für eine halbe Stunde aufgehoben, ein Jahrhundert bilderreich an den Fenstern einer Dresdner Trambahn vorbeigerauscht. Die Uhr hatte gnadenlos getickt. Und ein Rhapsode hatte vorgesungen, den Kern eines deutschen Epos.

Der sehr kalkulierte, literarisch hochtönend kreisende Wirbel der Zeit, den Tellkamp in der Kompilation aus seinem noch projektierten dritten Roman »Der Schlaf in den Uhren« herstellt, ist eine Gegenbewegung. Denn der gebürtige Dresdner kommt aus dem Stillstand. Aus einem sehr deutschen Stillstand. Sein

Zeitempfinden ist eine Geburt der Achtziger. Ein Jahrzehnt in Steißlage gewissermaßen. Im Osten wie im Westen.

Während im Westen die Ära Kohl sich wie Mehltau übers Land zu legen begann, nahm die bleierne Zeit in der DDR im selben Jahr ihren Anfang, mit dem Tod Breschnews 1982. »Die Nachricht stand ausgerechnet am 10. November in der Zeitung. Exakt sieben Jahre später, das ist für abergläubische Märchenerzähler wie mich bezeichnend, fiel die Mauer.«

Eine Märchenzeit, eine Zauberbergzeit waren diese sieben Jahre, sagt Tellkamp. Eine Ära, in der – außer seiner Pubertät – sich so rein gar nichts ereignete. »Eine rostende Zeit«, sagt Tellkamp, ein Land dämmerte in Agonie dahin und ahnte, dass sich etwas vorbereitete, und flüchtete sich in seine Nischen, ins kalte Innere seines hermetischen Wesens.

Hermetik ist Tellkamp zur zweiten Natur geworden. Der Arztsohn wurde in eine doppelt abgeschlossene Welt hineingeboren. Der äußere Panzer dieser Welt war das geschlossene System Sozialismus. Innerhalb dieses Systems existierte aber noch ein zweites, nicht minder hermetisches, das sich aus einer Gegenhaltung zum Sozialismus definierte – die Bürgerlichkeit, besser gesagt: eine Gesellschaftsschicht, die im Westen beinahe ausgestorben war, in den vielen Nischen des Ostens aber überlebte – das Bildungsbürgertum.

Dass sich diese Lebensform in der DDR so gut gehalten hat, sagt er, »liegt vielleicht daran, dass die DDR eben nicht nur ein Karl-Marx-Projekt war, sondern auch ein humanistisches«. Und die bildungsbürgerliche Sozialisation hat Folgen bis heute, sie unterscheidet ihn, meint er, mehr von seinen Altersgenossen im Westen als seine sozialistische. Mit der lyrischen Welt der Silke Scheuermann etwa, gesteht er, kann er wenig anfangen. Erst recht nicht mit dem vor allem westdeutschen Volkssport der masochistischen Bildungsbürgerverleugnung. Keinem Franzosen, sagt er, würde so was einfallen. Im Osten hingegen öffnete das kulturelle Erbe Nischen zum Überleben, Drusen des Widerstands. Und nicht nur in der DDR. Mit Tschechen, Russen versteht sich Tellkamp sofort. »Die haben dieselbe Sozialisation, die Texte sind kongruent. Ich rieche«, behauptet er, »Ostautoren.« Die sind alle in den Klassikerausgaben zur Schule gegangen, haben Romantik inhaliert, die russischen Erzähler. Und werden diese Schule nicht los, was von Westlern gern falsch gelesen wird. Ingo Schulze zum Beispiel sieht Tellkamp viel näher an Bulgakow und Tschechow als an Carver, in dessen Nachfolge er gern von Westrezensenten gestellt wird.

Geholfen auf dem Weg zur Literatur hat ihm seine Herkunft allerdings kaum. Schriftsteller werden ging nicht. Tellkamp sollte, wollte Arzt werden. Und als solcher hatte er nicht nur seine Befähigung, sein Interesse durch freiwillige Arbeit im Krankenhaus unter Beweis zu stellen, sondern sich außerdem zum Militär zu verpflichten für drei Jahre, während derer er sich nichts zuschulden kommen lassen durfte. Tellkamp wurde unter die Panzerfahrer gesteckt.

Und als solcher kam ihm das Wesen der Zeit in Landschaft geronnen vor Augen. Als Abladegehilfe eingesetzt beim Arbeitsdienst im Brauntagebau. Nach Jahren waren die Halden abgesteckt. Jeden Tag wurde so ein Stück der verbleibenden Zeit abgebrochen. Denn mit jedem Tag kamen sie dem Ende der Vorrats näher. Und dem Zeitpunkt, an dem – »das konnte man sich ausrechnen, wenn man einigermaßen bei Verstand war« – der Zusammenbruch eintreten musste, weil der Abbau mehr kostete als der Verkauf einbrachte.

Als er kam, der Zusammenbruch, war Tellkamp Panzerkommandant, verantwortlich für drei Untergebene und einen T-55-Tank. Und – ganz am Ende der bleiernen Zeit – wurde er dann doch ein Opfer des Systems. Das heißt: Erst einmal eigentlich ein Opfer der Suhrkamp-Kultur. Die ersten Minuspunkte in seiner Militärakte gab's, als Hugo Balls Hesse-Biografie bei ihm gefunden wurde. Tellkamp hatte zwar vorsichtshalber einen neuen Pappumschlag ums Suhrkamp-Bändchen gemacht. Genutzt hatte es nichts. Den zweiten Eintrag gab es für Lyrik. Ein Büchlein wurde entdeckt, in das hatte er Gedichte eingetragen. Von Bukowski und Wolf Biermann unter anderem. Fein säuberlich mit Autoren- und Quellenangaben. Schön korrekt zwar, aber auch schön blöd. Und nicht wieder gut zu machen.

Tellkamp war als Querulant, als »politischer Diversant«, womit wohl ein notorischer Systemnörgler zu verstehen ist, entlarvt.

Dann kam der 5. Oktober 1989. Tellkamp saß mit seiner Einheit in seiner Kaserne in Großenhainichen fest. Draußen in Dresden schlug die Zeit Kobolz. Demonstranten standen auf der Prager Straße. Züge fuhren durch den Hauptbahnhof Richtung Prag und Menschen hängten sich, klammerten sich verzweifelt an ihre Türen, wollten in die Freiheit. Und Tellkamp saß in Großenhainichen und bekam nichts mit. Es herrschte Nachrichtensperre, Ausgangssperre, die Zeit war endgültig zum Stillstand gekommen. Nur Gerüchte gabs, die der Koch zusätzlich zum Essen von draußen in die Kaserne brachte. Dann rückten Volkspolizisten ein, unterrichteten die Soldaten im Nahkampf. Der Befehl zum Ausmarsch kam. Tellkamp wusste, dass sein Bruder unter den Demonstranten war. Und wo sein Bruder war, würde der Rest seiner Familie, würden seine Bekannten nicht weit sein. Tellkamp verweigerte.

Die Folgen hätten gravierend sein können. Er kam in den Bau, den Wehrpass, das Essbesteck, die Schulterstücke musste er abgeben. Den Studienplatz war er los, dachte er. Zwei Wochen saß er im Loch, memorierte Gedichte und las »Margarete Maultasch«, einen Historienschinken aus Tirol. Wieder draußen, erwartete er das Schlimmste. Das kam aber nicht. Die Zeit trat auf der Stelle. Zum Glück für Tellkamp diesmal. Keiner wusste, wie es weiterging. Und Tellkamp bekam statt einer Vorladung vor ein Militärgericht zwei Wochen Urlaub. Als die vorbei waren, war es mit der DDR vorbei. Tellkamp studierte Medizin in Leipzig, Dresden und New York.

Und schrieb nebenher. Das ging immer nebenher. Musste immer nebenher gehen. Wucherte aus den Zeitlücken, die ihm das Studium ließ, Lyrik vor allem und Prosa.

Dass Tellkamp noch exakt den Zeitpunkt weiß, an dem das alles mit dem Schreiben begonnen hat, überrascht bei einem Zeitforscher und -erforscher wie er einer ist nicht wirklich. »Am 16. Oktober 1985. Um 15.30 Uhr. Ein sonniger Herbstnachmittag. Die Sonnenstrahlen fielen schräg in den Garten, und sie fielen, jaja Kitsch, auf eine rote Rose. Und zwingend hatte ich das Gefühl, ich müsse das jetzt in Verse gießen.« Eine Stunde später hatte er es dann gegossen, dieses Bild. In Prosa. Zum ersten Mal hatte er, der sich durch alles gefräst hatte, was die bildungsbürgerliche Nische, in der er groß geworden war, zu bieten hatte, selbst etwas zu Papier gebracht, das nicht nach Aufsatz klang.

Eine Schleuse war geöffnet. Tellkamp schrieb satirische Texte, Beiträge erschienen im »Eulenspiegel«. Peter Ensikat wollte ihn verpflichten. Aber nur als Vollprofi. Sein Vater war dagegen. Tellkamp Junior sollte was Ordentliches lernen, am besten das, was er selbst gelernt hatte.

Tellkamp Junior ließ das Dichten aber nicht, und stellte bald fest, dass das, was er literarisch wollte, in kleine Kästchen nicht passte. Kurzgeschichten, sagt er heute, »kann ich nicht.« Tellkamp wollte mit Sprache ins Freie, in die Welt, die Welt in die Sprache hineinziehen, am besten die ganze. Ihn interessierte von Beginn an das Epische, das Rhapsodische. Von der eigenen Biografie, der Familien- und Stadtgeschichte als Nukleus wucherte sein Interesse durch die Zeit, vorwärts und rückwärts. Die herkömmlichen Formen der Lyrik, selbst die zyklischen taugten nicht für seine Tauchgänge in den Strudel der Zeiten. Er ging zurück zu den Urvätern, zu Vergil, Homer, Horaz. Er wollte die deutsche Weltgeschichte in Epen fassen. Und suchte und fand dafür Paten in der Moderne, Eliot, Pound, Walcott, Les Murray.

Für die Prosa musste er nicht ganz soweit zurückgehen. Nur ein knappes Jahrhundert. Da waren seine Urväter Thomas Mann und Marcel Proust. Und so wie der »Zauberberg«, wie die »Recherche« sollen, können Romane auf einer anderen Zeitebene auch heute noch sein, sagt er, Kapseln einer Welt, Botanisiertrommeln der vergangenen und der gegenwärtigen Zeit. Literatur, sagt er, die Räume heraufbeschwört und nicht bloß behauptet, historische und literarische. Die sich nicht in kurzen Sätzen ergeht, sondern in langen, weil ausschweifende Sätze unserem Zeitgefühl, unserer flottierenden Zeit besser entsprechen.

Literatur, die bewohnbar sein muss für Leser. Und natürlich für Figuren. Tellkamps Schreiben ist letztlich auch ein humanistisches, forschendes. Er denkt sich Menschen, stellt sie in Räume, beobachtet sie, sieht ihnen, während er schreibt, beim Leben zu, fragt, wo sie herkommen, warum sie machen, was er sieht. Schon verzweigen sich die Geschichten und verzweigen sich. Und wie im Blindflug entwickelt sich der Roman, wie im Rausch fliegt Tellkamp, wenn ihm sein Brotberuf dazu Zeit lässt (70 Tage hat er im Jahr zum Schreiben), oft 14 Stunden am Tag. Bei den größeren Romanprojekten, die jetzt vor ihm liegen, muss er nun aber doch Handlungsstränge planen, Figurenentwicklungen festlegen, Konflikte entwickeln, damit nicht alles Sprachdunst bleibt.

Er will nichts beweisen im Schreiben. Er will lernen. Über sich, die Geschichte, über die Welt. Literatur ist »ein Diagnostizieren, ein ganz vorsichtiges Sich-Herantasten«. Mit Meinungsbestätigung durch Literatur, überhaupt mit Thesenliteratur will er nichts zu schaffen haben. Er liebt das offene Ende, das Wagnis einer Reise ins Unbekannte, das mit jedem Projekt beginnt.

Mit Lyrik, unter anderem Proben aus dem »Nautilus«, dem Endlosprojekt seiner Lyrik reüssierte er als erstes, wurde in Anthologien gedruckt, beim Lyrikwettbewerb in Meran ausgezeichnet. Sein erster Roman »Der Hecht, die Träume und das Portugiesische Café« kam 2000 bei Faber und Faber in Leipzig heraus und fand ungefähr so viele Käufer wie es Seiten hatte – 163 nämlich. Sein zweiter Roman »Der Eisvogel« – ein im Westen spielender Industriellenthriller – lag lange bei einem Münchner Verlag, bevor er über Umwege zu Rowohlt Berlin kam, wo er im Frühjahr erscheinen soll. »Der Turm«, ein Romanprojekt über die jüngere Geschichte Dresdens und »Der Schlaf in den Uhren«, aus dem Tellkamp in Klagenfurt eine neuchoreografierte Textmelange las, sind weit fortgeschritten.

Und dann kam er nach Klagenfurt. Und war auf einmal wieder kein Literat mehr, sondern – es schoss durchs Feuilleton geradezu wie durch britische Boulevardblätter, wenn sie deutsche Fußballspieler beleidigen wollen – der Panzerkommandant, der alles platt walzte. Einer mit CSU-mäßigem Outfit. Der auf heiligen Ernst machte. Ein stockkonservativer Kunsthandwerker. Er hatte zum Vortrag einen Anzug an- und den Scheitel feingezogen, ein ordentlich gebügeltes weißes Hemd trug er auch noch.

Und er hat es bis heute nicht wirklich verstanden, was da in jenen Feuilletons, die seinen Text nicht mochten, mit ihm veranstaltet wurde. Ihm war, sagt er jetzt, ein bisschen so wie Kaspar Hauser, als der in die Welt fiel. Er kannte den Betrieb ja nicht, der ihm da geballt gegenüber saß, wusste nicht, dass biografische Angaben wie Panzerkommandant in der NVA im Westen ganz schnell missverstanden, auf jeden Fall aber ganz anders gelesen werden, als im Osten, dass Oberflächen im Westen mehr sind als Oberflächen, Bedeutung tragen, dass man sich nicht fein macht zum Vorlesen, sondern bequem.

»Warum saß ich da mit Anzug? Weil ich's nicht anders kenne. Weil Anzug und weißes Hemd schlicht die Prüfungskleidung der Mediziner gewesen ist. Dass man der Meinung sein kann, dass in Klagenfurt keine Medizinkommission tagt, geschenkt. Für mich war das ein Ausdruck des Respekts. Vor der Veranstaltung, vor den Zuhörern, auch vor dem Text. Das hat etwas mit Haltung zu tun.« Und die schade einem Text auch nicht. »Letztlich kann ein Text nur dann gut werden und genau, wenn man eine gewisse innere Haltung hat.«

Seine Haltung ist langsam gewachsen. Es ist eine Widerstandshaltung. Denn innerhalb der beiden Muschelschalen, zwischen denen er aufwuchs und die sich durch Gegnerschaft definierten, dem Sozialismus und der Bürgerlichkeit, dem Staat und der Familie, die den Sinn seines Schreibens letztlich beide nicht einsehen wollten und Literatur wenn nicht für gefährlich, so doch für unsinnig hielten, in dieser Muschel musste er sein Schreiben ständig verstecken. »Literatur war für mich immer ein Akt des Widerstands. Für mich ist die Grundsituation beim Schreiben das Verbergen.« Am besten schreibe er, beobachtete seine Frau, »in einer Kajüte, hinter einem Vorhang, wie in einem Bunker, einer Kohlenschütte.« Und nicht nur deswegen entdeckt er eine gewisse geistige Verwandtschaft zu Wolfgang Hilbig.

Der ist zwar auch ein Außenseiter, der fern vom Betrieb und im Widerstand gegen seine Welt eine ganz eigene, ganz andere

Sprache entwickelte, gehört aber einer gänzlich anderen Generation an. Tellkamps Generation ist ihm fast ein Geschenk. Eine des Scharniers zwischen der so genannten DDR-Literatur, die Tellkamp erst nach der Wende ernsthaft zu lesen bereit war, und der Post-Wende-Literatur. Tellkamp ist sozusagen die personifizierte Zwischenzeit. Tief genug verwurzelt noch in der DDR, um zu wissen, worüber er redet, wenn er von der DDR redet, weit genug draußen allerdings auch, »um genug Luft der Gegenwart geatmet zu haben«. Er ist immunisiert gegen Ostalgie und frei von überflüssiger Euphorie über das wiedervereinte Deutschland. Tellkamp glaubt sich unbefangener, freier im Umgang mit Geschichte.

Prädestiniert auch dafür, sich der bisher üblichen schwarzweiß Kategorien zu entledigen. Wegzukommen von den Schlagzeilen, den ideologischen Denkfiguren, dahin, wo Literatur beginnt, in die Wirklichkeit, in der schwarz nicht existiert und nicht weiß, sondern ein Meer von Grauschattierungen. Zu einer Literatur, die darin das Leben wieder entdeckt, sich statt für Thesen und für den richtigen Pullover, den man zur Party abends anzieht, für Menschen interessiert. Das Soziale wieder entdeckt.

Er selbst muss sich bald entscheiden. Zwei Ganztagsbeschäftigungen sind eine zuviel. Und er wird wohl schweren Herzens auf eine der Hauptquellen seiner Zeitgenossenschaft verzichten. Denn als Arzt, sagt er, ist man ersetzbar. Aber von seiner Welt, wie er sie sieht, und seiner Geschichte »kann nur ich erzählen«. Und diese Welt verschwindet. Bei jedem Besuch stellt er fest, dass ein Stück mehr des alten Dresdens, des stillstehenden, hermetischen Dresdens weggebrochen ist, Erinnerungen versandet sind. Ein Chronist wird gebraucht, einer, der die Fenster zur Geschichte offen hält, der nicht nur das trocken Historische aufzeichnet, sondern das Flüchtigere, das Lebensweltliche, Sinnliche. Ein Zeitdichter. Uwe Tellkamp.

ARNE ROSS

Pauls Fall

Paul fuhr herum, suchte mit seinen Blicken die Uhr, fand sie über der Küchentür, verweilte so, kauernd fast, drehte dann den Kopf langsam zurück und schaute wieder durch das schräg geöffnete Fenster hinaus, die Ellenbogen auf die Zeitung gestützt und vorgebeugt. Draußen war kein Mensch zu sehen, ein paar Blätter lagen auf der Straße und in der Einfahrt, ein schwacher Wind wehte darüber hinweg. Der alte Mann seufzte, setzte sich zurück und rieb seinen Ellenbogen. Er las weiter.

Um kurz nach zwölf sah er ein zweites Mal auf die Uhr. Einige Minuten verharrte er so, bis sich sein Gesicht verzerrte und er den Kopf vorsichtig zurück zum Fenster drehen musste. Der Dunst hatte sich ein wenig davongemacht, von Wolken war nichts zu sehen. Ein Streifen Sonnenlicht lag auf dem Küchentisch.

Zwanzig Minuten später wandte er sich ein drittes Mal um, hielt es aber nicht lange aus, die Zeiger mit seinen Blicken voranzutreiben. Er nahm seine Beine unter dem Küchentisch hervor und machte es sich, nach einer halben Drehung auf dem Stuhl, mit direktem Blick auf die Uhr bequem. Von der Uhr schweifte sein Blick durch die Küchentür zum Flur und durch den Flur ins Schlafzimmer und im Schlafzimmer zum Bett und neben das Bett zum Nachttisch mit dem Wecker, der Taschenlampe und dem aufgeschlagenen Buch, das auf einer das Holz schützenden Glasplatte lag, und in der Glasplatte bewegte sich etwas, Sekundenbruchteile bloß, durch den gespiegelten Fensterhimmel.

Er wartete, bis ein zweiter Schatten durch das Glas huschte, er hörte Flügelschlagen. In der darauf folgenden Stille schloss er die Augen und massierte seine Stirn, die mehr als zuvor in Falten lag. Er öffnete die Augen wieder, vergewisserte sich mit einem raschen Blick auf die Uhr, wie spät es war, kurz nach halb eins, schwang seinen Körper zurück vor den Küchentisch und schaute aus dem Fenster.

Vor dem Haus stand eine junge Kastanie, die noch nicht viele Blätter verloren hatte und dem alten Mann mit der Kraft des an diesem Tag zur Verfügung stehenden Lichtes auf die Zeitung leuchtete. Gegenüber der Kastanie wuchs im Schatten zweier gelbverfärbter Lärchen ein Essigbaum, dessen Blätter teils die Einfahrt, teils die umliegenden Beete bedeckten, nur seine dunkelroten Spitzen lagen in der Sonne, deren Licht inzwischen vom Küchentisch auf die Fensterbank gewandert war, dieses wie der Tag und die Luft unversehrte Licht. Und die Luft strömte durch das schräg geöffnete Fenster herein, sie roch nach einem letzten milden Tag im Herbst, sie trug die Sonnenstille der Straße ins Haus.

Er blieb am Küchentisch sitzen und schaute in die Zeitung, ohne umzublättern und ohne sich noch einmal seiner Zeit zu vergewissern. Der Wind frischte auf, die hängenden Zweige der Birke vor dem Haus auf der anderen Seite der Straße begannen zu tanzen. Die hereinströmende Luft bewegte eine Ecke der Zeitung, und er schob seine Hand darüber. Das Geräusch verschwand. Die Zweige der Birke hingen jetzt reglos herab. Über ihnen, in großer Höhe, flog ein Flugzeug vorbei, schnell und kaum hörbar. Es verschwand hinter dem schwarzen Dach des gegenüberliegenden Hauses.

Er zog die Hand zurück und begann aus dieser Bewegung heraus über die Zeitung und den Küchentisch zu streichen, immer wieder, von links nach rechts, und vorsichtig, als wolle er sie nicht richtig berühren. Dann seufzte er auf, griff mit der linken Hand nach einem roten Kugelschreiber, drückte die Mine aus dem Gehäuse und fuhr fort zu lesen. Nach ein paar Sätzen hielt er inne, nahm den Kugelschreiber in die rechte Hand und setzte ihn vorsichtig, mit zittrigen Fingern, auf das Papier. Er begann, das, was er schon gelesen hatte, zu unterstreichen, kam bald weiter, unterstrich und las jetzt gleichzeitig, immer schneller, drückte fester auf, und seine Finger klammerten sich an den Kugelschreiber, als ziehe dieser sonst ohne sie fort. Dort, wo es ihm gelang anzuhalten, riss das dünne Papier der Zeitung auf.

Als er fertig war, zog er einen blauen Kugelschreiber hervor, setzte, weil er fast alles unterstrichen hatte und sich im Roten nicht mehr zurechtfand, an, ein zweites Mal durch den Artikel zu gehen, hielt abermals inne und schaute auf das Bild in der Mitte. Es zeigte den aus großen weißen Steinen gemauerten Rohbau eines Einfamilienhauses, in dessen Dachstuhl ein Zimmermann arbeitete. In der Aussparung für die Haustür, vor einem langen Brett, das den noch treppenlosen Eingang überbrückte, saß ein struppiger, weißer Hund mittlerer Größe, er hatte die Ohren gespitzt und schaute aus dem Haus, das im Hintergrund eingerahmt war von zwei Pappeln in vollem Laub, zurück zum Betrachter.

Paul hob den Kopf, und während er nun wieder aus dem Fenster sah, tastete er über die Zeitung, stieß gleich gegen eine flache Erhebung, zog, ohne hinzusehen, ein altes Holzlineal unter der Zeitung hervor, beugte sich nach vorn und beobachtete den Weg, der hinter der Kastanie zum Haus führte. Er verharrte so und horchte. Er hörte eine Autotür zuschlagen, er hörte einen Motor. Einige Augenblicke später fuhr ein Auto langsam und fast lautlos am Küchenfenster vorbei, der Fahrer beugte sich über den Beifahrersitz und grüßte den alten Mann. Er grüßte nicht zurück.

Jedoch erhob er sich jetzt, um einen besseren Blick auf den Plattenweg zu haben, er beugte sich, auf den Küchentisch gestützt, weit vor. Jenseits des Weges reichten die Beete, bepflanzt mit Rosenstöcken und in der Mitte unterbrochen von einem Gartenzaun, bis zum Nachbarhaus, von dem er den vorderen Teil sah, davor eine Katze, die an etwas heranschlich, was außerhalb seines Blickfeldes lag. Von der Straße aus betrachtet unterschied sich sein Haus nicht von dem seines Nachbarn, das weiße Holz, das die inneren Mauern verkleidete, das schwarze Dach, der Sockel mit den Kellerfenstern, in die Jahre Gekommenes, Fertiges.

Wie bei dem alten Mann war das Küchenfenster des Nachbarn nach innen gekippt, und so saß auch dieser am Küchentisch und las in der Zeitung, nur der Streifen Sonnenlicht auf dem Küchentisch hielt sich dort länger als hier.

Der alte Mann setzte sich wieder hin, legte das Lineal aus der Hand und drehte sich zur Uhr, es ging auf eins zu. Aber das half nichts. Er stand erneut auf, verließ sogar seinen Platz, ging zu dem Kalender, dem der Gaswerke, der neben der Küchentür hing, nahm das rote Rähmchen und steckte es vom achtzehnten auf den neunzehnten Oktober, einem Sonntag, ließ es aber nicht los, zog es sogar zur Hälfte wieder heraus und schob es doch zurück.

Neben dem Kalender hing eine kleine Pinnwand aus Kork, er studierte dort einige Termine, die unter der Abkürzung ›G.‹ und dem Wort ›Landfrauen‹ auf einem karierten Zettel verzeichnet waren. Langsam fuhr er mit dem linken Zeigefinger über die Zahlen des Zettels, ohne innezuhalten, dann, über dem Termin des 20. Oktobers, ließ er ihn fallen, als sei er über eine Grenze hinausgeraten.

Der Zeigefinger hatte einen defekten, krallenartigen Nagel, und die Haut der Fingerkuppe sah aus wie etwas stümperhaft Genähtes, Falten, die nicht mehr zu glätten waren, und mit diesem Finger kratzte er sich nun am Kopf, er schaute sich in seiner Küche um, die gelben Hängeschränke zu beiden Seiten, sein Platz am Fenster, die Spüle mit dem Frühstücksgeschirr, der Herd, der Kühlschrank, die Pinnwand mit den Terminen, der Kalender, der Stuhl neben der Küchentür, die Uhr darüber, der Brotkasten, die Brotschneidemaschine, die Durchreiche zum Wohnzimmer, sein Platz, und wieder zurück, bis sein Blick durch die Küchentür in den Flur schlüpfte und von dort ins Schlafzimmer, wo Staub träge durch einen jetzt hereinfallenden Sonnenstrahl trieb, ein Lächeln fuhr über sein Gesicht.

Da saß er wieder und unterstrich die wichtigsten, schon rot unterstrichenen Passagen des Artikels noch einmal mit Blau. Er drückte fest auf, sah, wenn er den Kugelschreiber absetzte, seine Hand zittern, gelegentlich rutschte er ab. Aber er war beruhigt, dass er konzentriert arbeitete, ohne aus dem Fenster zu schauen. Erst als draußen der auffrischende Wind die Kastanie schüttelte und die Gärten und die Straße mit dem Geräusch fallender Blätter, Früchte und Zweige belebte, hob er den Kopf, roch etwas – und sprang auf, knickte um, und humpelte zum Backofen neben der Spüle, öffnete ihn und rettete den Kuchen.

Als sie heimkam, saß er immer noch am Küchentisch und guckte aus dem Fenster. Von hinten sah er aus, als habe er geschlafen, sein Haar war zerzaust, sein Hemd hing aus der Hose, der Kragen war ohne Krawatte. Was machst du da, fragte sie verwundert und stellte die Einkaufstasche auf den Stuhl neben der Tür. Er reagierte nicht. Er ließ sie die Sachen auspacken und in den Kühlschrank stellen, er ließ sie sagen, ich habe den Joghurt vergessen, kannst du ihn nachher besorgen, du wolltest doch sowieso noch mal raus, er ließ sie reden. Er schaute aus dem Fenster, strich mit der Hand über den Küchentisch und schwieg. Er hörte, wie sie ihre Einkaufstasche in der großen Schublade unter der Brotschneidemaschine verstaute. Soso, sagte er auf einmal, wann soll ich das denn noch machen? Sie antwortete nicht, sondern pfiff, während sie das Brot in den Brotkasten legte, im Flüsterton eine kleine Melodie vor sich hin. Hörst du, sagte Paul, Gerda? Aber sie war schon auf dem Weg durch den Flur, er hörte sie die Kellertür öffnen und hinuntergehen, ihr Pfeifen verschwand. Kurz darauf fiel etwas zu Boden, es gab einen trockenen, metallischen Laut. Dann kam sie wieder herauf, zog ihre Steppjacke aus, hängte sie in die Garderobe neben dem Spiegel im Flur, und ging ins Bad, wo sie sich die Hände wusch, sie machte sich frisch. Er hörte sie die Badezimmertür schließen, es war plötzlich still.

Was ist los, Paul? Er erschrak. Gerda stand neben ihm, mit ihrem Portemonnaie, das sie in die Küchentischschublade legen wollte, aber er saß davor und blickte sie nicht an, er schaute aus dem Fenster. Komm, mach mal Platz, sagte sie, beugte sich zu ihm herunter und gab ihm einen Kuss auf die Stirn, auf die Falte zwischen den Augenbrauen, die er sich eben noch gerieben hatte. Du schwitzt ja, sagte sie, ihre Brille war ein bisschen beschlagen. Du hast dein Strickhütchen noch auf, sagte er mit Blick auf die Zweige der Birke, die hin- und herschwangen, ich habe stundenlang auf dich gewartet, ich wollte längst weg sein.

Er nahm ihr das Portemonnaie aus der Hand, wollte aufstehen und der Schublade Platz machen, aber Gerda berührte ihn plötzlich am Arm. Und was ist mit dem Kuchen, fragte sie erschrocken. Er zeigte zum Herd. Da steht er doch, antwortete er, den hab ich gerettet, du hast den Wecker doch nicht gestellt, du wolltest um zwölf wieder zuhause sein. Er zog die Schublade mit einem Ruck auf, warf das Portemonnaie hinein und stieß sie wieder zu. Warst du zwischendurch eigentlich mal da? Sie lächelte ihn an. Hörst du? Bisschen dunkel, sagte sie, aber es geht, auch ohne Zuckerguss.

Während sie das Frühstücksgeschirr abwusch, blieb er sitzen und drehte seine Teetasse in den Händen, die wasche ich selbst ab, sagte er zum Fenster hin. Auf die Tasse waren ein paar dunkelgraue, bläulich schimmernde Fledermäuse getuscht. Eine von ihnen flog von innen her hinaus zum Henkel. Eine andere hing darin und schlief. Die dritte flog an der äußeren Wand hinauf, und er verfolgte ihren Flug über den Tassenrand hinaus, und rasch wieder hinein und hinunter, bis auf den Boden, wo in einem trockenen Rest Tee eine kleine Fliege klebte, neben der vierten Fledermaus, die dort ihre Flügel ausbreitete. Wir müssen die Blumen aus dem Haus schaffen, sagte er zu Gerda, überall tauchen diese Viecher auf. Er steckte den Zeigefinger mit dem krallenartigen Nagel in die Tasse. Als er ihn wieder herauszog, klebte die Fliege daran. Das saubere Geschirr muss ich auch immer erst abwischen, sagte er, selbst in den Schränken sind welche. Gerda pfiff im Flüsterton und klapperte mit den Tellern. Und setz endlich dein Strickhütchen ab, sagte er, ohne sich umzudrehen.

Sie stellte das Geschirr in den Schrank. Gib her, sagte sie und verlangte seine Tasse, um sie abzuspülen. Er legte sie in ihre Hand, aber sei vorsichtig, sagte er. Den Zitronenkuchen nimmst du nachher mit zu Professor Schneider, fuhr sie fort und hielt ihre Nase in einen Luftzug, der durch das Küchenfenster hereinströmte, riecht gut, findest du nicht? Er schaute auf die sanft bewegten Zweige der Birke vom Nachbarn gegenüber. Was sollen denn die mit dem Kuchen anfangen, den backst du doch nur, weil er dir immer seinen Sandkuchen aufzwingt. Nein, sagte sie, die kommen heute von der Beerdigung seines Schwagers zurück, die freuen sich über die Aufmerksamkeit, ich habe ihnen Bescheid gesagt, dass du kommst. Deine Aufmerksamkeit, brummte er und entdeckte ein paar Wolken am südöstlichen Himmel, die Sonne verschwand, und draußen fuhr ein Auto durch den Schatten. Der Fahrer grüßte, Paul grüßte. Dr. Frost kommt gerade nach Hause, sagte er und lachte. Die Sonne tauchte wieder auf, das Auto bog in die Einfahrt des Hauses hinter der Birke ein. Und was ist eigentlich mit Frau Schneider, fragte er nach einer kleinen Pause und sah sich um. Gerda gab ihm seine Tasse zurück und lächelte ihm zu. Hörst du? Was denn, fragte sie. Nichts, antwortete er, ich wollte nur wissen, ob Dr. Frost schon sechzig ist.

Einige Minuten später hörte er eine Böe anschwellen, sie hielt für einen Moment ihre Kraft und ebbte dann ab, ohne ganz nachzulassen, Blätter fielen auf die Kanten, Stiele tanzten über die Straße, kleine Zweige, ein Aufklatschen, das gefangene Rascheln, der Schauer der Vereinzelung. Ich mach mich auf den Weg, sagte er und legte seine Hände als Fäuste auf den Tisch, als habe er in diesem Augenblick eine Entscheidung getroffen, er stemmte sich hoch, verlagerte, indem er vom Tisch abließ, das Gewicht seines Körpers von den Fäusten auf sich selbst und geriet darüber ins Schwanken, oh, stöhnte er, er machte Anstalten, sich auf seinen Stuhl fallen zu lassen, fing sich aber über dem Küchentisch, gebeugt, sein Haar hing ihm ins Gesicht. Was schaust du mir zu, sagte er zur Tür hin, ohne sich umzudrehen, und schlug mit der flachen Hand auf den Tisch, aber er bekam keine Antwort. Sein Atem ging schwer, er schaute auf den Küchentisch, er sah ein paar Krümel, die vom Frühstück übrig geblieben waren, eingerahmt von der zusammengefalteten Zeitung, den Kugelschreibern, dem Lineal und der Tasse. Und wieder zuckte er zusammen, als habe ihn etwas berührt.

Nachdem er den Küchentisch und schließlich den gelben Linoleumfußboden lange genug angestarrt hatte, entdeckte er auch vor dem Stuhl noch einige Überbleibsel seines Frühstücks. Er versuchte sie mit dem rechten Fuß zur Seite zu schieben, blieb aber hängen, an einem Hindernis, das er nicht erkennen konnte, und so kletterte sein Blick über den Straßenschuh hoch zum rechten Bein seiner Flanellhose, zu den Flecken darauf, an denen er mit seinem beschädigten Zeigefinger kratzte, langsam und behäbig, aber da war kaum etwas herauszukratzen. Dann entdeckte er andere Flecken, kratzte daran weiter, jetzt mit mehr Druck und mit Hilfe der anderen Finger, er kratzte das Bein, sein Geschlecht, seinen Bauch, den Arm, mit dem er sich abstützte, den Kopf, seine Ohren. Ich mach mich auf den Weg, sagte er, hörst du. Er legte die Hand zurück auf den Tisch und sah gesenkten Kopfes durch die Armbeuge hindurch zur Küchentür, aber da war niemand, nur der Flur kopfüber, ein paar blasse, unruhige Schatten, die grauen Gardinen im Schlafzimmer, durch das, allmählich fahler werdend, immer noch ein Sonnenstrahl fiel, der Nachttisch mit dem Buch, und die Seiten, die sich bewegten, leicht gewordene Dinge, und ein bisschen steif.

Er schob den Stuhl an den Küchentisch und ging aus der Küche. Ich mach mich auf den Weg, rief er die Kellertreppe hinunter, ich bin zum Abendbrot wieder da, hörst du? Gerda unterbrach das Sortieren, ihr Gesicht erschien unten an der Treppe. Schrei doch nicht so, sagte sie, sie keuchte, ihre Brille war immer noch beschlagen, was meinst du? Für wen der eingepackte Kuchen da ist, sagte er, da auf dem Herd. Das weißt du doch, antwortete sie, ich hab es dir eben gesagt, der ist für Professor Schneider. Aha, antwortete er, den soll ich wohl mitnehmen. Sie schaute ihn an und schwieg. Ich gehe jetzt sowieso, sagte er, ich bin zum Abendbrot zurück, nicht später als acht. Er hörte in der Küche den Backofenwecker klingeln. Und nimm endlich dein Strickhütchen ab, sagte er, als er gerade gehen wollte. Warte, antwortete sie und setzte es ab, ein paar silberne Haare klebten ihr an der Stirn, du kannst es für mich auf die Garderobe legen. Sie sah ihn über den Rand ihrer beschlagenen Brille hin an und reichte es ihm, er kam ihr ein paar Stufen entgegen, streckte sich, da berührten sich ihre Finger. Und geh nicht vor drei zu Professor Schneider, die machen Mittagsschlaf, sagte sie. Ja, sagte er und lachte. Außerdem feiern sie heute in der Neubausiedlung Richtfest, setzte sie hinzu, der Pastor ist bestimmt auch da. Das war doch schon längst, sagte er.

Oben legte er das Strickhütchen neben seine Hüte auf die Garderobe, er machte Platz und stapelte sie übereinander. Einige Hüte hatten Flecken, über die jemand schon einmal gewischt hatte, ohne ihre Größe zu verringern, im Gegenteil, sie waren nur größer geworden, mit den alten Flecken als umso dunkleren Kernen. Ich gehe ohne Hut, rief er den Flur entlang, er drehte einen in den Händen und strich über den speckigen Rand. Was ist denn nun noch, fragte Gerda, die die Kellertreppe heraufgestiegen war und im Flur stand, du wolltest doch längst weg sein. Ja, sagte er, der Hut. Ja, antwortete sie, der Hut, es ist warm draußen. Also, bis nachher, sagte er. Er ging mit großen Schritten zur Haustür. Warte mal, Paul! Sie schwieg und lauschte. Das Telefon klingelt. Sie hielten den Atem an, und es ging Wind ums Haus. Da, sagte Paul. Sie sahen sich an. Nein, sagte sie, doch nicht, vielleicht war es nur das letzte Klingeln. Ich höre nichts, sagte er, wer soll denn jetzt auch anrufen, der Junge nicht. Nicht jetzt, fügte er hinzu und kratzte sich am Ohr, er hat lange nicht mehr angerufen – überhaupt, seit Tagen hat das Telefon nicht mehr geklingelt, es ruft niemand an. Oder es ist etwas kaputt, sagte er. Gerda verschwand auf der Kellertreppe. Er ging bis zur Kellertür und schaute ihr hinterher. Sie blieb stehen. Hast du verstanden, fragte er. Ja, antwortete sie und stieg weiter hinunter, ich bin nicht schwerhörig.

Dann ging er, legte den Hut auf den Küchentisch und steckte den eingewickelten Kuchen in einen blauen Beutel, er knöpfte seinen Mantel zu. Im Flur warf er einen letzten Blick in den Garderobenspiegel, strich sich durchs Haar, das wieder nach vorne gefallen war, sah das Strickhütchen auf der Hutablage zusammensacken und schaute die Treppe ins obere Geschoss hinauf. Dort war alles dunkel.

Als er schon jenseits der Haustürschwelle stand, sah er Gerda durch den Flur und das Wohnzimmer hindurch auf dem Rasen vor der Terrasse Laub harken, neben ihr ein alter Farbeimer, in dem Spitzhacke, Harke und Handschaufel steckten, diese

Dinge. Er sah ihr eine Weile zu und wartete, bis sie für einen kurzen Augenblick aufschaute und er ihr eine Kusshand zuwerfen konnte. Sie winkte in ausgeblichenen, rosa Gummihandschuhen zurück, mit dem freien, sauberen Arm wischte sie sich den Schweiß von der Stirn.

Nachdem er abgeschlossen hatte, rüttelte er noch einmal an der Haustür, um sich zu vergewissern, dass sie richtig ins Schloss gefallen war. Durch die Wellen des gelben Glases sah er Gerdas Umrisse, sie arbeitete jetzt direkt vor der Terrassentür, und er wartete, bis sie von dort verschwunden war. Erst dann wandte er sich um und ging, jede der flachen Stufen einzeln nehmend, durch den Vorgarten zur Straße hinunter. Auf Höhe der Kastanie, deren herabgefallene Blätter ihm den Zustand des Plattenweges verbargen, entdeckte er plötzlich, dass hinter der Birke gegenüber ein Mann näher kam und zielstrebig, jedoch leicht gebeugt, auf die Straße zusteuerte, der Autofahrer, der ihn vorhin gegrüßt hatte, es war Dr. Frost.

Im gleichen Augenblick drang aus Südwesten, aus Richtung der Gärten, die jenseits der Terrasse lagen, das Flappen von Hubschraubern heran. Es war eine ganze Hubschrauberstaffel, die über die Siedlung kam. Heute ist Kampftag, rief Dr. Frost, in den Feldern beim Gutshof sollen überall Manöverfahrzeuge stehen, ein paar Panzer habe ich auch schon gesehen, hinten beim Flüchtlingslager. Sie schüttelten einander die Hände. Dr. Frosts Hand fühlte sich kühl und feucht an. Plötzlich tauchte noch ein einzelner Hubschrauber auf, seine Rotoren wischten durch den wieder wolkenlosen Himmel. Dann brach der Lärm ab. Kaum ist Herbst, hat man hier keine Ruhe mehr, sagte Dr. Frost, und das ausgerechnet heute, die Zeitung sagt, so warm war es im Oktober lange nicht, Ihre Frau arbeitet ja sogar im Garten. Ja, sagte Paul, es soll regnen.

Und, stieß Dr. Frost plötzlich hervor, haben Sie vorhin auch die Tiefflieger gehört? Wann soll das gewesen sein, fragte Paul. Gegen zwölf. Nein, antwortete er, ich habe gearbeitet. Aber die Wände haben doch gewackelt, als würden sie gleich einstürzen, rief Dr. Frost und riss die Augen auf. Dann seufzte er. Unsere

Häuser kommen langsam in die Jahre, diese Pappschachteln, unseres brauchte auch mal wieder einen neuen Anstrich. Er fuhr sich mit der Hand durch das zerzauste, graue Haar. Wenn bloß dieser Kriegslärm nicht wäre, sagte er. Paul horchte auf. Diesmal flog ein Hubschrauber in größerer Entfernung vorüber, er war nirgends zu sehen.

Also, sagte Paul, ich mach mich auf den Weg. Ja, sagte Dr. Frost hastig, der Wind zauste ihm ein wenig im Haar, Strähnen hingen ihm in die Stirn, er schob sie zurück, aber der Wind gab nicht nach, und Dr. Frost musste sein Haar mit den Händen auf dem Kopf festhalten. So überragte er Paul. Ich geh nachher auch noch mal los, sagte er, zum Richtfest in der Neubausiedlung, er sprach an Paul vorbei, als sehe er sich selbst schon auf dem Weg zum Richtfest, und Paul sah auf die krummen Beine seines Nachbars, auf die Füße, die in eng verschnürten Schuhen steckten, klobige Dinger, deren Gummisohlen außen stärker abgelaufen waren als innen. Vorsichtig hob Dr. Frost die Hände. Man muss das gute Wetter nutzen, sagte er mit einem Blick in den Himmel.

Dann schaute er durch das Geäst der Birke zurück zu seinem Haus, eine neue Böe warf sein Haar nach vorne, es schien ihn an der Stirn zu kitzeln. Er erinnerte sich daran, es festzuhalten, und presste die Hände darauf, als hielte er eigentlich seinen Kopf fest, zwischen den Fingern zitterten die Haarspitzen wie Strandgras. So vieles an Dr. Frost war aus Haar gemacht, unter dem Rollkragen seines Pullovers quollen ein paar von der Brust aus hochgekrochene Haare hervor, starker Bartwuchs, dem keine morgendliche Rasur gewachsen war, überzog sein Gesicht, es schimmerte blauschwarz, und sein grauer Schopf lag unter Händen, in deren Behaarung der Wind fuchtelte, die Haarwelt in Bewegung über der Blässe des Alters. Und mit Blick auf die Zweige der Birke, die jetzt allesamt in eine Richtung strebten, aus der Siedlung heraus, als zerrte etwas an ihnen, stellte Paul fest, dass es Dr. Frost nicht gut ging. Der Wind ließ nach und die Zweige fielen zurück und tanzten auf der Stelle, hinter dem Haus wiegten die Äste einiger Tannen behäbig auf und nieder. Lassen Sie sich nicht aufhalten, sagte Dr. Frost mit löchriger Stimme.

Wollten Sie eigentlich zu mir, fragte Paul jetzt, aber ein Hubschrauber, der plötzlich hinter dem Haus auftauchte, verschlug Dr. Frost die Sprache. Träge, das Heck seines dicken, länglichen Rumpfes leicht erhöht, schwebte der Hubschrauber einen Augenblick lang über dem Haus. Aufgeschreckte Tauben flogen davon, ihr Flattern und Flügelschlagen hilflos neben der Gewalt der Rotoren, Staub wirbelte auf, die Kastanie bog sich im Wind, der Boden bebte. Dann schwenkte der Hubschrauber zur Seite und flog langsam, ohne an Höhe zu gewinnen, über die Siedlung hinweg, und sie schauten ihm nach, bis er hinter der Birke verschwunden war, und das Flappen verebbte.

Sie verharrten in einer Betäubung, in die sich nur langsam wieder die Geräusche der Siedlung mischten, der Lärm eines schnell fahrenden Autos auf der Hauptstraße, und eine neue Böe fuhr in die Birke, verwischte die Gewöhnung, im Essigbaum lösten sich Blätter, Zweige schlugen gegeneinander, fielen zu Boden, wurden fortgetrieben, über die Straße, in windgeschützte Ecken, wo sie sich sammelten hinter kleinen Haufen aus Blättern, Sand und Schmutz, die der Regen vor die Abflussgitter geschwemmt hatte, und obwohl der Wind nun abflaute, blieb ein Widerhall in der Luft, das Stöhnen des nahenden Winters, der durch entlaubte Bäume fuhr, jenseits der Gärten, es versiegte nicht ganz. Aber der Tag blieb freundlich, jetzt, zur Mittagszeit, hatte der Dunst sich aufgelöst, ein Kondensstreifen führte quer über den klaren, blauen Himmel, von Wolken war keine Spur mehr.

Dr. Frost hatte die Hände vom Kopf genommen und überließ sein Haar dem Wind, ja, sagte er, Zeit, dass ich gehe, ich muss nach Hause, Essen machen, meine Frau kommt gleich zurück. Er reichte Paul die Hand. Und was haben Sie vor? Ich muss noch ein paar Dinge erledigen, antwortete Paul, bei Professor Schneider vorbeigehen und dergleichen, nicht der Rede wert. Er hob den Beutel mit dem Kuchen leicht an. Grüßen Sie ihn schön, sagte Dr. Frost, ohne von Pauls Hand zu lassen. Paul nickte. Also vielleicht bis später, beim Richtfest, fügte Dr. Frost hinzu – oder heute Abend, wenn genug Zeit ist zum Reden und weniger Lärm am Himmel.

Schönen Gruß an Ihre Frau, sagte Paul und schüttelte seine Hand frei, er nahm aus der anderen den Beutel, tippte sich, als salutierte er, an die Stirn, also auf Wiedersehen – und ging, ohne sich des Gegengrußes zu versichern, davon, er ließ Dr. Frost stehen, er schaute sich nicht mehr um, auf Wiedersehen, und schon waren da vor ihm der vom Tau getrocknete Asphalt, die staubigen Umrisse einiger Pfützen, die Reklamesendung im Rinnstein vor dem Regengitter. Und in den Tiefen der Kanalisation hörte er das Gurgeln eines Abflusses.

Nachdem er am Ende der Straße nach rechts zur Hauptstraße abgebogen war, ging er langsamer, stockte, blieb stehen, guckte sich um und begann in seiner Manteltasche nach etwas zu suchen. Die Straße, auf der er stand, fiel zwischen älteren Häusern und einem Knick, der ein Feld abschottete, steil ab zu einer alten Eiche, deren Äste über die Einmündung zur Hauptstraße ragten, und er schaute, während er weitersuchte, hinüber zur Sparkasse, erblickte über ihrem Dach, eingerahmt von zwei Pappeln, den Arm eines Baukrans, sah dahinter die von weiteren Knicken durchzogenen Wiesen und Felder, einzelne Bäume und Büsche, auch Baumreihen, und die Überlandleitungen, die sich in lang gezogenen Wellen über das Eisenbahngleis spannten.

Sie haben da etwas verloren, sagte plötzlich jemand, als er ein Stück weitergegangen war. Er drehte sich um und sah einen älteren, aber immer noch kräftigen Mann hinter dem Knick auf dem Feld stehen. Vor ihm, mit dem Rücken zu Paul, saß ein zweiter, etwas jüngerer Mann, er trug einen schwarzen Hut, und Paul sah, dass er ein Butterbrot aß und Bier aus einer Flasche trank. Hinter den beiden Männern, mitten auf dem Feld, lag ein unfertiges, aus alten Holzlatten gezimmertes Gerüst, an dem ein großes Schild lehnte. Darauf war neben den Namen von Auftraggebern, Architekten und Baufirmen die Fotografie vom Modell einer Einzelhaussiedlung zu sehen, die an dieser Stelle entstehen sollte. Die Wände der Häuser waren weiß, ihre Dächer schwarz. Auf der Straße und in den Gärten standen einige Figuren aus durchsichtigem Kunststoff, spielende Kinder oder Nachbarn, die über die Zäune hinweg in ein Gespräch vertieft waren. Am äußeren linken Bildrand bog ein Auto in die Einfahrt eines Hauses ein, niemand saß darin, das Auto hatte keine Sitze, im Inneren herrschte überall Weiß. Das Modell der Siedlung war von schräg oben aufgenommen worden, so dass auch die alte Eiche an der Hauptstraße, ein Baum aus braunem und grünem Karton, noch auf das Bild passte.

Nicht dass ich wüsste, sagte Paul. Sehen Sie, da liegt es, sagte der Mann und deutete auf etwas Buntes, das im Gras neben dem Knick lag, ein in Papier gewickeltes Bonbon, ist Ihnen gerade aus der Tasche gefallen. Paul hob das Bonbon hoch. Danke, sagte er, was machen Sie da überhaupt auf unserem Feld. Na, sehen Sie doch, sagte der Mann, hier soll gebaut werden. Davon weiß ich nichts, erwiderte Paul. Er strich über die Blätter eines Busches, ein paar lockere riss er ab, auch einen kleinen Zweig. Im gleichen Augenblick fing auf der anderen Straßenseite, hinter einer Tür zwischen Haus und Garage, ein Hund an zu bellen, heiser und um Lautstärke bemüht, jenes Kläffen alternder Hunde, die, auch wenn sie frei herumlaufen, nicht mehr weit damit kommen.

Na, dann weiß ich ja Bescheid, sagte Paul und begann das Bonbon auszuwickeln. Alles klar, antwortete der Mann, und auch sein Kollege drehte sich um, er grinste über die ganze Breite seines blassen und zugleich fleckigen Gesichts, hob den Daumen und grüßte wortlos. Mahlzeit, sagte Paul und legte sich das Bonbon auf die Zunge. Er tippte zum Gruß mit der Hand an die Stirn, öffnete den Beutel so weit, dass er das Bonbonpapier ohne Mühe hineinfallen lassen konnte, aber es fiel daneben und er musste sich bücken.

Als er wieder hochgekommen war, sammelte er sich einen Augenblick lang, fing an zu kauen, ordnete dabei seine Sachen und knöpfte den Mantel zu, er hörte einen Eisenbahnzug davonrauschen. Plötzlich drehte er sich um und ging in die Richtung, aus der er gekommen war, zurück, er nahm jetzt den Bürgersteig, er kaute das Bonbon, der Hund bellte ihm nach. Zu seiner Rechten standen die älteren, teils hinter ihren Vorgärten versteckten Häuser, sie unterschieden sich alle voneinander, und von hier aus hatte er, als er sich zur Seite wandte, einen Blick über die Büsche des Knicks und über das Feld in die Siedlung mit ihren Gärten, mit ihren immer gleichen Bäumen, den Birken, Tannen und Obstbäumen, ein Schaukelgerüst ragte dazwischen heraus, ein Gewächshaus, ein Essigbaum, und frische Wäsche hing auf den Wäscheleinen in der Sonne.

Als er spürte, dass ihm etwas Spucke aus dem Mundwinkel lief, blieb er stehen. Kurz bevor sie heruntertropfte, wischte er sie mit dem Handrücken weg, er besah die braunen Schlieren und Bläschen auf seiner Haut, rieb die Hand an der Hose ab und ging geradeaus weiter. Vor ihm lag jetzt eine leicht abschüssige und schnurgerade Straße, zu beiden Seiten, hinter Hecken und zwischen einzelnen Tannen und Laubbäumen, die Dächer und Fassaden anderer Häuser, dahinter ein Tannenwald, durch den die Straße wie durch eine Schlucht führte, zu einem Maisfeld, und schließlich, dort, wo die Straße zu enden schien, zu einem Schilfgürtel, über dem ein Raubvogel kreiste.

Aus der Diskussion der Jury zu Arne Roß

Ursula März: Dieser Text hat mir außerordentlich gut gefallen. Er hat zwei Eigenschaften, nämlich große anatomische Sachlichkeit und eine große Menschlichkeit. Diese Menschlichkeit hätte er nicht ohne seine überpräzisierte, hoch differenzierte Sachlichkeit, in der die Dinge dieser sehr, sehr engen Lebenswelt Pauls beschrieben werden. Man erfährt von Paul eigentlich gar nichts. Man sieht seine Welt in einer genauen, kunstvollen Form, bei der das Anatomische ausschlaggebend ist, sonst würde es nicht gehen. Ich will nicht gleich am Anfang zu viel sagen, nur eines noch: Natürlich sehen wir hier einen alten Mann auf seiner letzten Lebensetappe, der aus dem Haus geht, es kommt Dr. Frost und es kommen andere, es taucht das Bild der Welt auf, aber das ist symbolisch und zwar auf eine sehr dezente Weise. Kurz: Mir hat er großartig gefallen.

Heinrich Detering: Ich möchte diesen Faden gerne weiterspinnen. Ich finde diesen Text ganz anrührend, ohne dass er auch nur einen halben Satz lang sentimental wäre; er ist durch Genauigkeit zart. Herr Roß sieht noch ganz jung aus, ich frage mich, wie er diesen Blick für alte Leute in diesem Zustand haben kann. Es klingt beinahe so, als ob das einer aus eigener Erfahrung schreiben würde. Das liegt sicher daran, dass er die Wörter zart und genau und anrührend zu benutzen versteht. Man kann das, was diesen Eindruck hervorruft, natürlich auch ganz technisch beschreiben. Das hat etwas mit der Erzählperspektive zu tun, die einerseits sehr nahe an der Handlung ist, aber im Unterschied zu ähnlich gemachten Texten, die wir hier bisher gehört haben, gleichzeitig in sehr ruhiger Distanz bleibt. In einer sehr freundlichen, aber doch sehr deutlich eingehaltenen Distanz. Keinen Augenblick hat man das Gefühl, dass das eine personale Erzählsituation ist, in der die Erzählstimme halb aus Pauls Kopf spricht. Wenn da zum Beispiel gesagt wird, er suche etwas in seiner Manteltasche, dann weiß auch der Erzähler nicht genau, wonach Paul jetzt eigentlich sucht, sieht aber genau und ruhig zu, bis er es weiß. Oder diese phänomenale Art, sich in aller Ruhe Zeit zu nehmen, einen Dialog von zwei, drei Sätzen über eineinhalb Seiten zu dehnen, ohne dass die Spannung einen Augenblick nachlässt, weil es ja auch für Paul so lange dauert, denn er muss sich ja fortwährend neu orientieren und dann entgleitet ihm die Situation wieder und dann weiß er plötzlich nicht mehr, wo er ist. Und schließlich diese erstaunlich diskrete, unaufdringliche Art, mit Symbolen umzugehen. Auf den letzten Seiten wird das besonders deutlich: »Vor ihm lag jetzt eine leicht abschüssige und schnurgerade Straße.« Das ist völlig plausibel, und es kann einen ein bisschen schaudern, wenn man diesen Satz liest, weil wir inzwischen alle verstanden haben, welche Straße das ist. Trotzdem ist es nicht so, dass man das Gefühl hat, hier werde am Schluss noch explizit gemacht, was wir eben schon lange verstanden haben. Auch der Schilfgürtel, über dem ein Raubvogel kreist, ist sehr schön, sehr triftig und diskret.

Ursula März: Ich würde gerne noch etwas ergänzen. Ich habe mich an einen Aufsatz über die Güte bei Walker Percy, den ich einmal gelesen habe, erinnert gefühlt. Die Güte ist ja nun nicht gerade eine uns allen geläufige literaturtheoretische Kategorie, aber es gibt sie. Es gibt die Güte in der Literatur und sie hat mit dem Verhältnis des Autors zu seiner Figur zu tun und das gütige Verhältnis des Autors zu seiner Figur entsteht eben nicht durch Nähe sondern durch Distanz. Und hier hat man den Eindruck, der alte Mann habe das Recht, seine letzte Erzählung selber zu schreiben und der Erzähler helfe ihm nur zufällig ein bisschen dabei. Das macht die Größe dieser Figur aus.

Klaus Nüchtern: Mir hat es ebenfalls sehr wohl getan, dass nach der schokoladewabernden Straßenbahnoper jetzt wieder etwas klare Herbstluft durch das Fenster zieht. Ich kann auch die Frage leicht beantworten, wodurch das gelingt, obwohl der Autor jung ist. Man braucht nur genau hinzuschauen. Ich habe mir notiert: sachliche Empathie. Es hat damit zu tun, dass man genau beschreibt, das Holzlineal, das offensichtlich schon bereit liegt, die zweifarbigen Kugelschreiber, der krallenartige gekrümmte Fingernagel. Dann brauchen wir eigentlich auch nicht mehr viel Phantasie aufbringen, weil unsere anthropologischen Möglichkeiten sozusagen doch recht begrenzt sind. Wir können uns sehr gut vorstellen, wie das sein wird im Alter, wie die Haut rissig wird und der Radius, in dem sich das Leben abspielt, abnimmt und wie es ist, wenn das Verabschieden aus dem Haus umständlich wird. Der Eindruck der freundlichen Sachlichkeit entsteht dadurch, dass nicht ständig eine Autorenstimme nebenherläuft, die erklärt, was ich als Leser zu empfinden und zu denken habe. Man kann diese leicht abschüssige Straße natürlich als Symbol sehen, ich bin aber auch ganz froh, wenn ein Zitronenkuchen einmal nur ein Zitronenkuchen sein darf. Aus dieser spezifischen Ökonomie der Erzählweise heraus gelingen dann ganz schöne Actionmomente, zum Beispiel der Kuchen, der anbrennt. Dabei bin ich ganz auf Augen- und Nasenhöhe des erlebenden Subjekts und weiß gar nicht, was los ist, aber offensichtlich riecht etwas – Kuchen angebrannt. Das Einzige, was mich ein bisschen gestört hat, ist die drei- oder viermalige Erwähnung des Strickhütchens! Kein Mensch auf der Welt kann einen Gegenstand, den er Strickhütchen nennt, wirklich tragen, das ist unmöglich! Entweder man ist total infantil oder pflegt so etwas wie einen ironischen Lebensstil. Also man sagt vielleicht: »Nimm den Hut ab«, aber dreimal zu sagen: »Nimm jetzt das Strickhütchen ab«, das geht nicht, dann ist die Ehe endgültig beim Teufel.

Ilma Rakusa: Das ist positiv gesprochen ein Text über fast nichts, aber dieses fast nichts ist spannend im Detail, es ist nirgends banal, man folgt hier einem Blick, der über den Straßenschuh hochklettert zum rechten Bein der Flanellhose. Und das ist gut und interessant und treffend. Oder: »Ein Auto fährt durch den Schatten« – diese ganz genaue Beobachtung aller Einzelheiten in der bereits verengten Welt, die dieser Mann bewohnt, ist sehr eindrücklich. Ich schätze den Text übrigens auch in seiner Langsamkeit. Es gibt ja Texte, die ein rasantes Tempo erfordern, und das hatten wir schon. Hier ist es ein langsamer Text, der mit dieser Langsamkeit sehr gut umzugehen weiß, die natürlich auch dem Sujet angemessen ist. Aber auch das muss man wagen. In der heutigen Zeit langsam zu sein, das ist eine Kunst für sich.

Norbert Miller: Es ist eine fabelhaft variable Form, einen rein beschreibenden Text in jedem Satz als eine Bewegung erscheinen zu lassen. Es gibt nie eine Beschreibung, die sozusagen starr ist, und die Beschreibungen selbst haben eine ganz langsame Bewegung in sich. Es gibt, glaube ich, keine einzige bloße Beschreibung und das ist außergewöhnlich kunstvoll gemacht. Aber das fügt unserem übereinstimmenden Bild nur ein technisches Detail hinzu. Ich habe noch eine technische Anmerkung, sowohl an Arne Roß als auch an Sie gerichtet. Das ist jetzt wohl der achte Text, wo das Wort ›sehen‹ und das Wort ›schauen‹ durch dieses dem Infantilismus verdankte Wort ›gucken‹ ersetzt worden ist. Seit wann gucken wir eigentlich alle unausgesetzt? Dreihundert Jahre lang hat man in der deutschen Literatur nur in Kinderbüchern Hans ›guck‹ in die Luft gemacht, jetzt gucken die erwachsenen Leute zum Fenster hinaus, oder gucken in ihren eigenen Abgrund. Ich wundere mich. Ich muss einer falschen Generation angehören, aber Arne Roß hat mir ja nun gezeigt, wie ich mich dann verhalten muss.

Daniela Strigl: Ich möchte eine Anmerkung zur Ehe machen, die hier geschildert wird. Diese Nicht-Kommunikation trocken gesagt, die hier immer wieder stattfindet, hat mir gut gefallen. Trotzdem hat man das Gefühl, wie das halt bei einem gut eingespielten Ehepaar ist, dass sie sich miteinander verständigen. Eigentlich reden sie ununterbrochen aneinander vorbei, immer sagt einer was und der andere antwortet nicht oder umgekehrt. Sie sagt: »Ich bin ja nicht schwerhörig«, aber sie hört trotzdem nicht zu. Sie sagt jedenfalls immer etwas anderes, als er von ihr erwartet. Ich weiß nicht, ob er Alzheimer hat, aber er ist extrem vergesslich, das kommt hinzu. Es ist daher schwer, mit ihm eine Unterhaltung zu führen. Es gibt einen Satz, den ich dann doch symbolisch lese in dem Zusammenhang und zwar ist da vom Kläffen alternder Hunde die Rede, die auch wenn sie frei herumlaufen nicht mehr weit damit kommen. Und da läuft so ein alternder Hund herum, dessen Telefon nicht mehr klingelt, der keinen Kontakt mehr mit der Außenwelt hat. Außerdem kommen ununterbrochen Häuser in allen möglichen Varianten vor. Das Gegenbild zu dieser abschüssigen Straße sind die Häuser, an denen man sich noch irgendwie orientieren kann. Mir ist nicht ganz klar, was für eine Rolle sie spielen, aber es muss Absicht sein. Also es ist interessant.

Burkhard Spinnen: Sie werden jetzt nicht überrascht sein, dass ich mich Ihrem Urteil anschließe, da ich den Autor eingeladen habe. Fein, dass sie das alles so gesagt haben. Ich möchte noch etwas hinzufügen. Einen Autor hierher einzuladen heißt natürlich immer und vor allen Dingen für jemanden, der selber literarisch schreibt, eigene poetologische Grundüberzeugungen zu illustrieren: Wie denke ich mir Literatur? Das tut der Kritiker, das tut der Autor. Und das ganz Grandiose an diesem Text und das, was ich tatsächlich fast etwas dogmatisieren möchte oder muss, ist für mich, wie hier jemand mit dem Material, das er erfindet, arbeitet, und mit sonst nichts. Große Geschichte ist etwas

Schönes, aber hören Sie nicht, wie in dieser Aufeinanderfolge von Reihenhaussiedlungen so eine Art Troja entsteht? Die ältere Siedlung, die alten Häuser, die neue Siedlung. Der Mann liest ein Plakat, auf dem genau steht, was da gemacht wird. Dann fragt er: »Was macht ihr hier?« Antwort: »Wir bauen hier!« Darauf sagt er wieder: »Davon weiß ich ja nichts.« Das heißt, er lebt schon in seinem Grab. Es werden bereits Schichten über ihm eingerichtet. Ein Manöver im Herbst – klare Sache, so lange noch Geld dafür da ist, landen Hubschrauber in Maisfeldern. Aber der ganze Kontext des Symbolischen ist hergestellt aus dem, was man zusammenfinden kann, wenn man sich in irgendeine Vorortsiedlung stellt und sich quasi einmal um 380 Grad dreht und mit einem Netz die wahrgenommenen Eindrücke, die Sachen, die Gegenstände aufnimmt. Und damit wird ein Kosmos geschaffen, in dem sehr viel möglich ist und in dem sogar über die Hunde, die ja da tatsächlich mit ihren Besitzern älter werden, so etwas gesagt werden kann wie in diesem Satz, in dem es eine ganz kleine komische Klippe gibt, denn da heißt es nicht: »Sie kommen nicht mehr weit«, sondern: »Sie kommen nicht mehr weit damit«. Womit? Es gibt immer kleine Fußangeln in den Sätzen, durch die dieser Text aus der empathischen Sachlichkeit gelegentlich quasi eine kleine Kraftreserve schöpft, mit der er in ein symbolisches Sprechen übergehen kann. Und dann nimmt man ihm den kreisenden Raubvogel nicht übel, auch wenn es gewissermaßen der Geier ist. Dann nimmt man ihm die abschüssige Straße nicht übel, obwohl es natürlich the Road to Death ist.

Iris Radisch: Ich kann gar nichts mehr sagen, ich muss mich allen anschließen. Vielleicht kann ich das Strickhütchen aber wenigstens noch retten. Das Strickhütchendrama hat mich nämlich bezaubert. Ich fand, dass der Text in Miniatur dauernd Spannung herstellt, Vorbotschaften. Man ist immer in Panik und denkt: »Was passiert als nächstes?«. Selbst wenn erst mal überhaupt nichts passiert, weiß man ja, dass dieses ›überhaupt nichts‹ immer schon auf die Katastrophe hinarbeitet. Das spürt man, weil sie den Sätzen innewohnt. Und das Hütchen ist doch klar: *Er* geht dann ja auch ohne Hut und die Haare fangen an, im Wind zu zausen. Es ist auch von diesem Schauer die Rede, als habe ihn etwas berührt. Das mag vielleicht der Schauer der Vereinzelung sein, um den es hier im Großen und Ganzen geht. Insofern ist das Hütchen richtig altmeisterartig ein kleines Puzzleteil in diesem großen Gemälde.

Martin Ebel: Ich bin jetzt so spät dran, dass ich fast gar nichts mehr zu sagen habe. Ich möchte mich auch zur Strickhütchenfrage nicht äußern. Einen kleinen Akzent würde ich etwas anders setzen. Ich finde, dass der Autor einen nicht ganz bösen, aber halbbösen Blick hat. Er beobachtet sehr genau die Art und Weise, wie dieser alte Mann sich selbst immer wieder täuscht und reinlegt. Er reproduziert sein Arbeitsleben in diesen Ruhestand. Also er sagt, er habe gearbeitet. Was hat er gemacht? Er hat einen Zeitungsartikel unterstrichen, jeden Satz mit rot und dann noch mal mit blau. Gegenüber seiner Frau tut er so als hätte er unglaublichen Stress, er hat ja eigentlich gar nichts mehr zu tun, und das bisschen, was er zu tun hat, vergisst er sowieso wieder. Das sind kleine, böse Beobachtungen, die die Figur überhaupt nicht denunzieren, sondern einfach nur sagen: »So geht es einem dann«. Am schönsten, um damit zu schließen, finde ich den Umgang mit der Zeit. Dieser alte Mann will mit seinem Blicken den Zeiger der Uhr vorwärts schieben oder den Sonntag am Kalender schon abreißen oder verschieben, obwohl es erst Samstag ist. Dann macht er es doch nicht. Er will, dass die Zeit vergeht, und gerade das ist die Absurdität. Denn was passiert, wenn die Zeit vergeht? Dann nähert er sich dem Tod noch mehr. Das ist etwas Abgründiges in diesem Text, das mir sehr gut gefallen hat.

Ilma Rakusa: Ich möchte noch den Schluss erwähnen. Es ist nämlich sehr interessant, wie die Erzählung aufhört. Sie hat eine gute Ökonomie, aber sie muss einmal aufhören, nicht nur wegen Klagenfurt. Interessant ist, wie sie aufhört, und dieser Schluss hat für mich durchaus etwas Rätselhaftes, fast Unheimliches: der Schilfgürtel, der Raubvogel, die Straße geht dort zu Ende. Wir haben da ein Bild, das uns beschäftigen kann und das vielleicht auch eine Frage aufwirft, das ist durchaus gut so. Das verknüpfe ich jetzt mit dem Titel »Pauls Fall«. Ich weiß nicht, wie die anderen das gesehen haben. Hinter diesem Titel könnte man sich auch etwas leicht Dramatisches vorstellen. Das ist nicht nur ein Leben oder ein Alltag wie jeder andere. Das Fragezeichen hinter Titel und Schluss möchte ich einfach stehen lassen, vielleicht kann mir da jemand mit seinen Eindrücken weiterhelfen.

Klaus Nüchtern: Ich denke, in Pauls Fall steckt genau die Ambivalenz, die in unserer Diskussion zusehends herausgekommen ist. Fall im Sinne von Kasus, ganz sachlich, und Fall im Sinne von Sturz. Hinter dieser ganz genau beschriebenen Oberfläche tut sich sozusagen noch einiges auf.

Heinrich Detering: Wenn man einmal hypothetisch unterstellte, dass die Texte, die wir hier bisher gehört haben, irgendwie symptomatisch wären für unsere deutschsprachige Gegenwart, dann würde mir nicht nur die Dominanz des Wortes ›gucken‹ auffallen oder die von Norbert Miller beklagte Dominanz von Gerüchen, sondern auch die außerordentliche Dominanz des Themas Persönlichkeitsauflösung. Multiple Persönlichkeit, Magersucht, Vermüllungssyndrom, das nicht mehr vorhandene Ich in der Castingshow, die den Superstar kreiert. Genauso häufig, teils in denselben, teils in weiteren Texten, geht es um Erinnerung. Um Festhalten von Erinnerungen, das fortwährend unsicherer wird, weil sich der Erinnerungsprozess selber, meisterhaft natürlich vorhin in Dresden, aufzulösen scheint. Aber es gibt, wenn man diese Hypothese unterstellt, offenbar den Wunsch sich anzuklammern, um sich als Ich, als

Einzelnes wiederzufinden in einer Erinnerung. Und das geschieht mit ungeheuren Anstrengungen. Wenn dann der Alzheimertod kommt, ist auch diese Auflösungsangst, die uns vielleicht alle beunruhigt, zu ihrem unwiderruflichen Ende gekommen. So etwas kann ein Modethema sein, so etwas kann der Zufall der bisherigen Texte sein, aber da liegt etwas nach Auflösungsangst Riechendes in der Luft.

Norbert Miller: Ich würde Ihnen da, dem Alzheimer am Nächsten stehend, schon Recht geben wollen, nur nicht für den letzten Text, denn der letzte Text versucht ja doch so etwas wie eine Fallbeschreibung. Wer da spricht über die Häuser, über das Gehen, ist ja der Erzähler. Das ist in dieser besonderen Weise kein mimetischer Text, auch kein verdeckt mimetischer Text wie in den anderen zitierten Beispielen. Sonst, glaube ich, ist die Tendenz sicher richtig beschrieben. Auch in Bezug auf »Pauls Fall« ist sie richtig beschrieben.

GUY HELMINGER

Pelargonien

Es gab wenig, das Frank Perl so erfreute, wie das Fahrrad fahren. Da waren Tage, an denen hob er sich morgens kurz nach dem Frühstück in den Sattel, und erst wenn es dunkel wurde, merkte er, dass er die ganze Zeit nichts gegessen hatte. Er fuhr in der Stadt herum, und ab und an, wenn es sich anbot, wenn er wusste, dass es ihm dieses seltsame Glücksgefühl bescheren würde, ließ er den Lenker los, richtete sich auf und schlug einem Passanten im Vorbeigleiten auf den Hinterkopf. Er drehte sich danach nie um, schaute sich nie die überraschten Mienen der Gedemütigten an. Er fuhr einfach weiter, wissend, dass die Gesichter in seinem Rücken in all ihren stumpfen Variationen doch immer mit dem gleichen Ausdruck völliger Sprachlosigkeit über dem Bürgersteig hingen, während in seiner Brust im selben Moment eine Sauerstoffflasche geöffnet wurde und etwas sich aufrichtete in seinen Gliedern. An sehr schönen Tagen radelte Perl nach so einem Schlag einmal um den Block und steuerte sein Opfer erneut an.

Die Stadt hatte etwas von einem riesigen Blumenkasten, in dem die vom Vorjahr übrig gebliebenen Erdbrocken sich zu kleinen schimmeligen Wohneinheiten strukturierten. In den Furchen dazwischen lief die eine oder andere Kellerassel, erschrocken über so viel Licht, das plötzlich über den Dachgiebeln stand und von dort aus jede noch so verwinkelte Ecke ausputzte. Nur die Blumen fehlten.

»Etwas fehlt immer«, sagte Perl und fasste sich ans rechte Ohr.

Er sah die Wagen, die sich langsam und laut aus der Stadt hinaus Richtung Autobahn schoben, sah, wie ihre Schatten stotterten, länger wurden, sich in aller Ruhe ausdehnten und wie Geisterfahrer die Gegenfahrbahn benutzten, während sein Rad ihn fast lautlos und gleichmäßig über den Bürgersteig ans Ende des Tages trug.

In der Dämmerung stellten die Straßenleuchten ihre schwachen Kegel auf den Asphalt. Vögel hockten merkwürdig bewegungslos im Rinnstein und schienen auf das nächste Paar Reifen zu warten. Perl beschloss, an den Grünflächen am Stadtrand vorbeizufahren, dort, wo man nur an Tagen wie diesem etwas sehen konnte, wenn der Mond zu voll war und sein Licht wie aus einer Sprühflasche über der kaum befahrenen Straße hing. Trotzdem blieb der Asphalt trocken. Perl atmete so wenig wie möglich und horchte über die Wiesen. Dort drückte jemand mit zu großen Händen die Stille ins Gras.

Dann platzte plötzlich dieser Wagen an ihm vorbei, schleuderte im selben Moment und überschlug sich einmal, bevor er auf allen vier Rädern wieder zum Stehen kam. Perl bremste sofort und sah sich das Auto aus der Entfernung an. Nichts rührte sich. Er legte sein Fahrrad auf den Asphalt und ging auf das Unglück zu.

Das Dach war eingedrückt und die Frontscheibe zersplittert. Eine Frau öffnete von innen ein Stück weit die Fahrertür. Perl sah, dass sie steif mit dem Sitz verschmolzen war und dass nur ihr linker Arm sich bewegte, so als gehörte er zu einem anderen Körper. Ihr Mund stand etwas offen, während sie Perl anschaute. Kleine Blutspritzer hatten sich wie zu dunkle Sommersprossen über ihr Gesicht verteilt. Auf ihrem Schoß häufte sich das Glas. Perl hielt ihrem Blick stand und dachte: wir verstehen uns gut.

Er zog die Tür auf, beugte sich über die Frau und löste den Sicherheitsgurt. Dann versuchte er, sie unter den Armen zu greifen und etwas anzuheben.

Die Frau wimmerte.

Perl ließ sie zurück in den Sitz gleiten und schaute ihr erneut in die Augen.

»Ich bin jetzt da«, sagte er.

Die Frau blickte auf das Glas in ihrem Schoß.

Perl packte sie erneut unter den Armen und begann sie aus dem Auto zu ziehen.

Die Frau wimmerte.

»Was machen Sie da«, rief jemand.

Perl drehte den Kopf, während er die Frau vorsichtig aus dem Wagen zog.

Der Mann eilte auf sie zu und rief: »Das dürfen Sie nicht!«

Perl legte die Frau auf den Asphalt. Ihre Beine fielen seltsam geknickt nach außen.

»Wenn sie was an der Wirbelsäule hat«, schrie der Mann, »sind Sie denn vollkommen verrückt.«

Perl wartete, bis der Mann bei ihm war und sagte: »Ich bin jetzt da.«

»Haben Sie einen Krankenwagen gerufen, die Polizei verständigt?« fragte der Mann schnaufend.

»Etwas fehlt immer«, sagte Perl und fasste sich ans rechte Ohr.

Einen Moment lang wurde es dunkler. Eine Schicht aus schwarzen Wasserfarben zog einige Blätter lang vorbei. Dann stand der Himmel wieder da, nachtblau und unfehlbar.

Der Mann kniete sich neben die Frau, und Perl überlegte, ob er ihm auf den Hinterkopf schlagen sollte. Aber sein Fahrrad lag zu weit weg. Im Stehen brachte das nichts.

»Sind Sie fertig«, sagte Perl.

Der Mann stand auf und blickte ihm in die Augen.

Wir verstehen uns nicht, dachte Perl und sagte: »Am besten, Sie gehen jetzt!«

Von unten wimmerte die Frau.

Der Mann schaute Perl noch einen Moment lang an, dann ging er weg.

Perl hockte sich neben die Frau und streichelte ihr über den Kopf. Sie versteifte sich und wimmerte etwas lauter. Irgendetwas tat ihr weh.

»Ich bin Frank«, sagte Perl, »Frank Perl.«

Ein leichter Benzingeruch lag über der Straße im nieselnden Licht.

Die Frau hat sehr große Augen, dachte Perl, das mag ich. Er

schaute den Bordstein entlang nach seinem Fahrad und sah, dass der Mann dort noch stand und wartete.

Ich hätte ihn schlagen sollen, dachte Perl und streichelte der Frau über den Kopf. Ihr rechter Arm lag seltsam leblos neben ihr. Perl rauchte nicht, sonst hätte er ihr eine Zigarette angeboten. Stattdessen sagte er: »Sie waren zu wild. Sie haben die Kontrolle verloren.«

Die Frau wimmerte.

Dann wurde es allmählich laut.

Über der Stille im Gras hatten sich Grillen versammelt und zirpten. Ihre Flügel bewegten sich rasch gegeneinander und trieben als weit verstreuter Chor einen gemeinsamen Klang über die Frau und den Wagen hinweg. Perl hatte das Gefühl, dass nun alle Geräusche sich miteinander verbanden, sich durchdrangen, das Schrillen aus den Wiesen, das Wimmern der Frau, das Schnaufen des Mannes aus sicherer Entfernung. Alles zusammen bildete eine Kugel aus Tönen, und Perl saß mitten drin. Dann kam ein neues Geräusch dazu. Erst dumpf und leise, so dass Perl es noch außerhalb seiner Kugel wähnte, dann immer deutlicher, und schließlich fuhr es laut in die Szene hinein. Der Krankenwagen hielt direkt neben Perl. Der Mann kam wieder angelaufen und rief: »Da ist er! Da ist er!«

Die Sanitäter knieten sich neben die Frau.

Einer sagte: »Gehen Sie doch mal zur Seite.«

»Ich war als erster da«, sagte Perl.

»Ja, ja«, sagte der Sanitäter.

Er strich der Frau über die Stirn und fragte: »Können Sie mich hören?«

»Mir ist kalt«, sagte die Frau.

»Wir bringen Sie in die Uni-Klinik«, sagte der Sanitäter.

Die Frau schloss die Augen.

Perl blieb noch, bis der erste Polizeiwagen ankam, dann setzte er sich aufs Fahrrad und fuhr nach Hause.

Am nächsten Morgen stand Frank Perl in der Uni-Klinik und fragte beim Empfang nach der Frau, die gestern Abend nach einem Unfall eingeliefert worden sei.

Im Flur roch es nach Desinfektionsspray. Eine ältere Dame im Rollstuhl fuhr an ihm vorbei und grüßte. Perl klopfte leise an die Zimmertür und trat ein. Die Frau lag in einem Bett am Fenster und schien zu schlafen. Beide Beine sowie ihr rechter Arm waren eingegipst. Das zweite Bett im Zimmer war nicht belegt.

Sie wartet, dachte Perl.

Als er sich auf ihr Bett setzte, öffnete die Frau langsam die Augen.

»Wie geht es Ihnen?«, sagte Perl, während das Licht in Form eines winzigen zitternden Reflexes eine passende Stelle in ihren Augen suchte. Sie sah ihn an, und Perl wusste, dass sie sich verstanden.

»Was?« sagte die Frau.

»Ich habe Sie gerettet«, sagte Perl und fasste sich ans rechte Ohr.

»Danke«, sagte die Frau.

Ihr Blick heftete sich an die Decke. »Wer war der andere Mann?« fragte sie.

Perl schwieg.

Sobald sie nicht miteinander sprachen, wuchs eine blütenlose Stille ins Zimmer hinein. Aber nichts bewegte sich. Meistens tropfen doch die Hähne, dachte Perl und schaute auf den Plastikvorhang in der Ecke des Zimmers.

»Ich werde Ihnen Blumen vorbeibringen«, sagte er.

Die Frau sah zum Fenster hinaus. Dort spannte sich der Himmel großzügig hinter den Flug zweier Tauben.

Perl streichelte der Frau übers lange, dunkle Haar.

»Wie heißen Sie?« fragte er.

»Bischoffsky«, sagte die Frau, »Petra Bischoffsky.« Und nach einer Weile, in der Perl sich auf die kaum hörbaren, rhythmischen Schübe ihres Atems konzentriert hatte: »Wieso sind Sie hier?«

»Sie waren zu wild. Sie hätten sterben können. Wenigstens haben Sie gegessen«, sagte Perl, während sein Blick das Tablett mit den Resten vom Frühstück streifte.

Die Frau versuchte, ihren Körper etwas nach oben in die Kissen zu schieben. Ihr Gesicht verzerrte sich dabei.

»Ich fahre viel Fahrrad«, sagte Perl, »man sieht viel mehr von der Stadt, in der man lebt. Jeden Tag entdecke ich neue Dinge. Ab und zu fallen mir auch Menschen auf. Das macht mich froh.«

Die Frau blickte an ihm vorbei zur Zimmertür. Perl hörte, wie ein Wägelchen mit abgeräumten Tabletts über den Flur geschoben wurde.

»Was erwarten Sie von mir?«, sagte die Frau, »wollen Sie Geld?«

Perl sah, wie sich die Augen der Frau verdunkelten. Das Licht rutschte ihr aus den Augenwinkeln und zog sich hinter die Fensterscheiben zurück. Trotzdem blieb es hell im Zimmer.

»Sie sind geschwächt«, sagte er. »Ich verstehe das. Ich komme morgen wieder.« Dann stand er auf und verließ die Klinik.

Am folgenden Morgen hatte Perl Blumen dabei. Er hatte den Strauß selbst zusammengestellt. »Nicht einfach nur Rosen«, hatte er zur Verkäuferin gesagt und sich über die Auslage gebeugt. Es waren junge Blumen. Die Frau im Krankenhaus war älter.

»Ich habe keine Vase«, sagte sie.

Perl besorgte eine bei der Stationsschwester.

Es geht der Frau besser, dachte er, aber ihre Haare sind etwas zu lang. Im Zimmer häufte sich noch immer die Stille, sobald sie nicht miteinander redeten. Aber die Blütenblätter bewegten sich nun darin und rührten die Stimmung um.

»Was machen Sie beruflich«, fragte die Frau.

Perl überlegte einen Augenblick. Dann sagte er: »Ich trage Zeitungen aus. Zeitungen und Prospekte. Früh morgens. Ab acht habe ich frei. Den ganzen Tag. Ich brauche nicht viel Schlaf. Und Sie?«

Die Frau sah ihn an, und Perl hatte das Gefühl, auf seinem Fahrrad zu sitzen und jemandem auf den Hinterkopf zu schlagen.

»Ich bin Soziologin«, sagte sie. »Ich arbeite bei der BZGA, der Bundeszentrale für gesundheitliche Aufklärung. Wir machen diese Aids-Aktionen. Sie kennen doch die Plakate.«

»Sie haben doch kein Aids, oder?!« fragte Perl.

Petra Bischoffsky lachte.

Das ist das erste Mal, dass sie lacht, dachte Perl.

»Nein«, sagte sie, »wir klären auf. Wir weisen die Leute darauf hin, dass sie Kondome benutzen sollen.«

»Das hätte ich auch gemerkt«, sagte Perl und fasste sich ans rechte Ohr, »wenn Sie Aids hätten, meine ich.«

Hinter den Glasscheiben schien sich das Sonnenlicht zu stauen, ehe es sich zu einem Strahl gebündelt über die Blumen ergoss.

»Mögen Sie Blumen?« fragte Perl.

Die Frau antwortete nicht.

Nach einer Weile sagte Perl leise: »Ich mag sie sehr.«

Sofort begannen die Augen der Frau unruhig zu flattern, so als ob plötzlich ein Windstoß durch das Zimmer fegen würde. Perl legte eine Hand auf den Gips ihres linken Schenkels und sagte: »Pelargonien sind mir am liebsten.« Er wartete einen Moment lang und schaute auf die kleinen Schnitte im Gesicht der Frau. »Sie wissen nicht, was das ist. Ja, das wissen die wenigsten. Weil alle sie Geranien nennen. Das ist aber falsch.« Perl merkte sofort, wie er in der Achtung der Frau stieg. »Mit Geranium haben Pelargonien aber nichts zu tun«, sagte er. »Alles Storchschnabelgewächse. Und daher kommt der Irrtum. Storchschnabelgewächse heißen botanisch Geraniaceae. Nicht wahr«, sagte Perl und nickte mit dem Kopf. »Pelargonien sind reich sprießende Pflanzen, und wo gibt es das schon, dass die Blüten fast das gesamte Blattwerk bedecken.«

Die Zimmertür ging auf und die Stationsschwester sagte: »Frau Bischoffsky, könnten wir... Ach, Sie haben noch Besuch. Na, dann später«, und schloß die Tür wieder.

»Nein, nein«, sagte Petra Bischoffsky.

Perl hörte, wie die Tür vom Nebenzimmer geöffnet wurde. Dann sah er der Frau in die Augen und sagte: »Ich glaube, es ist an der Zeit, uns zu duzen.«

In der Stadt lag viel Erde. Gärtner arbeiteten in den Parks. Zwischen den Bäumen am See standen Menschen wie faule Schilfrohre. Perl radelte zwischen den Wiesen umher, fand aber niemanden, den er gerne geschlagen hätte. Es war lange hell an diesem Tag, so lange, bis Perl in die Außenbezirke fuhr. Dort verrohte innerhalb einer Viertelstunde das Licht zwischen den spukenden Kindern, und es wurde dunkel.

»Gut, gut, ich erzähle es Ihnen«, sagte Petra Bischoffsky.

Perl stand am Fenster und hörte, wie sich ihre Stimme aufregte, ohne auch nur im Geringsten lauter zu werden. Der Geruch der Blumen lag schwer und dicht im Zimmer, während sich unten vor dem Krankenhaus die Birkenbäume verzweigten. Perl sah, wie ein Wagen vor der Schranke hielt. Ein Arm drückte auf die Klingel. Die Schranke ging nach kurzer Zeit hoch, und der Wagen fuhr auf den Parkplatz.

»Ich habe mich an dem Abend von Schippo getrennt«, sagte Petra Bischoffsky. »Ich war wütend und fuhr zu schnell. Das ist alles.«

»Schippo, das ist doch kein Name«, sagte Perl und drehte sich um.

»Er kommt aus Albanien. Alle nennen ihn so«, sagte die Frau. »Warum erzähle ich Ihnen das jetzt?«

»Ja«, sagte Perl und fasste sich ans rechte Ohr, »mit Ausländern ist das so eine Sache. Versteh mich nicht falsch, aber die kommen aus einer anderen Gegend. Da gibt es Regeln, die uns fremd sind. Blutrache zum Beispiel. Weißt du, was das ist?«

Perl sah, dass die Frau sich bewegen wollte. In ihrem linken Arm spannten sich die Muskeln. Er setzte sich neben sie und streichelte ihren Gipsverband am rechten Bein.

»Es gibt schon merkwürdige Menschen«, sagte er, »ich kannte einen, der hat Hunde geklaut und sie dann mit den Hinterbeinen an einem Haken in der Wohnung aufgehängt, um ihr Gejaule aufzuzeichnen. Er war kein schlechter Mensch, vielleicht ein Künstler. Ich weiß nicht.«

In den Zimmerecken wurden Schatten sichtbar. Perl sah aber die dazu gehörigen Gegenstände nicht.

»Ich bin doppelt so alt wie Sie. Ich bin 38. Ich könnte Ihre Mutter sein«, sagte die Frau.

»Nein!« antwortete Perl ungewohnt schnell, »das könntest du nicht. Aber ich verstehe auch nicht, warum du das sagst.«

»Sagen Sie mir doch einfach, was Sie von mir wollen?!« sagte die Frau.

Perl bog beim Krankenhaus um die Ecke. Am Ende der Straße sah er einen alten Mann mit Krückstock gehen. Er ging aus dem Sattel, aber als er mit dem alten Mann auf gleicher Höhe war, löste seine Hand sich nicht vom Lenker. Perl wäre fast gestürzt, behielt dann doch das Gleichgewicht und wischte am alten Mann vorbei. Der Bürgersteig schnalzte kurz unter dem Vorderrad, während Perl weiter an einer Gruppe von Jugendlichen vorbeiraste. Lange fuhr er im Schatten der Häuser. Dann griff das Licht ihm plötzlich von vorne in die Augen, und Perl beschloss, die Frau morgen nicht zu besuchen!

»Dann denkt sie nach«, dachte Perl.

Das Licht blieb an diesem Tag in seinen Augen, bis er vom Fahrrad stieg.

Der Morgen war lang. Obwohl Perl die ersten Kästen vor einigen Fenstern sah und die kleinen samtartig behaarten Blätter als stehende Pelargonien identifizierte, machte ihn das Fahren müde. Gegen Mittag hielt er bei einem türkischen Imbiss am Barbarossaplatz und bestellte sich mit Hackfleisch gefüllte Auberginen und eine Cola. Er blieb lange nachdem er gegessen und gezahlt hatte auf seinem Hocker sitzen und sah zu, wie die Sonne das Fladenbrot im Fenster ausdörrte. Menschen wuchsen vor der Theke, verzweigten sich und verschwanden.

»Fehlt Ihnen etwas«, fragte der Verkäufer ihn, als gerade niemand im Imbiss war.

Perl sah ihn an und fasste sich ans rechte Ohr. Draußen trat er in den flach gepressten Schatten der Häuserzeile.

Der Tag heute ist lang, dachte Perl, aber die Stunden sehr kurz. Wie geht das zusammen?

In den Briefkästen steckten Prospekte wie geknickte Wünsche. Perl hatte nicht vor, die Stadt zu verlassen.

»Das habe ich dir gebastelt heute Nacht«, sagte Perl, als er das Krankenzimmer betrat. Er stellte einen meterhohen Kranich aus mit Gips gehärtetem Zeitungspapier und Prospekten auf Petra Bischoffskys Bett. Der Schnabel des Tieres war dunkel angemalt und die Flügel leicht angewinkelt, so als wollte er gerade zum Flug ansetzen.

»Mussten Sie die Zeitungen nicht austragen?« fragte die Frau.

»Oh, nein, das war Altpapier«, sagte Perl. »Ich habe mir Urlaub genommen, solange du mich noch brauchst.«

»Ich brauche Sie nicht«, sagte die Frau.

Perl strich dem Kranich über den Rücken.

»Wenn man die Augen schließt, fühlt sich das wie Federn an«, sagte er.

Im Zimmer war das Licht so blau, als blicke Perl nach oben in einen wolkenlosen Himmel und schaue den Kranichen bei ihrer Wanderung zurück nach Europa zu. Vom Fenster dufteten Blumenwiesen. Perl dachte daran, den Wasserhahn aufzudrehen und das Becken zu füllen. Dann spürte er, wie der Kranich sich unter seiner Hand bewegte. Ein dumpfes Knacken zog wie ein schmaler Kondensstreifen durch den Raum. Perl öffnete die Augen und sah den linken Flügel des Kranichs auf der Bettdecke liegen. Die Augen der Frau glänzten eng und stumpf über dem Kopfkissen.

»Das hättest du nicht tun sollen«, sagte Perl.

»Hören Sie auf, sich ständig ans Ohr zu fassen«, schrie die Frau. »Was glauben Sie eigentlich! Was? Was?« schrie sie und schlug mit ihrer linken Hand auf den Kranich ein.

Perl zog den Vogel vom Bett und verstand nicht, was sie gegen das Tier hatte. Er sah, wie der Himmel rasch hinter der Zimmerdecke verschwand. Kleine Risse oder Schnitte darin fielen ihm auf, so als habe man die Umgebung dem Gesicht der Patientin angepasst.

»Hier«, schrie die Frau und warf den Flügel von ihrem Bett zu Boden.

»Ein schlimmer Unfall«, sagte Perl, »aber ich bin jetzt bei dir.«

Die Frau starrte ihn an und schwieg.

Perl hörte ein Klopfen und sah, wie sich die Zimmertür langsam öffnete. Eine ältere Dame im Rollstuhl bewegte sich ein Stück herein.

»Oh«, sagte sie, »hallo!« Dann machte sie kehrt und schloss die Tür wieder hinter sich.

Perl hörte, wie sie jemanden auf dem Flur grüßte. Einige Sekunden später war das Zimmer wieder isoliert.

Ein zentimeterdicker Verband, dachte Perl, um jedes Zimmer ein zentimeterdicker Verband. Er trat mit dem Kranich ans Fenster und sah, wie unten ein Wagen vor der Schranke hielt.

»Wir haben die gleiche Haarfarbe«, sagte Perl, »meine sehen etwas wie Unkraut aus, aber deine sind zu lang. Wenn du willst, schneide ich dir die Spitzen. Ich habe eine Schere mitgebracht.«

Ohne sich umzudrehen, sah Perl, wie ihr linker Arm die Klingel suchte. Unten war der Parkplatz bereits voll. Die Schranke öffnete sich nicht. Niemand kam. Perl stellte den Kranich aufs Fensterbrett, zog zwei Margeriten aus der Vase und entsorgte sie im Mülleimer hinter dem Plastikvorhang. Die Frau klingelte erneut.

»Es wird niemand kommen, jetzt«, sagte er.

»Was?«, schrie die Frau.

»Es wird niemand kommen«, wiederholte Perl. »Ich habe mit der Stationsschwester geredet, und sie gibt uns etwas Zeit.«

»Was haben Sie?« schrie die Frau.

»Wir sollten wirklich deine Haare schneiden«, sagte Perl.

»Ich rufe jetzt meinen Freund an«, sagte die Frau.

Perl ging um ihr Bett herum und reichte ihr den Telefonhörer.

Die Frau blickte ihn an, drehte dann ihren Kopf dem Fenster zu.

Auf ihrem Balkon war ein ziemliches Durcheinander. Müllsäcke standen in der Ecke, alte Zeitungen lagen gewellt auf einem roten Klappstuhl. Der Plastiktisch war braun von Dreck. Perl stellte erst die Balkonkästen mit den Pelargonien auf die Brüstung und wischte anschließend den Tisch sauber.

Das wird sie freuen, wenn sie aus dem Krankenhaus kommt, dachte er.

Mit den Zeitungen hatte er nichts zu tun. Er schaute sich seine Pflanzungen an und stieg die Leiter hinunter in ihren Garten. Dort blühte bereits der Kirschbaum.

Drei große Lichtfliesen lagen quer über dem PVC-Boden. Die Blumen ließen die Köpfe hängen. Perl trug die Vase hinter den Plastikvorhang, stopfte die welken Pflanzen in den Eimer und goss das leicht faulig riechende Wasser ins Waschbecken. Die Frau sprach heute nicht. Die leere Vase stellte er vor den Schrank auf den Boden.

»Pelargonien«, sagte er und fasste sich ans rechte Ohr, »werden am besten durch Samen oder Stecklinge vermehrt. Das solltest du wissen. Man bricht einfach Triebe ohne Blütenansatz von der Mutterpflanze ab. Die Größe des Stecklings spielt keine Rolle, aber er sollte mindestens ein einigermaßen entwickeltes Blatt haben. Ja, was noch. Sie brauchen viel Wasser und viel Sonne natürlich. Aber das machen wir schon.«

Wenn Perl nicht sprach, konnte er sein Blut rauschen hören. Er hielt kurz, ohne dass die Frau es merkte, die Luft an und horchte in seine Ohren hinein. Dort war ein lautes Fließen, ein Schäumen an den Ufern seiner Person. Es klang so, als sitze er auf seinem Rad und der Wind schlittere an seinem Kopf vorbei.

Das hatte ich früher nie, dachte Perl, dass ich mich nicht bewege und doch so schnell unterwegs bin. Seine Hand klatschte gegen die Metallstange am Ende des Bettes.

Dann sprach die Frau doch.

»Könnten Sie nicht einmal einen anderen Pullover anziehen«, sagte sie.

»Ich schwitze nie«, sagte Perl. »Ich kann den ganzen Tag Fahrrad fahren, ohne dass sich auch nur ein Tropfen auf meiner Stirn zeigt.«

Über dem Kranich auf dem Fensterbrett flogen zwei Tauben und schnitten den Himmel in drei ungleich große Teile. Die Lichtfliesen begannen sich zeitlupenhaft die Wand hochzuziehen. Perl hatte das Gefühl, der Pegel steige, so als säße er in einem Becken, in das sich die Sonne nach und nach verflüssigte. Nur einmal kam die Stationsschwester und fragte ihn, wie es der

Frau gehe. Er gab ihr die Vase zurück und bedankte sich. Draußen kletterten Eichhörnchen etwas zögerlich die Birkenstämme hinab auf den Parkplatz und zogen den Abend hinter sich her. Perl wünschte der Frau eine angenehme Nacht.

Am Tag ihrer Entlassung brauchte Perl nichts zu packen, denn die Nachthemden gehörten dem Krankenhaus. Er gab der Frau eine Hose und ein Hemd von sich und sagte: »Ich habe uns ein Spezialtaxi bestellt, so eins, wo auch Rollstühle reinpassen.«

Im Flur schob er die Frau an den Wägelchen mit den Essenstabletts vorbei und achtete darauf, dass die eingegipsten und nach vorn gestreckten Beine der Frau nirgends gegen stießen.

Ich hätte sie gerne mit dem Fahrrad abgeholt, dachte Perl, aber das war nicht möglich.

Unten vorm Empfang saß eine ältere Dame im Rollstuhl und grüßte.

Als das Taxi losfuhr, sagte Perl: »Ich habe deinen Arbeitgeber angerufen und ihm mitgeteilt, dass du noch einige Zeit zuhause bleiben musst. Die Vera klingt sehr nett. Vielleicht könnten wir sie ja mal zum Essen einladen, wenn du wieder gesund bist, meine ich.«

Durch die geöffneten Fenster schnitt angenehm der Wind. Die Birken am Straßenrand wischten im Takt seines Herzschlages vorbei.

Ich bin jetzt da, dachte Perl.

Der Taxifahrer drehte sich einmal um, schaute die Frau an und blickte wieder nach vorn. Einen Moment lang verspürte Perl das Bedürfnis, in den ausrasierten Nacken zu schlagen, aber die Frau sagte: »Wohin fahren wir?«

In den Dachrinnen sammelte sich das Mittagslicht und staubte die Fassaden hinab.

»Wir gehen essen«, sagte Perl, »du musst jetzt viel essen.«

Als sie vor dem türkischen Imbiss ausstiegen und der Taxifahrer auf das Geld in seiner Hand blickte, sagte er: »Da fehlt was!«

»Ja«, sagte Perl, »Moment.«

Am Nachmittag des folgenden Tages klingelte Perl an ihrer Haustür. Das Licht war gut und wuchs randlos aus ihrem Garten. Sogar die untersten Äste des Kirschbaumes waren sonnenverhangen und beugten sich unter der Last der Erde zu. Perl blickte hoch. Auf dem Balkon fehlten die Pelargonien, die er gepflanzt hatte. Er klingelte erneut und horchte in die Wohnung hinein. Dort war die Stille von etwas, das sich nicht bewegte. Er nahm einen Werbeprospekt aus ihrem Briefkasten und setzte sich neben sein Fahrrad auf die kleine Vorgartenmauer.

»Ich warte«, dachte er und schaute sich die Hochglanzbilder an. Von Zeit zu Zeit spähte er nach beiden Seiten den Bürgersteig hinauf und hinab. Der alte Mann mit Krückstock fiel ihm ein und dass er fast gestürzt wäre.

Menschen gingen an ihm vorbei und zogen die Köpfe ein wie scheue Gewächse. Ein anderer redete sehr laut, und Perl starrte ihn an, bis er verstummte. Dann schaute Perl den Himmel an. Als es dunkel war, fuhr Perl ohne das Licht einzuschalten nach Hause.

Tags darauf stand Perl erneut vor ihrer Tür. Er hatte eine andere Zeit gewählt und klingelte in aller Frühe. An den Dachgiebeln hingen bereits die ersten Lichtverdickungen. Auf dem Balkon fehlten noch immer die Pelargonien.

Da riss die Frau die Tür auf.

»Geh endlich!«, schrie sie. »Lass mich in Ruhe!«

»Ich habe Blumen«, sagte Perl.

»Ich scheiß' auf deine Blumen«, schrie die Frau.

Perl fühlte, wie sich etwas in seinem Kopf veränderte. Ein dumpfer Schmerz pochte hinter der Stirn.

»Was ist los mit dir«, sagte er und fasste sich ans rechte Ohr. »Geh!« schrie die Frau. »Geh!«

Dann knallte sie die Tür.

Und mit dem Knall fiel Perl ein, dass er ihre Haare noch immer nicht geschnitten hatte. Er dachte an die Leiter, die seitlich vom Haus in der Wiese lag und sagte leise vor sich hin: »Eine Schere wird die Frau sicher haben.«

Er ging zu seinem Fahrrad und schloss es ab.

Aus der Diskussion der Jury zu Guy Helminger

Klaus Nüchtern: Der Autor hat während des Vortrags über seinen eigenen Text lachen müssen, was an Somerset Maugham erinnert, der einmal gesagt hat: »The real artist laughs on his own jokes!«. Es handelt sich dabei zweifellos um richtige Kunst. Das schöne ist, dass ich auch mitlachen darf. Es ist ein Text, der mich mitnimmt, ich zum Beispiel hasse Radfahren aber er hat ein instantanes Bedürfnis in mir geweckt, mich auf ein Rad zu schwingen, um den See zu radeln und den Leuten auf den Hinterkopf zu hauen. Es ist auch wiederholt ein Text über jemanden, der, wie Herr Spinnen sagen würde, einen an der Klatsche hat. Wir haben bereits vor einigen Jahren einen Text über so einen gehabt, der hieß ähnlich. Ein P und 3 Buchstaben, nämlich Pong. Das war ein Zwangsneurotiker, in diesem Falle geht es eher in Richtung infantiler Narzissmus, wie ich als Hobbypsychiater sagen würde. Das heißt, das ist jemand, der ständig die Welt regeln kann, der nicht ängstlich ist, der einfach sagt, ich bin da. Es ist in Ordnung. Der ist sein eigener Deus ex Machina. Ab und an kippt es, es ficht ihn etwas an, es gibt draußen in der Welt doch noch was, das er nicht ganz unter Kontrolle hat. Der Text hat eine ganz fulminante Lichtstrategie, das heißt, das Licht geht aus und an in einem Absatz, die Eichhörnchen ziehen den Tag weg. Manchmal hat er das unter Kontrolle, manchmal nicht. Das sind wunderbare Bilder. Was ich so bestechend finde, ist, um die Diskussion der letzten Tage aufzugreifen, dass dieser Wahnsinn von einer souveränen Autorenposition aus beschrieben wird, hier kriecht keiner hinein. Man kann das gleich auf der ersten Seite sehr schön sehen, wo es einen Blick aus der Vogelperspektive auf die Stadt gibt, die ein Blumenkasten ist. Da heißt es: »Nur die Blumen fehlten« –

und dann gibt der Autor oder der Erzähler der eigenen Figur das Stichwort, indem er sagt: »›Etwas fehlt immer‹, sagte Perl«. Das ist also genau der gut strukturierte Wahnsinn, den Frau Radisch möchte, und deswegen hat sie den Autor auch eingeladen. Das ist literarisch souverän bewältigt. Es ist ein Text, der nicht nur sich selbst berauscht, sondern der auch den Zuhörer, den Leser zu berauschen vermag. Ein Text, der mir nicht dauernd ins Ohr singt: »Ich bin ganz schön unklar, ich hab ein Geheimnis!« sondern der das sozusagen souverän und präzise ausbreitet. Es gibt natürlich Aspekte dieser Person, die uns rätselhaft bleiben, aber am Text selbst bleibt eigentlich nichts im Dunkeln. Ich bin zufrieden mit dem, was er mir gibt, und ich bin, wie Sie vielleicht schon bemerkt haben, begeistert.

Martin Ebel: Herr Nüchtern, Sie haben es fast geschafft die Schwelle des Amüsanten dieses Textes noch einmal zu überspringen. Ich bewundere das an Ihnen. Mir hat der Text auch gut gefallen, ich finde ihn hübsch, ich finde ihn amüsant, ich würde jetzt nicht zur Vokabel ›begeistert‹ greifen, das reserviere ich doch für einige Texte, die wir bereits gehört haben. Ich sage mal nur, was mir an dem Text gut gefällt: Der Text zeigt einen Menschen, den wir normalerweise als gestört bezeichnen würden. Ich bin kein Hobbypsychiater, also lassen wir es mal bei gestört, das zeigt aber auch, wie wenig das Wort ›gestört‹ aussagt. Das zeigt der Text auf zwei Weisen: Zum einen erleben wir lauter windschiefe Geraden, Begegnungen, die eigentlich gar nicht stattfinden, Dialoge die aneinander vorbeilaufen, zum andern erleben wir etwas von der Innenausstattung dieses Gestörten. Der ist nämlich sehr interessant. Er ist interessanter als mancher Ungestörter, das ist natürlich in der Literatur nicht so selten, aber hier ist es sehr hübsch gemacht. Die Missverständnisse, also zu Punkt 1 mit den windschiefen Geraden, die sind im Einzelnen sehr schön gemacht. Ich muss jetzt einmal eine Stelle zitieren, weil Sie das beim Hören, glaube ich, zunächst nicht merken. Da gibt es eine

Szene, in der fragt Perl die Frau: »Mögen Sie Blumen?« und die Frau sagt nichts. Darauf sagt er: »Ich mag sie sehr«. Und das ist in so einer Atmosphäre, dass die Frau es als eine Art zudringlichen Antrag auffasst. Es ist aber im Text klein geschrieben, also er mag die Blumen sehr. Solche Missverständnisse gibt es zuhauf, das ist alles sehr schön. Die Innenausstattung gefällt mir ebenfalls, weil dem Autor da für seinen Helden viel eingefallen ist. Der erlebt beispielsweise das Licht als Körperlicht, das Licht regelt so seine Befindlichkeit, das Licht bestimmt die Welt, das färbt sich, es wird größer und kleiner, es bekommt ein richtiges Gewicht. Da hängt das Licht an den Giebeln oder die Klänge werden zu Räumen, ein Klang wird zu einer Kugel oder auch die Stille wird ein Raum. Die Stille hat Blüten oder sie hat keine Blüten. Das Letzte, was ich jetzt von dem aufzählen will, was mir gefällt, ist, dass der Text immer wieder unsere Erwartungen unterläuft. Es gibt hier manchmal so ein Hitchcock-Setting. Da haben wir also eine hilflose Frau in einem Krankenhaus, die von einem Psychopaten bedrängt wird. Und wir denken, es kommt eine Steigerung, es wird immer schlimmer, er nistet sich in der Wohnung ein. Aber es passiert nichts. Sie bleiben einfach so, wie sie sind.

Iris Radisch: Es passiert nichts?

Martin Ebel: Es kommt nicht zum Serienmord.

Iris Radisch: Dann warten Sie Seite 14 ab.

Daniela Strigl: Ich persönlich war beunruhigt, in dem Film gesehen zu haben, dass Guy Helminger selbst Rad fährt. Ich finde nicht, dass das eine hübsche Geschichte ist. Es ist die Geschichte einer einseitigen Liebe, die auch eine Art gewaltsame Inbesitznahme ist. Dieser Mann verhält sich, wie wir alle unschwer erkennen konnten, vollkommen inadäquat in jeder Situation, was ihn aber weiter nicht stört. Er findet höchstens, dass etwas immer fehlt, und damit kann man leben. Er hat, wie wir auch gemerkt haben, eine sehr eigenartige Definition von Glück. Er bemächtigt sich des Lebens dieser Frau, indem er es einfach in die Hand nimmt. Und damit zeigt er eine für einen so genannten Gestörten erstaunliche praktische Veranlagung, denn bis hin zum Behindertentaxi hat er alles geregelt. Mir scheint, dass die Perspektive genau den richtigen Abstand einhält, es wird in den Kopf hineingeschaut, aber es wird nichts interpretiert. Mit den angeblich poetischen Stellen habe ich schon hier und da ein bisschen Schwierigkeiten, also zum Beispiel die großen Hände, die die Stille ins Gras drücken – das gelingt nicht immer so schlüssig wie die Beschreibungen dessen, was in diesem gestörten Mann passiert. Für mich ist das keine hübsche, sondern eine sehr beunruhigende Geschichte, schließlich kommt der Mann ja am Schluss mit der Schere (was da passiert, passiert außerhalb der Geschichte und wird uns nicht vorgeführt). Aber es ist eine sehr komische, schön verschobene und verrückte Geschichte.

Ilma Rakusa: Ich kann mich eigentlich auch anschließen. Ich fand diese Verbindung von komisch, verschoben, witzig, skurril, unheimlich und lyrisch sehr interessant. Vielleicht ist das Lyrische da und dort, obwohl ich ein Lyrikfan bin, ein bisschen überakzentuiert, aber es gibt ganz wunderbare Stellen. Dieser Sonderling ist ein Naturfreund und insbesondere ein Blumenfreund, ein Pelargonienfreund, neben seinen Macken, die er hat. Und das ist schon eine interessante Kombination, dass ein solcher Mann, der manchmal wohl einfach brutal zuschlägt und irgendwelche unschuldigen Passanten behelligt und quält, ein Blumenfreund ist. Das ist an sich schon eine spannende Konstellation. In den Sätzen gibt es auch solche Konstellationen in Form der Zusammenführung unvereinbarer Dinge, so wie: »Die Blumen waren jung, die Frau im Krankenhaus war älter.« Das sind ganz schnelle Zusammenführungen, Minicollagen, Minimontagen, die meistens wunderbar funktionieren. Ich bin von dem Text sehr angetan.

Burkhard Spinnen: Zunächst eine kleine Erwiderung, Frau Rakusa: Wenn Sie nicht damit vertraut sind, dass Blumenliebhaberei und eine Tendenz zum Sadismus eng nebeneinander liegen, erinnern Sie sich doch bitte daran, dass in der Literatur alle Hundehalter Unmenschen sind und Modelleisenbahnfanatiker immer einen Hang zum Massenmord haben. Meiner Ansicht nach stimmt es nicht, dass dieser Text permanent alle Erwartungen unterläuft. Im Gegenteil glaube ich, dass er mit einem großen Kanon von zur Verfügung stehendem Genre, Bestandteilen aus entsprechenden Filmen, arbeitet. Die Idee, dass man sich einen hilflosen Menschen nach einem Autounfall sogar zu sich nach Hause holt, ihn dort gesund pflegt, ihm dann aber, wenn er abhauen will, die Beinchen bricht, ist in einem ungemein berühmten Roman von Stephen King bereits vorgeführt worden. Das ist hier gewissermaßen eine Variante. Alles Positive, was über diesen Text gesagt wurde, kann ich, verbunden mit meinem Kompliment, unterschreiben. Dem stimme ich zu bis Seite 11 unten. Da ist, um in der Terminologie des Genres zu bleiben, High Noon. Der Sheriff und der große Gangster müssen auf die Straße, es kommt zum Showdown. Ich finde, dass die Geschichte leider diesem Showdown ausweicht. Sie gebraucht eine Hilfskonstruktion. Die Hilfskonstruktion ist die, dass eine im Rollstuhl fahrende Frau mit Gipsen allein in eine Wohnung verfrachtet wird. Das ist eine Hilfskonstruktion, die man zwar erlauben kann, die aber hinweist auf etwas, das ich bemängeln möchte: Es endet am Schluss mit der Andeutung »Da liegt eine Schere«. So wie im ersten Akt schon ein Gewehr an der Wand hängt, man weiß also, im dritten geht es los, da wird es ganz schlimm enden. Herr Helminger hat sich davor gedrückt, den wirklich großen Showdown zu inszenieren. Es sind zwei sehr interessante Figuren aufgebaut worden, auch die Frau in ihrer Mischung aus Antihaltung und Duldsamkeit. Aber sie wird am Schluss ebenfalls in die Funktionale gerückt. Sie sperrt sich ein und er ist draußen vor der Tür. Ich bin der Meinung, dass dieser Text es mehr als verdient hätte, so zu Ende zu gehen wie er angelegt ist.

Klaus Nüchtern: Ich habe mir den Schluss psychologisch erklärt. Es ist eine Übersprungshandlung. Wenn der Liebeswahn nicht ausgelebt wird, muss es so sein, dass ihre Haare in Ordnung kommen, und das wird auch funktionieren. Sie hat immer zu lange Haare, aber eine Schere wird sie doch haben.

Burkhard Spinnen: Um Gottes Willen, Frauen die Haare abschneiden. Erbarmen. Herr Nüchtern, bleiben Sie nüchtern! Das ist doch wohl die äußerste Metapher für Gewaltanwendung!

Norbert Miller: In dieser wunderbaren Diskussion, in der wir zwischen Kinos und Texten und unseren eigenen Vorstellungen, angeregt durch Sie, herumspringen, nur eine kleine Doppelanmerkung: Ich glaube, dass der Text so, wie er von Anfang an angelegt ist, den Showdown nicht verdrängt, denn sonst würde er seine eigene Komik desavouieren. Und das kann man an ein paar Stellen sehen. Etwa da, wo man annimmt, dass er ihr das Telefonieren verwehrt, ihr aber doch das Telefon gibt. Das heißt, diese ganze spätere Haltung ist an sich in dem Text vorgegeben. Natürlich haben wir alle beim ersten Lesen von Seite 2 an über den Showdown nachgedacht, und ich fand es dann sogar sehr witzig, dass hier oft mit einer Hilfskonstruktion Aussparungen vorgenommen werden. Das ist die eine Anmerkung. Bei der zweiten geht es um diese neuromantischen, neuexpressiven Naturmetaphern, mit denen ich in der Tat, so schön sie im Einzelnen sind, meine Schwierigkeiten habe. Sie erinnern immer ein kleines bisschen an den Satz: »Und der Cowboy deckt sich mit dem Regen zu.« Das ist mir eine Idee zu viel an der Geschichte.

Heinrich Detering: Mit den Lyrismen habe ich auch Probleme, aber aus einem etwas anderen Grund. Der Vergleich mit

»Misery« trifft glaube ich etwas, was wir alle an dem Text sehr genossen haben. Und dass der Text dann an bestimmten Stellen, die in »Misery«, sowohl im Roman als auch im Film, sehr ausgemalt werden, Aussparungen lässt, halte ich für einen sehr feinen Kunstgriff. Die Lyrismen sind deshalb so problematisch, weil sie manchmal so sehr gut funktionieren. Es gibt hier eine Art Leitmotiv, das den Täter in etwas Vegetabiles hineinrückt. »Die Menschen wuchsen vor der Theke, verzweigten sich.«, »Die Stille wuchs aus dem Garten herein«, das geht alles astrein auf und gibt dem Helden eine Charakterisierung, macht einen Typus aus ihm, ohne dass es explizit gesagt werden muss. Ärgerlich ist, wenn es dann heißt: »Ein dumpfes Knacken zog sich wie ein schmaler Kondensstreifen durch den Raum«, also ein Knacken als Kondensstreifen ist einfach doof. »Im Zimmer häufte sich die Stille« genauso. Weil manche Lyrismen ein System ergeben, eben deshalb wirkt es umso störender, dass ein paar vollkommen herausfallen und ins Leere weisen.

Daniela Strigl: Ich wollte zum Schluss noch anmerken, dass ich das, was Burkhard Spinnen für eine Schwäche hält, auch als eine Stärke empfinde, andererseits nicht die harmlose Interpretation teile. Natürlich lässt der Autor das Ende absichtlich offen. Man kann sich vorstellen, dass nichts in dem Zimmer passiert, ich halte es nur nicht für plausibel, denn der Textaufbau lässt bestimmte Vermutungen entstehen. Irgendwo wird eine Verbindung hergestellt zwischen den Schnitten am Himmel und den Schnitten im Gesicht, in der Mimik der im Spitalbett liegenden Frau – und spätestens da werden die Schnitte in der Vorstellungswelt der Geschichte sehr real.

Iris Radisch: Herr Spinnen, was ich Ihnen natürlich sofort entgegenhalten muss: Etwas fehlt immer! Das wäre ja schrecklich, wenn diese Nagelschere an diesem Punkt der Geschichte zum Einsatz käme. Das würde auch die subtile Komik, die dem Text eigen ist, völlig unterlaufen. Ich bin natürlich sicher, dass die Nagelschere zum Einsatz kommt, und zwar blutig. Das kann ich mir nach allem, was da an Spannung aufgebaut ist, gar nicht anders vorstellen. Das ist doch die Vorgeschichte eines Mordes, genauso wie es die Vorgeschichte einer Liebe ist.

Burkhard Spinnen: Aber wir dürfen nicht über das reden, was auf den Seiten passiert, die uns nicht vorliegen.

Iris Radisch: Ich bin schon dafür, dass wir über die Textauszüge ab und zu hinausblicken. Es ist doch alles drin. Die ganze Zeit über habe ich das Gefühl, in einem Krimi zu sein. Vom ersten Augenblick an, wo der Mann auf den Sattel steigt, spüre ich doch, dass der in der Stadt unterwegs ist, um …

Burkhard Spinnen: Schätzen Sie Krimis mit dem letzten Satz: »Er war geschlagen worden, aber er würde wieder kommen?«

Martin Ebel: Also die wirklich interessante Frage: Was passiert mit der Nagelschere?, die kann ich jetzt auch nicht beantworten. Mir ist nur beim Text, so weit wir ihn lesen konnten, aufgefallen, dass dieser Perl alles, was passiert, wunderbar in sein System integrieren kann. Also jede Ablehnung ist doch eine Zustimmung, jedes Ausschließen ist doch ein späteres Einlassen. Deswegen kann ich mir gut vorstellen, dass das weiter aneinander vorbeiläuft. Das ist eine windschiefe Geschichte und wir denken immer, es kommt zum Konflikt. Wir wollen die Aggression. Wir haben es im Fernsehen hunderttausendmal so gesehen, in anderen Büchern gelesen, und wir sind unzufrieden, wenn sie nicht kommt, und sagen, die muss hier sein. Aber in diesem Text ist sie nicht.

Ursula März: Es muss offen ausgehen, schon aus dem Grund, weil der Text, das ist eine seiner Stärken außer dem Amusement, dieses lockere Verhältnis zum Genre hat. Er basiert ja auf dem ziemlich überlebten Satz »Der Mörder ist immer der Gärtner«. Den haben wir hier vor uns. Wir ahnen doch schon beim Unfall, worauf das hinausläuft. Der Text tut gar nicht so, er spielt gar nicht kokett mit dem Genre, er will uns gar nicht vormachen, dass er nicht in dieses Genre gehört und dass hier nicht der Gärtner der Mörder ist. Aber dann läuft er eben auf eine sehr interessante Weise auf ein aktuell sehr interessantes Thema hinaus, nämlich auf die wohl immer allgemeiner werdende Psychopathologie des Stalkings.

Iris Radisch: Wie bitte?

Ursula März: Ein Beziehungswahn. Das ist so, wie wenn ich ab morgen jeden Tag vor Herrn Spinnens Tür stünde und das bis zum nächsten Klagenfurter Wettbewerb nicht sein lassen würde.

Burkhard Spinnen: Ich würde Sie reinlassen.

Ursula März: Ich würde Ihnen auch nicht die Haare schneiden wollen! Durch den tollen Umgang mit dem Genre ist da natürlich sehr viel drin und deswegen darf es den klassischen Genreschluss nicht geben.

Ilma Rakusa: Ja, für den offenen Schluss wollte ich auch plädieren. Das Wort ›absurd‹ ist glaube ich noch nicht gefallen, aber der Text hat eine absurde Komik, die mich manchmal sogar an den Russen Daniil Charms erinnert, den Sie wahrscheinlich auch kennen. Das sollte wirklich nicht aufgehen. Es wäre ganz gegen die Logik des Textes. Nur keinen Showdown. Die Schere ist richtig und so what? Man kann sich alles Mögliche ausdenken. Dieses Absurde, das ja auch in der Figur angelegt ist, ist ein bisschen gefährlich, aber trotzdem bleibt der Text vom Genre her für mich eher im Bereich des Absurden.

SIMONA SABATO

Ohne Titel

(Beginn eines Romans)

»Was ist eine Duschtasse?« fragt meine Schwester bei Frau Ehlert. Die Duschtasse ist Mietereigentum und muss entfernt werden, es sei denn: Wir übernehmen sie. Ich helfe meiner Schwester mit: »Das, wo du drin stehst.«

Ich stehe in unterschenkelhohem Wasser.

Das ist ganz normal, denke ich, es ist kurz vor Jahresende, und alle sind ein bisschen in Gedanken. Das ist ganz normal, selbst die, die sonst arbeiten, arbeiten jetzt nicht. Das ist ganz normal, und während ich mir sage, dass es ganz normal ist, jetzt nichts zu tun, zum Jahresende es etwas ruhiger angehen zu lassen, habe ich geputzt. Fast ohne es zu merken, jedenfalls ohne es zu beschließen, habe ich die Küche und das Bad geputzt. Ich bin ein bisschen stolz, strecke die Arme in die Höhe, lege den Kopf gegen die Schranktür und sehe mein Zimmer im dunklen Spiegel. Ich weiß nicht, wie das passiert ist, ich klingle alle Nachbarn raus und spontan feiern wir im Hof eines unserer schönen Hausfeste.

Raus aus der Schrankecke. Judith kommt heute zurück. Ich habe ein Brot mit Butter in der Hand, beiße dreimal ab und lege es wieder hin, ich habe anderes zu tun, ich habe eine ganze Menge zu tun. Ich muss mal so leise in mich hineinkichern, ich bin ein bisschen unruhig, sage ich mir, das kann man nicht übersehen, das ist ja wohl nur zu deutlich, ich rede ein bisschen mehr als sonst, bin nicht angezogen und muss los. Ich sollte ein bisschen ruhiger werden, bevor ich unter Leute gehe und versuche es mit einem kleinen Tritt in die Unterschränke. Das beruhigt, denke ich mir.

Stehe ich also in der Kälte, sage ich mir und gehe auf und ab. Der Zug endet hier und alle warten ohne Gepäck. Wir sehen schon einmal in die gleiche Richtung, es sei denn, ich bin auf dem Rückweg, dann sehe ich den andern ins Gesicht. Ich wärme mit beiden Händen meine Nase. Diesmal drehe ich nicht so schnell um. Ich gehe weiter bis der Bahnsteig nicht mehr überdacht ist. Ich bin auf einen Gepäckwagen gesprungen unter freiem Himmel, unter Sternen und rufe den anderen zu, kommt mal her, der Bahnsteig ist leer, wenn sie ankommen, wir drängen uns hier hinten, halten die Abholblumen raus und warten, wer sich als Erstes zu uns traut. Dann öffnen wir den Kreis der Abholer für einen Moment. Ich sehe, dass eine ältere Frau weint, und glaube, ich sollte sie besser einzeln ansprechen. Ich sollte einfach zurückgehen, wenn der Zug kommt und Judith umarmen. Als er an mir vorbeifährt, sehe ich sie schon an der Tür stehen. Ich renne neben dem Zug her, sehe sie aussteigen und auf mich zulaufen. Während der letzten Meter wackelt sie mit dem Kopf und hat das erste Wort: »Na.« »Na«, wiederhole ich und küsse sie noch einmal. Sie sieht blass aus. »Ich bin froh, dass du aus diesem Zug gestiegen bist.« »Wieso, gab's Auswahl?« »Eigentlich nicht«, sage ich und denke, wie meint sie das. Ach nein, wie meinte ich das. »Ist alles in Ordnung mit dir?« fragt sie, »du wirkst abwesend.« »Bin ich nicht«, sage ich, »nur, ich habe mich so beeilt, war dann doch zu früh, habe ewig gewartet und es wäre schön, wenn wir schon im Warmen wären, ist so kalt, findest du nicht?« »Doch es ist sehr kalt«, sagt sie, »gehen wir zu dir.«

»Ich bin morgen in Halle«, sagt sie nachts, »soll ich danach zu dir kommen?«

»Ich bin erst bei meiner Mutter«, sage ich, »aber dann sollst du zu mir kommen.«

Minus zwölf Grad am Morgen und es wird kälter im Laufe des Tages. Minus sechzehn Grad, als ich losgehe, mir eine minimal zu kleine Daunenweste kaufe und fast pünktlich bei meiner Mutter und ihrem Freund ankomme. Sie hat Nudeln mit Bohnen gekocht und scharfer Wurst. Nach dem Essen setzen sich meine Mutter und meine Schwester zu dem Hund meiner Schwester auf das Sofa. Sie untersuchen seine Fußsohlen, die unter dem Streusalz leiden. Sie spreizen seine Pfoten und die Zwischenräume leuchten rot. Ich sehe solange aus dem Fenster und mir fällt nichts ein, was man dagegen tun kann. »Die salzen wie die Irren«, sage ich.

Meine Mutter und ihr Freund warten im Flur, bis wir uns angezogen haben.

Über die neue Daunenweste ziehe ich meine Sommerjacke. »Hast du keine Winterjacke?« will meine Mutter sich Sorgen machen. Ich verweise auf meine jüngere Schwester. »Denk nur daran, wie viel sie raucht.« Da darf meine Mutter gar nicht dran denken. Die Jacke ist nicht zuzukriegen und ich muss meine Schwester bitten, sich auf mich zu setzen. Meine Mutter zerrt am Reißverschluss, ich bin gepackt und ihr Freund hält uns die Tür auf, damit wir ins Treppenhaus gehen können.

In einer Stunde will Judith bei mir sein. Sie klingt fröhlich, sie hat in Halle einen Blumenstrauß bekommen, der genau so ist, wie man ihn nicht kaufen würde. Ich stelle ihn mir klein und rund vor, mit einem weißen Papier unter dem Blütenkreis. »Es gab nur noch einen guten Entwurf: Komplette Rückverwilderung.« »Klingt gut«, sage ich leise.

Sie zieht sich aus und rennt nackt zwischen Bad und Bett hin und her. »Es tut mir Leid, dass ich so eine Fahne habe.« »Es tut mir auch Leid, dass ich in so einem desolaten Zustand bin«, sage ich. Sie legt sich neben mich. In meinen Ohren marschiert der Puls. Judith schläft. Ich höre in meinen Ohren, wie jemand die Treppe hochkommt. Ich sollte nicht hier bleiben. Ich marschiere jetzt mit, beschließe ich. Ich friere immer noch, bin aber heiß. Judith ist aufgewacht, weil ich ihr sage, dass ich jetzt mitgehe. Sie will sich an mir wärmen, aber das geht nicht. »Das tut doch weh.« Dann will sie jetzt wieder schlafen. »Wie ein Anfall.« Ich trage noch die Daunenweste und die Cordjacke unter zwei Decken und gebe zu: »Wie ein Anfall.« »Ja«, sagt sie, »ich bin hundemüde.« Und schläft wieder ein. Sie riecht nach Schnapspralinen, vielleicht welche, in denen Obst ist, vom Vorjahr etwas.

»Das Gute ist, es geht schnell vorbei. Eine Nacht und der Anfall ist vorbei.«

Mit gekämmten Haaren komme ich zurück ins Zimmer. Judith sitzt an einem kleinen Tisch in der Küchenzeile. »Hier sitzt du also.« »Ja, meistens.« Sie testet Sitzplätze in meiner Wohnung. »Hier ist auch schön mit dem Fenster.« »Ja« sage ich »guckt man halt furchtbar viel zur Allianz.« »Du solltest mal hier sitzen, dass du in die andere Richtung guckst.« Judiths Augen sind groß, braun und ihre Stimme klingt nasal. »Stimmt«, ich stehe in Zimmerrichtung Fernsehturm. Es ist bewölkt, wärmer und trübe. »Balkon wäre gut«, sage ich, »da freu ich mich schon drauf, Balkon, mit Straße und anderen Balkons.« »Sieht toll aus«, sage ich, weil sie ihre Hose wieder auszieht. »Ich habe das T-Shirt angelassen«, sagt sie später. »Wegen der Arme.« »Ja.« »Ich habe das T-Shirt wegen der Arme angelassen.« »Ja, Liebling.« »Hat es dich gestört?« »Gar nicht. Ich habe mich noch ein bisschen nackter gefühlt, weil du das T-Shirt anhattest.« »Soll ich nächstes Mal angezogen bleiben, damit du dich noch nackter fühlst?« »Nein das nicht.«

»Das begeistert dich, nicht?« »Absolut. Jetzt habe ich es gefunden.« Ich lehne im Türrahmen. »Das ist doch phantastisch: Ich suche die Requisiten für meine Rolle.« Ich mache eine kleine Pause und sehe mich im Bad um. »Und dabei räume ich auf. Ich wusste nicht, dass ich eine fanatische Hausfrau bin. Ich wusste das nicht.« Judith sieht sich auch im Bad um, unsere Blicke treffen sich auf dem Badboden zwischen Handtüchern.

»Egal, was die anderen mir erzählen. Ich muss erst aufräumen.« Ich gehe durch meine Wohnung und begutachte Requisiten. »Ich fand das erst doof«, rufe ich ins Bad, »überhaupt, dass Susan eine Weihnachtsfeier machen will, dann diese grauenhafte Idee, jeder spielt seine Rolle und dann wechselt man und muss vor anderen Requisiten weiter seine Rolle sagen. Ich fand das bekloppt.« Zwei leere Kaffeedosen sind genug. »Jetzt finde ich das so gut, guck mal.« Ich bin wieder im Türrahmen. »Als es hier unordentlich war...« Judith wäscht sich am Waschbecken. »Ist«, sagt sie. »Versuch nicht, das bis Freitag aufrechtzuerhalten. Bis dahin versinkst du im Chaos.« »Nein, nein«, sage ich, »nein, nein, hier versinkt man nicht, nein, nein, nein.«

Ich habe drei Klopapier-Innenrollen entdeckt. An einigen hängt noch etwas weißes Blatt. Ich gehe eine zweite Runde, Nudeltüten, Brottüten, Zeitungen, braune Blätter. Ich habe mir eine gute Mülltüte zusammengepackt. Ich bekomme einen Schreck. Die Tüte ist offen oben. Die Klopapier-Innenrollen gucken raus. Ich fahre also am Freitag in der U-Bahn mit meiner Mülltüte. Ich frage mich, wen ich treffen werde. Aber das hat Zeit, denke ich, das frage ich mich noch mal ganz in Ruhe, da frage ich mal nach, wenn ich alleine bin.

»Ich bin ein bisschen glücklich mit den schönen Requisiten«, rufe ich Judith zu, mit meiner Mülltüte auf dem Arm, und gehe durch die Küchenzeile.

»Du findest doch bestimmt noch einmal Mandarinenschalen.« Judith hat eine hellgraue Unterhose an und hält ihren BH in der Hand. »Ich bin nicht sicher, ob ich noch mal so vertrocknete Mandarinenschalen habe bis Freitag.« »Ich denke, du hast nur so wenig Platz.« Sie zieht sich weiter an. »Ich denke, jeder hat nur einen Quadratmeter«, sagt sie. »Das stimmt und deshalb schütte ich das einfach dahin. Dafür brauch ich ein bisschen, sonst ist es nicht geschüttet.« »Ich gehe jetzt.« »Gut.« Ich stelle meine Tüte ab, ohne dass sie umfällt. Mit Schuhen ist Judith größer als ich, ich lege ihr die Arme um den Hals. »Wie fandest du den kleinen Fick?« »Du willst mich herausfordern.« »Ja.« »Gut. Fand ich gut.« Ich überlege, sie ›kleiner Fick‹ zu nennen, lasse es aber und schiebe sie in den Flur.

»Dein Chaos nervt!« hat sie nach dem Aufstehen gesagt. Ich weiß natürlich, welche Milch die gute ist. Ich habe mir das gemerkt, aber sie kann es nicht wissen. »Judith«, sage ich, »stell sie schnell zurück in den Kühlschrank. Der ist verschließbar, das stinkt doch.« »Nein.« Sie kippt etwas Grauenhaftes ins Klo und sagt: »Es ging ganz schnell.« Sie faltet die Milchtüten zusammen und packt sie in den Müll. »Nicht in meinen guten Müll. Ich will nicht mit Gestank ankommen. Das muss nicht sein. Es ist nicht einfach mit einer Ordnungsfanatikerin, was Judith?« Ich soll zuerst duschen. »Nein du.« »Wenn du heute Abend nicht geduscht bist.« »Was? Findest du, ich dusche nicht mehr genug?«

Ich sehe sie an und warte auf eine Antwort. Sie lässt sich einen Moment Zeit, sieht mich auch an und sagt »Es ist nicht mehr so wichtig.«

Ich komme im Bademantel aus dem Bad und bin allein.

Wie viele Nachbarn habe ich? Ich bin leise und höre ihnen zu. Sie laufen gleich leise, sie haben die gleichen Gummisohlen, holen ihren Schlüssel zwei Meter vor der Tür aus der Jackentasche, rasseln ihn zurecht, öffnen die Tür und ziehen sie leise zu. Sie schlurfen heran, holen ihren Schlüssel raus, klappern ihn nach vorne und ziehen leise die Tür zu. Jetzt haben wir es wieder hinter uns, denke ich, jetzt kann ich auch die Wohnung verlassen. Ich ziehe meine Schuhe an und gehe zum Bus.

Der Hund traut sich nicht auf die Rolltreppe und wir laufen gemeinsam die Treppe hoch. Mein Vater hüstelt mehrmals. Ich frage mich, ob ich schon einmal einen Hund auf einer Rolltreppe gesehen habe und ob ich schon einmal mit meinem Vater in der U-Bahn gefahren bin.

Ganz einfach, denke ich. Meine Mutter bleibt am Strand und wir kaufen ihr eine Uhr zum Geburtstag. Ich bin sieben und wir sind an der Adriaküste.

Ganz einfach. Ich gebe ihm die Mietkaution und er nimmt weiter Medikamente gegen seine Albanerangst. Er sieht eigentlich wieder gesund aus, denke ich, als wir oben ankommen. Ohne sein Übergewicht hätte er nicht überlebt, seine Organe wären geplatzt. Er trug die Haare noch kürzer und Hemden, von denen ich nicht weiß, wo sie jetzt sind. Nur die Schuhe sind die gleichen und er selbst natürlich. Nur, dass er nicht mehr im Dunkeln rausgehen und nicht mehr arbeiten kann.

»Bei welcher Bank bist du?« »Sparkasse.« Ich überlege, wie viel ich abheben soll. Mehr als die Kaution? Er will nur eine Rate, die Degewo will nur eine Rate. Ich hebe nicht mehr ab als die Kaution, ich runde lediglich minimal auf. Es ist mir anständiger. Die letzten Tage im alten Jahr, denke ich, und wie viel er früher gearbeitet hat. Seine weißen Haare lassen seine Haut brauner erscheinen. Er spielt mit dem Hund meiner Schwester auf dem Hermannplatz, während ich zur Bank gehe. Ich gehe schnell über die Ampel. Ich wundere mich über sein Lächeln. Das ist neu. Ich winke dem Hund und dann ihm. Er trägt seinen grauen Trenchcoat. Ich möchte ihm nichts zustecken. Ich gebe ihm das Geld in die Hand. »Das ist doch viel zu viel.« Ich sage nichts. Er verabschiedet sich von mir. Ich gehe zurück zur Bushaltestelle. Ich möchte ihn anrufen. »Das ist nicht zuviel«, möchte ich ihm sagen. « Nichts ausgeben, sonst reicht es nicht für die Kaution.«

Der Hund ist nicht mit ihm aufs Eis gegangen am Wochenende, hat er in der U-Bahn erzählt. Alle anderen Hunde sind auf dem Eis. Er stand ganz allein mit dem Hund am Ufer. Er sagt: »Es war eine Pleite.« Er kennt den Hund, mit Gewalt, das hilft nichts. Er lacht dabei, so sehr mag er den Hund meiner Schwester. Wir gehen von seiner neuen Wohnung zur U-Bahn, wir gehen ein paar Schritte geradeaus, dann macht der Hund etwas mit seiner Leine, dass mein Vater und ich die Plätze tauschen müssen, in höfischen Tänzen zur Parchimer Allee. Ich sage »Menuett« und wir sehen uns am heiligen Abend. Außer, er muss schon zur Kur.

»Kann das sein?« »Das kann sein.« »Dann müsst ihr ihn da besuchen«, sagt meine Mutter. »Bitte nicht«, rufe ich über den Potsdamer Platz. Vormittags kaufe ich Papa die Kaution, nachmittags kauft Mama mir eine Jacke. »Hat er immer noch solche Angst?« fragt sie. »Hat er«, sage ich. »Diese Leute, sagt er immer. Die haben ihn ja auch fast tot geschlagen«, sage ich noch für meine Mutter, die ihn einige Jahre nicht gesehen hat. Wir gehen, Tochter und Mutter, zu Benetton, zu Mexx, zu H&M.

»Das ist ja furchtbar«, findet meine Mutter, auf dem Kabinenboden liegen Kleidungsstücke. Sie will nicht hinein und schnaubt am Wassergraben. »Da ist doch jemand.« »Das ist hier so«, sage ich, »das haben die liegen gelassen.« Schließlich lässt sie sich von mir in die Kabine führen. »Du siehst gelb aus.« »Nicht gelb.« Meine Mutter sagt: »Deine Augen sind nicht besonders gelb.« »Was heißt nicht besonders, sie sind doch gar nicht gelb.« Wir lassen auch alles liegen und finden es furchtbar. Ich habe Angst, Kleidungsstücke, die ich mitgebracht habe, bei

H&M zu vergessen. Vielleicht habe ich irgendeine Krankheit, jedenfalls bin ich sehr müde. Meinetwegen auch gelb. Meine Mutter trinkt einen Kirschnektar und ich ein Wasser.

Frau Ehlert ist neunzehn Jahre alt und sieht auch sehr müde aus. Ich möchte sie fragen, wo ihre Eltern sind, zügle mich aber, es reicht, dass ich vorschlage, dass heute Freitag ist. Ich sehe meine Schwester an, weil Montag ist, und die anderen das wissen. Ich stelle mich neben sie. Die Geschwister in einer Reihe. Mein Vater vor uns. Der Hauswart hat große Bedenken. Frau Ehlert verschränkt die Arme, sie trägt Loden. Ich lobe sie für die schöne Renovierung. »Ich finde, das haben Sie ganz toll gemacht.« Meine Schwester und Frau Ehlert rauchen abwechselnd auf dem Balkon, während der Hauswart die Wohnung untersucht. Wenn meine Schwester raucht, stelle ich mich daneben. Als sie arbeiten geht, raucht nur noch Frau Ehlert. Ich würde auch gern Loden tragen und auf dem Balkon rauchen. Drinnen wird verhandelt, hier draußen raucht man eine, kann ein paar Bemerkungen loswerden und zieht dann endlich hier weg, in eine neue Wohnung.

»Ein nebliger Tag, die Allianz ist nicht zu sehen. Ich muss ohne meinen Fixpunkt sein«, sagt Judith. »Genau«, sage ich zu ihr und bleibe allein, bis das Telefon klingelt. »Vierzehn Uhr elf. Ich bin überrascht.« »Wieso, was hast du erwartet?« »Nichts«, sage ich und zwei Stunden später rutsche ich neben Kathrin durch den Park. Ich bin langsamer als sie. Sie rät mir, Wollsocken über die Turnschuhe zu ziehen, das hilft gegen Rutschen. Vor uns fällt jemand mit dem Fahrrad hin. Es ist dunkel im Park und als er wieder steht, sieht man die Speichen gegen das Licht der Straße. Schon wieder dunkel, denke ich, aber das sieht sie ja auch.

»Die letzten Tage im alten Jahr«, sagt Judith. »Erst kommt noch Weihnachten«, gebe ich zu bedenken. »Da bin ich ja weg.« »Ich weiß«, sage ich, »deshalb habe ich das gesagt.«

Ich bin mein Vater und wir sind auf einer italienischen Hochzeit. »Mir zuliebe hättest du die langen Haare doch lassen können.« Ich sage eine Minute nichts, dann sehe ich sie wieder an. »Wie konntest du zum Friseur gehen. Wie kannst du jetzt so aussehen, ausgerechnet, am Freitag ist der Theaterabend, du kommst als meine Freundin und siehst so aus. Du siehst aus wie eine kleine Kanalratte, du siehst noch viel jünger aus. Machst du dir keine Vorstellungen, wie peinlich das alles für mich ist?« Sie hat Tränen in den Augen. »Dir gefällt mein Haarschnitt nicht?« »Wirklich nicht, und das Geheule nützt jetzt auch nichts. Du musst ja damit rumlaufen und ausgerechnet neben mir herlaufen. Du sahst so gut aus, ich war richtig stolz auf dich.« »Sie hat ungefähr 50 Schnitte gemacht,« sagt Judith. »Ist das viel oder wenig?« »Wenig.« »Aha. Vorne ist so kurz«, ich habe zwei Steilfalten auf der Stirn. Ich bin um das Erbe besorgt, streiche an ihren Haaren herum und schüttle dabei den Kopf. »Du magst meinen Haarschnitt nicht.« Es ist ja nicht zu ändern. Ich bin resigniert. Und sehr verärgert. »Ich habe gesagt, vorne habe ich es meistens kurz.« »Hast du sie angefaucht?« zische ich. Judith faucht eigentlich nicht, sie spricht schneller zum Satzende. Es ist zum Verzweifeln. Freitag ist Theater, jetzt ist sie jung und nicht mehr schön. Sie ist schön, aber mäusemäßig. »Das ist doch total löchrig«, sage ich, »Hast du gesagt, dass du es löchrig willst?«

Ich zähle die fünfzig Schnitte in ihren Haaren, mache daraus einen großen und sage: »Schluss. Ich freue mich auf Freitag.« Ich werde gutes Bühnenschwarz tragen. In der U-Bahn sehe ich schon einen bekannten Regisseur. Er setzt sich neben mich. »Gut, siehst du aus«, sagt er. »Danke.« Ich frage ihn, was er in Berlin macht. Er bereitet an einem Theater etwas vor und macht ja gerade den. Es kommt ein Vorname. Ich sage « aha« und »interessant.« Jetzt hat er sich in meiner Tüte festgeguckt. Die leeren Kaffeedosen, eine kaputte Schachtel Salz, die mal nass war und deshalb eine bühnentaugliche Welle hat. Er kann die Überschriften der Zeitungen nicht vollständig lesen, aber das alte Datum erkennen. Er guckt von den Mandarinenschalen auf. »Hast du deine Mülltüte dabei?« Ich lächle: »Wir machen da so was Kleines. Das sind meine Requisiten.« Er muss aussteigen »Kann man das mal sehen?« »Nein, es ist nur einmal.« Er steht schon in der Tür. »Wer macht es?« »Weißt du, man spielt sich selbst, na ja, so was, ich kämpfe mit dem Haushalt.« Es ist dunkel. Ich atme und konzentriere mich. Mein Herzschlag wird ruhiger, ich trete an den Bühnenrand. »Ich muss erst eine Wäsche machen. – Weiß oder bunt?« Ich sinke in mich und sage leise, bühnenleise und gut vernehmbar: »Ich mache keine Wäsche.«

Als ich aussteige, legt jemand eine goldene Hanutaverpackung in meine Plastiktüte. Ich bedanke mich artig. »Danke schön. Das ist nett.« Ich habe ein bisschen Angst, als die U-Bahn davonfährt. Ich sitze so ein bisschen auf dem Boden rum, als Judith anruft. »Bald fahr ich schon.« »Ja leider, was machst du heute Abend?« Sie will gerade auflegen, als mir noch etwas einfällt. »Was ich noch sagen wollte, Kathrin kommt extra nicht am Sonntag aus ihrem Weihnachtsurlaub zurück, weil dann jemand für sie einkaufen müsste und das macht Arbeit. Wie findest du das?«

»Habt ihr euch getroffen?« »Ja«, sage ich, »es gibt doch Tankstellen.« »Stimmt, die gibt es. Versteht ihr euch nicht mehr?« »Geht so«, sage ich, »hör mal, sie hat für mich ja schon mal an einem Donnerstag eingekauft, als ich weg war, überleg mal. Und sie kommt jetzt extra Montag früh zurück. Damit nicht extra jemand für sie einkaufen muss.« Aus Gründen, die noch bei Kathrin sind, schreie ich ins Telefon: »Verstehst du, was das heißt?« »Ich will niemandem zur Last fallen?« versucht Judith es, die noch mal ins Büro muss am Nachmittag. »Nein«, sage ich, »falsch« und rufe: »Ich hasse das! Du hast mir auch eine Butterdose geschenkt. Ich benutze die nicht. Ich esse einen Beutel Kartoffeln, ich esse gerne Butter dazu. Ich schlage mich mit Butterpaketen durchs Jahr, ich kann nicht immer meine Butterdose waschen.« Ich rolle mich in die Zimmermitte und lache mich einmal kaputt. Judith wollte sich nur gemeldet haben und das hat sie jetzt. »Ich wollte mich nur mal gemeldet haben.«

Ich lege den Hörer auf, es klingelt und ich nehme wieder ab.

»Ich freue mich, dass du dich noch mal meldest«. Ich spreche leise: »Ich habe es dreimal probiert, nach jedem halben Pfund Butter muss sie gewaschen werden, um wieder neue Butter hineinzutun. Ich habe dann Butter an den Fingern oder sie verkantet sich, wenn sie aus dem Papier stürzt. Diese Arbeit ist doch überflüssig«, sage ich, »Ich freue mich aber wegen heute Abend und ich habe mich auch über die Butterdose gefreut.« Judith unterbricht mich: »Du kannst das machen, wie du willst.« Sie fährt jetzt noch mal kurz ins Büro und kommt dann vorbei.

Ich liege hinter ihr im Bett und kann nicht schlafen. Ich bin beschäftigt, mit dem vergangenen Abend. Ich lege ihr meine Hand zwischen die Beine. Sie stöhnt leise, dann nimmt sie meine Hand in ihre, und zieht sie höher. Ich nehme mir eine zweite Decke und schlafe für zwei Stunden, bis ich sie zum Bahnhof bringe.

Wir stehen voreinander, sie im Zug, ich vor dem Zug. Sie hält sich an einer Stange fest. Ich halte mich jetzt auch an einer Stange fest. Ich vergesse sie, als eine Frau in einem Rollstuhl herangefahren wird. Ein Bahner schiebt eine Plattform, auf der der Rollstuhl steht. Ich frage mich, ob sie nicht allein schneller rollen würde. Er fährt das Gestell, als wollte er die Decke streichen. Sie stört beim Deckestreichen und wird in den Zug gerollt. Mir fällt ein, dass der Abschied noch nicht erfolgt ist. Ich glaube, dass Judith schon zu ihrem Sitzplatz gegangen bist, und suche die Reihen ab. Als ich zur Tür zurückgehe, steht sie da, wo sie die ganze Zeit stand. Die Frau ist verladen, ich winke Judith und sie werden davongefahren.

Am Abend zuvor bin ich mit meiner Mülltüte unterwegs, meiner Sorgfaltsmülltüte. Die Feier beginnt um sieben, es ist sechs. An der Tankstelle kommt Silke mir entgegen. »Ich schlage die Zeit tot.«, rufe ich ihr zu. Sie hat dunkel geschminkte Augen und schön gekämmte Haare. »Du hast dich schön gemacht«, sage ich. »Geschminkt«, sagt sie. Ich sage zweimal und dann noch zweimal, zweimal: »Ich muss mir noch die Haare kämmen.«

Wir sitzen in einem kroatischen Holzdrechselabteil. Silke weiß noch nicht genau, wie ihre Rolle sein wird. »Jetzt noch nicht?« Ich bin sehr froh, meine Rolle zu kennen. »Ich musste meinen Müll auf dem Weg noch mal aussortieren. Er schien mir plötzlich zu viel, zu ehrgeizig.« »Was hast du aussortiert?« fragt

Silke. Der Cappuccino schmilzt einen Kekstannenbaum, den ich mir dann an die Hände schmiere. »Eine Espressodose und eine kleine Packung Waschmittel. Die hätte die ganze Aufmerksamkeit auf sich gezogen.« Silke will noch einen Kaffee trinken, aber ich bin dagegen. »Ich finde, wir gehen jetzt mal rüber.«

Als erstes sehe ich Jenny in einem Maxistrickkostüm, dann Karen in einem Bordauxtop mit passender Hose. Ihr Mann trägt hellgelb.

»Wir müssen das doch mal besprechen«, sage ich zu Susan, »wer, wann auftritt.« »Mach das mal.« Ich gehe durch die Räume und sage jedem aus der Gruppe: »demnächst mal am DJ-Pult zum Besprechen, wer, wann auftritt und so.«

Ich sage: »Jetzt oder später am DJ-Pult zum Besprechen.«

Ich sitze in der Mitte. Ich habe meine Tüte schon ausgekippt, vor mir liegt mein Müll. Ich sollte nicht gleich als erste. Schneller Aufbruch, denke ich. Mit einem langen Arm schiebe ich den Müll zurück in die Tüte. Mein Herz beruhigt sich, als ich wieder am Rand sitze. Dana sitzt neben mir. »Du wolltest doch in die erste Runde.« Ich rufe in die Mitte: »Dana will in die erste Runde.«

Judith hat sich schon einen Platz gesucht, ich begrüße sie kurz und stelle sie ihrer Sitznachbarin Angelika vor. Karen, Dirk und Dana beginnen. Dana putzt. »Ich putze doch auch.« »Macht nichts«, sagt Silke. »Scheiße«, sage ich. Alle lachen: eine Putzfanatikerin, ein Fotograf, und eine Schaffnerin. Susan sagt: »Es geht hier oft ernst zu, aber heute amüsieren wir uns.« Die Putzfanatikerin wedelt die Kunstbücher des Fotografen ab. »Was für ein Unsinn!« denke ich, um mich herum lachen fünfzig Leute. Die Putzfanatikerin feudelt das Objektiv ab. Es gibt Szenenapplaus. Ich presse die Lippen aufeinander und gucke, ob Judith lacht. Sie lächelt entspannt. Sie trägt eine graue Hose und ein dunkles Oberteil mit einem kleinen Kragen. Ich denke, ich sollte lachen. Michael hat seinen Trommellehrer mitgebracht. »Der Mann ist eine ganz liebe Seele«, sagt Jenny. Ich schlage ihr keine rein, sondern beiße ihr einmal kurz in den Strickrock. Ich hasse Synthetik im Mund und gehe wieder an meinen Platz. Zweite Runde, Silke tritt auf, sie ruft: »Schwanger, immer wieder schwanger.« Es hat etwas mit eine Mutter erzieht ihre Tochter zu tun. Sie ruft weiter: »Schwanger, schwanger und immer so bunt.« Dazu freut sie sich. Karen ist als Frau Kennedy mit auf der Bühne und bietet Spielraum für Silke, Silke wickelt Frau Kennedy. Es gibt wieder Szenenapplaus. Judith sieht fröhlich aus. Sie teilt sich mit Angelika ein Glas Sekt. Ich hätte mir auch etwas zu trinken holen sollen. Susan und ihre Schwester können nicht mehr, sie haben Bauchschmerzen vor Lachen. Ich bin dran. Ich schütte meinen Müll aus. Die anderen beginnen, während ich noch die Mandarinenschalen platziere. Evi schreit mit Stirnband und kurzen Hosen: »Bin ich schon schlanker geworden?« Ich trage mich leise mit Gedanken um eine Weißwäsche. Ich habe nicht erwartet, dass es so laut ist. »Ich mache eine Weißwäsche.« Evi ist so laut. Ich gehe zu Jenny, die Augendiagnose anbietet. Jetzt denke ich, in dem Moment, als sie in meine Augen gesehen hat, hätte ich ganz wundervoll sagen können »weiß oder bunt?« Ich stelle mich zu ihr und sage: »Ich habe keine Unterhose mehr.« Später überlege ich laut, ob ich zur Buntwäsche nicht ein paar Unterhosen dazulegen kann.

Judith hält sich zurück mit Kommentaren. Es scheint ihr nicht so gut gefallen zu haben. Später am Abend sagen mir Frauen, die Stefanie oder Martina heißen, sie wollen mir eine Unterhose waschen. Ich bin irritiert. Ich denke, ich habe die Weihnachtsfeier insgesamt falsch verstanden. Susan spricht mich an: »Ich brauche eine Unterhose, warum denn?« Ich sage brav: »Ich glaube, ich habe gesagt: Ich habe keine Unterhose mehr.« »Stimmt« sagt sie, »genau das Gegenteil, warum habe ich das vorhin nicht gemerkt.« »Weiß ich nicht«, sage ich.

DOROTHEA DIECKMANN

Guantánamo

(Romanauszug)

Er kniet an der hinteren Käfigwand. In den Käfigen ringsum turnen sie wieder auf ihren Handtüchern. Seit dem *dinner* hat Rashid auf der Matratze gelegen und überlegt, ob er aufstehen soll. Es fällt ihm schwer, denn er hat ein unsichtbares Loch in seinem Innern, und nur das Essen kann es für kurze Zeit stopfen: Reis, rote Bohnen, Kohl, eine Banane. Doch sobald er sich aufrichtet, spürt er den Hohlraum zwischen Becken und Hals, der immer größer wird. Trotzdem funktioniert alles normal, nur seine Knie schmerzen auf dem harten Beton. Er arbeitet langsam und genau, zu jeder Bewegung muss er sich entschließen. Mit der Handfläche reibt er die bröckelnden Spuren vom Boden, wischt die Mischung aus Dreck und Kreide am orangeroten Hosenstoff ab und öffnet die Tube mit der Aufschrift *Government Item Mint Toothpaste.*

Wenn Zahnpasta in der Sonne trocknet, wird sie brüchig. Sie erstarrt, bekommt Risse, schrumpft. Zugleich bleicht sie aus. Das Hellgrün, das aus der Tube quillt, wird gipsweiß. Dann pulverisiert der Belag, bis man ihn wegpusten kann. Ein Boot, ein Galgen, Kreise, Wellen, Zahlen, alles verschwindet als weißer Staub, in Tagen, Wochen. Deshalb geht Rashid sparsam mit der Paste um, wenn er seine Käfigverzierung erneuert. Pro Buchstabe reicht ein kleiner zäher Tropfen auf dem Zeigefinger, für das I ein halber. Jede Linie zieht er fett an der Kante der Fingerspitze entlang, dann streicht er mit der Kuppe noch einmal darüber, so dass neue, fingerbreite Farbstreifen auf der Betonfläche entstehen, längs, schräg, quer und einer rund: K - I - R - A - T. Bisher hat keiner der MP's seine Zeichnungen entdeckt. Gegen Buchstaben sind sie misstrauisch; sie würden einen Sinn darin finden. Überall stecken I und A, Rashid, Tarik, Kirat, Islam, Buchstaben im Würfelbecher, geheime Verbindungen. Tarik und Islam, der *chaplain* Muhammad Halabi-Islam, sind weg. Übrig sind Rashid und Kirat, die Eidechse.

Als er sie zum ersten Mal sah, klebte sie wie ein großer grüner Neonbuchstabe am Fuß der Bretterwand, kopfunter, leuchtend, starr. Augenblicklich erstarrte auch er. Sie war sehr schön, und sie kam aus einer anderen Welt. Sie gehörte nicht ins Lager. Er fixierte sie, als könnte er sie mit dem Blick festhalten, und blieb in der Stellung, in der er sie entdeckt hatte, mit angezogenen Knien auf der Matratze sitzend und den Kopf halb über die Schulter gewandt. Er meinte zu sehen, wie sich eins ihrer Augen bewegte, eine mechanisch rotierende Kugel in einem toten Relief. Nichts deutete darauf hin, dass in dieser Figur ein Herz klopfte oder Lungen atmeten, und trotzdem war es ein vollkommener Körper, selbstständig und unantastbar. Die Gestalt, die halslos in den spitz zulaufenden Kopf überging, zeigte wie ein Pfeil senkrecht zum Boden hin und verjüngte sich oberhalb der abgespreizten Beinchen in den langgestreckten Schwanz, länger als Kopf und Rumpf zusammen. Der komische Schmuck wirkte überflüssig und zerbrechlich, er machte aus dem Kriechtier ein eigensinniges, unverwechselbares Lebewesen. Eine Eidechse eben, eine Elle lang, von einer kühl glühenden Farbe, wie sich Rashid das Meer in der Nähe vorstellte, am Ufer, wo der gelbe Sand das blaue Wasser färbt, und hellgelbe Flecken wuchsen auf dem Türkis, hellgelbe Streifen zogen von den Schultern unter den Augen bis zum Maulspalt.

Nach einer Weile entdeckte Rashid, dass tatsächlich Wellen an der Oberfläche zuckten. Kleine schillernde Schatten wischten die Flecken weg und ließen sie wieder erscheinen, ein Lichtspiel, dessen Quelle in dem Tier selbst liegen musste. Er starrte, er vergaß sich selbst. Der Wechsel der Zeichnung auf der grünen Haut sah aus wie ein Selbstgespräch. Er wollte es verstehen. Irgendeine Bedeutung bewegte den unbewegten Körper, irgendein Versprechen. Zuerst schienen sich die wandernden Flecken zu vermehren, sie fanden zu einer Bewegung zusammen, und mit einem Mal pflanzte sich eine große Welle aus der Mitte bis zu den Körperenden fort und wusch das Grün aus, es wurde blasser, wärmer, das ganze Tier schien zu erlöschen und gleichzeitig neu zu entstehen. Vor Rashids Augen wurde aus dem Meergrün ein helles Holzbraun. Die Eidechse verschmolz mit der Bretterwand. Sie rührte sich nicht. Es war ein Zauber, und er galt ihm. Die gelben Flecken waren geblieben, sie zitterten weiter. Rashid beugte sich vor, bis er die Maschen nicht mehr sah, und als er fast den Draht berührte, peitschte der Schwanz lautlos zur Seite, bildete einen Kringel, und der Pfeil schnellte los. Kurz über dem Boden erstarrte die Eidechse noch einmal mit erhobenem Kopf, dann fiel sie ins Gras. Hellbraun stob sie durch die Halme und verschwand. Rashids Herz hämmerte, es zappelte in der Brust wie ein Vogel in der Faust.

Seither besucht sie ihn, sie kommt, wann immer er will. Zuerst hat er stundenlang die Bretterwand angeschaut. Nur er konnte den Pfeil mit der stumpfen und der langen Spitze sehen, der unbewegt zwischen den vorrückenden Schattenbildern stand. Er sprach heimlich zu ihr, und das Stimmengewirr in seinem Kopf wurde leiser. Dann hat er das Zeichen in den Käfig geholt. Die blasse Minzfarbe der Zahnpasta, in der das Meergrün der Eidechsenhaut steckt, verlor sich allmählich, bis nur noch eine weiße Kreidelinie auf dem Fußboden übrig war. Nachts leuchtete sie in dem kalten Ton, den alles Weiße unter den Scheinwerfern annimmt. Einzig die gebogene Form erinnerte an Kirats Leib. Rashid hat ihr den Namen gegeben. Sie erfährt von ihm, was im Lager passiert. Sie weiß, dass ein Soldat MP heißt und ein Gefangener Orang und dass Tarik den Namen wegen der Anzüge erfunden hat. Was er ihr aufzählt und erklärt, rückt von ihm weg. Es ist eine stille, schwere Arbeit mit vielen Pausen. Er erzählt, wie die Dusche aussieht und wie lange der Strahl hält, bevor man wieder auf den Knopf drücken muss; dass ihn der Usbeke an einen Hund erinnert, dass er die Schwarzen hasst und sie anbellt; dass er sich beim Schnäuzen ein Nasenloch zuhält und aus dem andern pustet und der Rotz im Draht hängen bleibt. Er erzählt, wie er die daunenartigen Fusseln, die aus den hohen Gräsern kommen, auf dem Boden zu einem Häufchen zusammengekehrt und gezählt hat, und von dem wattigen Gefühl, wenn man sie durch die Hände rieseln lässt. Er erzählt ihr nicht, dass er an die weißen Federchen dachte, als er unter der Dusche stand und ein Gesicht suchte und feststellte, dass es weg war und dass sich sein Schwanz nicht regte. Auch nicht von den Verhören, die im Käfig weitergehen, den Verhandlungen. Sie versteht nichts davon. Sie ist nur eine Eidechse. Es reicht, dass er von einfachen Dingen redet, die zu jemand anderem gehören, nicht zu ihm und nicht zu ihr. Es gibt ihm fast das Gefühl, von Wirklichkeit umgeben zu sein. Ab und zu liest er ihr aus dem Koran vor.

Er betrachtet den trocknenden Schriftzug, der sich rückwärts TARIK liest. Der Name ist komisch und beliebig, genau wie sein eigener. Manchmal weiß er für Sekunden, wie es war, Rashid zu sein. Dann empfindet er das Gewicht, das ihn in der Welt hielt, selbst wenn er sich oder die Welt nicht leiden mochte. Ein rundes, pulsierendes Gefühl meldet sich zurück, dünn und fern, wie jemand, der winkt, nachdem er sich längst verabschiedet hat. Die Erinnerung wird seltener und schwächer, und das ist gut so, denn es tut weh, dies schöne dumme Einverständnis verloren zu haben. Rashid hat seinen Namen lange nicht mehr gehört. Für die *interrogators* in der Verhörbaracke ist er *Mr. Bakhrani,* für die MP's *sand nigger* oder *raghead* oder *fucking terrorist*. Draußen, bei der Eskorte, nennen sie ihn *guy* oder *man* oder *two-o-four*. 204 steht auch auf dem Armband aus hellblauem Synthetikstoff, das um sein Handgelenk geschweißt wurde, 204 ist die Nummer, die er auf die postkartengroßen, linierten Formulare schreiben muss, die er nach Hause schickt, DETAINEE JJJ A 204, 160 Camp X-Ray, Washington, DC 20353, USA. Von dem Usbeken nebenan kommt nur ein Raunzen, wenn er Rashid ansprechen will, es klingt wie *hoj*, oder er ruft *Schörrmen, German*, um ihn in irgendeinen Ärger hineinzuziehen, über das Futter oder den Lärm oder über einen schwarzen MP. Meistens sitzt er mit dem Rücken zu Rashids Käfig auf dem nackten Boden, den Kopf zwischen den aufgestellten Knien, und murmelt vor sich hin. Die Fäuste rechts und links trommeln schwach auf den Beton, in einem stockenden, von Pausen durchsetzten Rhythmus. Zwischendurch springt er manchmal auf und rennt stumm mit dem Kopf gegen die Wand, einmal, zweimal, dreimal, der Draht scheppert, und der Usbeke verharrt zuckend und keuchend, mit hängenden Armen, bevor er sich auf die Matratze wirft, als hätte er nach schwerer Arbeit seinen Feierabend verdient. Es dauert nicht lange, bis das Murmeln wieder einsetzt. Nachts schreckt Rashid davon aus dem Dämmer, den wirren Begegnungen, und er fängt selbst an zu sprechen, flüsternd, mit Kirat. Jetzt spinnt er wieder. Alle sind verrückt. Ich bin verrückt. Vielleicht kannst du mir erklären, wo das hinführen soll. Schließlich bist du hier zu Hause. Treibst dich wieder rum. Die Zahnpasta leuchtet. Kirat hört ihn von draußen. Zwischen ihm und ihr ist nur Luft.

Die Eimer sind ausgewechselt, das Schattenspiel auf der Bretterwand ist erloschen, der Anbruch des künstlichen Tags steht bevor. Noch hat der Weg eine müde Erdfarbe. Er ist leer wie immer während des Gebets. Irgendwann haben sich die MP's zurückgezogen; die Wut von Allahs Orangs hat sie vertrieben. Suleiman hat einen angebrüllt, der beim Mittagsgebet mit großem Gerassel ein paar Fußketten auf dem Boden hinter sich herschleifte. Die Patrouille schlug ihn in seinem Käfig zusammen, bis er nicht mehr aufstand; am Abend war er weg, sie hatten ihm einen Arm gebrochen. Das ist lange her. Es ist stiller geworden im Lager. Selbst wenn sich wieder jemand aufgehängt hat, gibt es kaum Aufruhr. Diese Männer verschwinden. Warum, weiß man erst, wenn sie wieder auftauchen, denn alle tauchen wieder auf, anders als Tarik, anders als Suleiman, sie kehren in ihre alten Käfige zurück, auch sie stiller als vorher. All die Verrückten zappeln, doch sie zappeln in einem trägen Element, das ihre Bewegungen verlangsamt und vervielfacht, auch der Usbeke, sein bulliger Kopf kracht gegen den Draht, er tobt und spuckt durch die Maschen, andere toben und spucken durch die Maschen, das gehört dazu, sie werden bestraft, sie werden runter- und wieder hochgestuft, eine Dusche pro Woche, zwei Duschen pro Woche, sie essen und schlafen und werden abgeholt und wiedergebracht, weiter nichts. Alles in Ordnung da draußen.

Nur drinnen Gedränge, ein unsichtbares, nervöses Gedränge. Der Chor stört ihn, das Gemurmel und Gehampel. Er hockt sich aufs Kopfende, lehnt vorsichtig die Stirn an die Drahtwand, betrachtet seine Arbeit. Er will Ruhe. Sie sind bei *Ibrahim* und noch mal *Ibrahim, inneke hamîdum mecîd,* gleich ist Schluss. Aber er weiß, es hört nicht auf, das Beten, so wenig wie das Schimpfen und Tigern und Rütteln, alles drängt herein, sein Käfig ist zu eng dafür. Sie husten und schnäuzen und schnarchen, sie scheißen, pinkeln und wichsen in die Abfalleimer. Sie kauern, glotzen, schweigen. Auch das Schweigen dringt durch die Drahtwände, wie die MP's, wenn sie die Kette kreischend durch die Maschen ziehen und hereintrampeln, sie stampfen auf, treten auf seine Handtücher, lassen die Eimer überschwappen, werfen die Tür ins Schloss, dass die grelle, empfindliche Leere im Körper widerhallt. Das Geräusch und Geflacker, immer ist es da, immer kommt es plötzlich, lässt ihn blinzeln, hochfahren, zusammenzucken, nicht anders als die Mücken, die am Körper kleben und in den Ohren summen, und kein Entkommen. *Esselâmu aleykum.* Sie stehen auf und rollen die Handtücher ein, die heiße Luft vibriert mit dem Scharren, Rascheln. Der Lautsprecher knackt. Wieder einmal hat sich die Sonne um den Käfig gedreht. Jeder Tag umwickelt das Gehäuse mit einem neuen Draht. Jedes Mal, wenn die Lampen angehen, ist der Käfig kleiner geworden. Die Lampen gehen an.

Die Farben verblassen wie in Bleichmittel getaucht, am Boden erscheinen die Drahtmaschen. Das Wabenmuster ist undeutlich, ein verwaschener Schattenteppich. Erst wenn das Zwielicht vergeht, liegen bis zum Morgengebet schwarze verzerrte Rauten auf dem bläulich widerscheinenden Beton, ein engmaschiges Raster aus schräg übereinandergelegten Gittern. KIRAT, die Schrift zwischen dem Kopfende und dem Abfalleimer, ist stumpf geworden, nur im Bogen des R glänzt das Grün noch. Rashid vermisst die Figur. Der ganze Käfig ist verändert. In den Buchstaben ist die Eidechse kaum mehr zu erkennen. Statt dessen erscheint TARIK. Auch Tarik schrieb seinen Namen verkehrt herum. Einmal hat er ihn auf arabisch in die Luft gezeichnet, und so blätterte er im Koran, von rechts nach links. Rashid hat sein Aussehen vergessen, nur die Erinnerung an das zerknautschte Gesicht an der Käfigwand deutet darauf hin, dass es ihn gegeben hat. Als er weg war, hat er eine Zeitlang mit ihm geredet, doch die Stimme, in der Tarik nach langen Pausen antwortete, in seinem gebrochenen Englisch, ohne Ankündigung, war ihm unheimlich. Manchmal meldet er sich noch. Andere kamen dazu, je weniger Rashid sprach, desto mehr. Sie kommen von draußen und versammeln sich unter der Haut, *if we get your help, we'll help you, das Höllenfeuer sei nun eure Wohnung, und ewig bleibt darin, eschhedu enne Muhammeden'abduhû ve rasûluh, ask your interrogators, antworten Sie, oder Sie werden Ihre Eltern nie wieder sehen, head down, er ist der Allweise und Allwissende, ask your interrogators,* viel zu nah, viel zu laut. Seitdem redet er, um sie zu übertönen. Kirat ist immer da, und sie ist stumm. Er streckt die Hand aus, streicht über das feuchte R und leckt den Finger ab. Ein krummes Rautengitter fällt auf seinen Arm, die Lücken strahlen violett. Draußen wächst seine Silhouette aus dem Gras die Bretterwand hoch. Die Wand ist leer.

Die Schritte auf dem Weg sind fest und schnell, sie gehören dem Doktor. Rashid schluckt den Kaugummigeschmack. Ein Walkie-Talkie fiept, *two-two-six,* es rauscht, *yes*, sagt die Stimme des Doktors in seinem Rücken, *I'm just coming,* die Schritte schließen auf, hämmern an Rashids Trommelfelle, verklingen wie ein Echo. Dreck krümelt auf Rashids Zunge. Zum ersten Scheinwerferlicht gehört der schleichende Gang des Islam-MP, des *chaplain* Muhammad. Die heisere arabische Melodie an Tariks Käfig und das langsame Englisch, *be as patient as possible, read, read every day, it will help you,* dieselbe Stimme und das hohle dunkle Gesicht hinter den Maschen. Das Buch liegt im Schatten des Abfalleimers, *dies ist der ruhmreiche Koran, aufgeschrieben auf der im Himmel aufbewahrten Tafel,* grünweiß wie die Duschzelle, die Zahnpasta. *Read the last Sures, they are short, they are right for prayer*. Rashid ist zu schwer, um aufzustehen, er scheut die Mühe, immer wieder schlagen dieselben Seiten von alleine auf, dabei unterscheiden sie sich nicht, auf jeder werden die Bösen bestraft und die Guten belohnt, denn Allah ist allmächtig und allweise, die Sätze sind lang, die Geschichten führen im Kreis, zäh und fade, vom Paradies zur

Hölle und wieder zurück, voll toter Wörter, rechtschaffen und frevlerisch und ruchlos und demütig. Allah will, dass die Füße der Opferkamele richtig stehen und den Bösen der linke Fuß und die rechte Hand oder die linke Hand und der rechte Fuß abgehackt werden. Es ist ein Märchenbuch für Kinder und Alte und Dumme, es gehört nicht ins Lager, es gehört nicht zu den Plastiktellern und Toilettenhäusern, Lautsprechern und Scheinwerfern. Nur zu den Gefangenen passt es, es wimmelt von Buchstaben und Namen und Völkern und Städten und Kriegen, eine riesige Versammlung unter freiem Himmel, und am Ende kann Allah immer zwischen Gläubigen und Ungläubigen unterscheiden, und die Gläubigen lachen die Ungläubigen aus. Rashid weiß, er ist böse, er ist ein Ungläubiger. Nur wenn er im Buch liest, kommt er sich gläubig vor, denn es redet zu ihm wie ein Brief, aber er kann nicht lesen, er kann nicht aufstehen, er will nichts tun, nur still sein und reden, mit dem *chaplain*, mit den *interrogators*, mit Kirat.

Kräftige Schattenlinien streichen die Zahnpastabuchstaben durch, genau wie die schwarzen Balken die deutschen Wörter in Papas Brief, *cleared by U. S. Forces*. Rashid macht die Augen zu, das Nachbild vertauscht die hellen und die dunklen Striche, bis sie verschwimmen. Also, sagt Rashid zu Kirat, der Doktor ist da. Er stockt, er wartet. Leise und unregelmäßig, wie tastende Schritte, trommeln hinter ihm, auf dem Boden des Nebenkäfigs, die Fäuste des Usbeken. Gegenüber jault ein Orang, ein gepresster, langgezogener Laut, bricht ab, hebt wieder an und geht in einen schleifenden Singsang über. In dem dünnen, kurvigen Auf und Ab erscheint Kirats Schlangenkörper. Rashid öffnet die Augen. Kirats Name starrt ihn an. Er nimmt seine Kraft zusammen und atmet tief ein; der Brustkorb hebt sich, darunter ist es leer. Er zwingt sich zu sprechen. Der Neue gegenüber ist schon wieder weg, sagt er. Nur die Lippen bewegen sich. Er wollte nicht laufen, obwohl er laufen kann, sie haben ihn mit der Trage weggeschafft, und der Islam ist wieder nicht gekommen.

Er rührt sich nicht, er sitzt, Hände rücklings auf die Matratze gestützt, und widersteht dem Drang, die Knie anzuziehen und die Arme darum zu schlingen; wenn er sich selbst berührt, sich festhält, das weiß er, wächst die Leere zwischen Bauch und Brust, dehnt sich bis tief in die Lenden und hinauf in die Kehle. Seit sie angefangen hat, sich in ihn hineinzufressen, ist es, als sei er leichter geworden, obwohl er fett und formlos ist, aufgeweicht durch das Futter, das in seinem wartenden Körper ansetzt. Er muss Schwere vortäuschen, indem er sich träge und aufmerksam bewegt. Im Laufgatter, zur *recreation time*, lässt er den Ball liegen. Schritt für Schritt umrundet er den kleinen Betonplatz, am Zaun entlang, denn der freie Platz bedrängt ihn; auf fünfhundert Schritte kommt er in den zehn Minuten, die ihm nach dem Duschen zur Verfügung stehen. Er trägt das Nichts im Innern vorsichtig herum, jede unbedachte Erschütterung rüttelt es wach. Nur im Verhör fühlt er sich vollständig. Die Fragen und die Angst vor Schlägen durchdringen seinen Körper und stampfen die losen Fasern zu einer dichten Einheit zusammen, in der alle Kraft und alle Zeit geballt ist. Jeder Zufall, jede Beliebigkeit weicht, wenn sie aus ihm herauspressen, wer er ist und wer er war, jede Antwort zählt und wird heimgezahlt. Tourist oder Terrorist, richtig oder falsch, heiß oder kalt, das Nichts hat keine Chance. Er hat sein Gewicht wieder. Nur danach, wenn sie ihn im Käfig loslassen, ist da niemand mehr, der Ich sagen kann, ich, Rashid, ein haltloses Bündel aus Nerven und Buchstaben.

Und der Islam ist wieder nicht gekommen. Der Islam ist wieder nicht gekommen. Der Satz zieht Schleifen unter Rashids Schädeldecke. Unter seinen Augen flimmert die Zahnpastaschrift. Seine Hände kribbeln, die Schultern spannen, aber er muss stillhalten, er darf nicht die Geduld verlieren. Kirat ist scheu. Vielleicht stört sie das Gemurmel. Vielleicht ist sie noch nicht ganz an ihren Namen gewöhnt. Der *chaplain* trug einen anderen Namen, bevor er *chaplain* wurde, einen amerikanischen, dann wurde er ein Moslem und hieß Muhammad Halabi-Islam. Er hat ihm von dem Imam in Damaskus erzählt, der ihm den Namen gegeben hat. Damaskus ist riesig, es ist die älteste Stadt der Welt, dort wendet man sich zum Gebet nach Süden, und der Imam ist ein moslemischer Pastor, der einem den rechten Weg erklärt. Allah hat viele Namen. Muhammad hat Rashid die Sure gezeigt. *Allah ist Allah, außer ihm gibt es keinen Gott, er, der König, der Heilige, der Friedensstifter, der Spender der Sicherheit, der Beschützer, der Mächtige, der Starke, der Hocherhabene. Allah ist der Schöpfer, der Gestaltende, der Bildner. Ihn verherrlichen die schönsten Namen.* Es sind genau neunundneunzig, sagt Muhammad. Aber man darf sich auch selbst einen ausdenken. Es ist nicht anders als bei der Eidechse. Hauptsache, man denkt dabei an Allah. Es fällt Rashid schwer, an Allah zu denken. Er hat eine Lautsprecherstimme, aber kein Aussehen. Die Eidechse hat nicht einmal eine Stimme. Sie ist genauso weit weg wie Allah. Das ganze Lager ist voller Gestalten, die es nicht gibt. Im Käfig nur Gemurmel. Es kommt von allen Seiten, wie das Licht, das in schiefen Karos auf dem Boden liegt und Rashids Anzug violett leuchten lässt. Der Islam ist wieder nicht gekommen. Rashid setzt sich auf. Er kniet noch einmal auf den Boden und beugt sich tief wie ein betender Orang über die Schrift, sein Rücken tut weh, sein Schatten radiert die dunklen Schattenbalken weg. *Cleared by U.S. Forces.* Übrig bleibt KIRAT, hellgraues kreidiges Gekritzel, eine leere Botschaft. Niemand da. Kirat gibt es nicht. Er reibt mit beiden Handflächen über die Zahnpasta, bis die Buchstaben nicht mehr zu sehen sind.

Klebriger Staub bedeckt seine Handflächen. Er legt sie sorgsam rechts und links neben die verwischte Spur, dann beugt er sich tief vornüber. Hier, auf dem Boden, ist sein Platz. Sie werden ihn nicht loslassen. Die Stimmen sind wieder in der Nähe, und es gibt nur die Nähe. Seine Wange berührt den verschmierten Beton. Zähe Flüssigkeit sammelt sich in der Nase, er schluckt, und das Zeug rutscht durch die Kehle ins Nichts, ins ausgehöhlte Innere. Er schließt die Augen, hört sie murmeln und lachen. Sie sind hinter ihm, über ihm. Er will sie nicht sehen, er weiß, sie verhandeln über ihn, auch wenn sie ein Geheimnis daraus machen und in einer verschlüsselten Sprache sprechen. Die hohen, kindlichen Stimmen sind künstlich gedämpft, zwischendurch werden sie so leise, dass der Klang ganz daraus verschwindet und ein nur ein papiertrockenes Wispern übrigbleibt, wissend und gehässig. Schulkinder, gesund und fröhlich und auf der richtigen Seite, in der Ecke aneinandergelehnt, Blicke über die Schulter. Sie wissen, er ist den falschen Weg gegangen. *Dies ist der Lohn der Übeltäter. Die Hölle ist ihre Lagerstätte, über ihnen lodert das Feuer zur Decke.* Dann wieder löst sich helles Lachen aus dem Geflüster. Reingefallen. Kreidestriche auf dem umzäunten Asphalt, Himmel und Hölle. *Oh, gießt doch etwas Wasser auf uns, gebt von den sonstigen Labsalen, mit welchen euch Allah versehen hat.* Lachen über den Ungläubigen auf dem Boden, Hintern in die Höhe gestreckt, Kopf zwischen den Armen. *Dies hat Allah für die Ungläubigen verboten.*

Lagerstätte. Er ist kein Übeltäter. Trotzdem, dies ist eine Lagerstätte, ohne Feuer, aber er brennt. Wasser hilft nicht. Er betet. Hol mich hier raus. Seine Knie schmerzen. Neunundneunzig Namen, und keiner stimmt. Papa. Hol mich ab. Der Zaun ist zu hoch. Das Kreidequadrat ist zu klein. Nur die Füße passen rein, wenn sie richtig stehen. Eng beieinander. Lasst mich in Ruhe. Sie sehen die nackten Fußsohlen unter seinem Hintern hervorschauen. Sollen sie flüstern, er rührt sich nicht, er bleibt am Boden. Er betet. Hinter seinem Rücken Gewusel. Das Gebet ist umsonst. Schon ist der Kampflärm nähergerückt. Rashid blinzelt, die Helligkeit sticht in seine Augen, der Feind ist da mit schweren Stiefeln, scheppernden Waffen, sein Schatten fällt in den Lichtstreif, er schreit: *shut up!* Auf dem Boden grüngraues Geschmier.

Der Usbeke hämmert gegen die Drahtwand. *C'me on, man,* ein junger blonder MP steht breitbeinig im Flutlicht vor dem Nachbarkäfig, ein Neuer. Er reckt das Kinn, die Angst vor dem großen tobenden Tier in seinem Verschlag ist ihm anzusehen. Hinter ihm der hoch aufgeschossene Bebrillte schaut mit verschränkten Armen über die Schulter weg, locker, gelangweilt, nur das Ohr der Szene zugewandt, er schaut dem Doktor entgegen, der klein und dunkel auf dem bleichen Weg zurückkommt. *No toilet after sunset,* der Junge tritt einen Schritt auf den Eingesperrten zu, endlich fährt der Lange herum. Rashid sieht die entblößten Zähne und hört die sanfte Stimme, *if you don't stop,* und dann das Gebrüll: *NOW, I'll fix you on these chain links for the whole fucking night.* Und mit einer dritten Stimme, heiter und kumpelhaft, *look, these beasts just know this kind of English.* Über Rashids Kopf, mitten im Käfig, schnarrt ein kehliges Geräusch, er schaut hinter seinem Ärmel auf, ohne den Kopf zu heben, *ts-ts-ts* zischt der Doktor, er steht wartend an seiner, Rashids Tür und schaut zum Nebenkäfig. Es ist still. *Please*, flüstert Rashid, oder er denkt es, ein dünnes fremdartiges Pfeifen. Der Doktor wirkt traurig und gebeugt, das Licht schneidet tiefe Falten in sein teigiges Gesicht. Er reagiert nicht, nicht einmal seine Augen bewegen sich. Hinter ihm schieben sich die Gestalten der beiden Soldaten langsam in Rashids Blickfeld. Die lange Gestalt des Brillen-MP löst sich vom nahen Umriss des Doktors, zwei drei Schritte, und verschwindet. Rashid hebt den Kopf, setzt sich aufrecht. Der Schatten des Doktors fällt über das strahlendweiße Laken und berührt seinen rechten Schenkel, die Stelle, die den Druckschmerz der Einstiche bewahrt und die kühle Berührung dieser dicken, zarten Hände. Außer Sichtweite rauscht und redet das Walkie-Talkie wie ein Notruf im Sturm. *I want to know,* sagt Rashid schnell, seine Stimme klingt merkwürdig alt und hohl, es klopft rasend in seinem Hals. *Please. When do you think I can go home?*

Durch den Körper des Doktors geht ein plötzlicher, straffender Ruck, als habe ihn Rashid aus niederdrückenden, aber angenehm tiefen Gedanken aufgeschreckt. Laut atmet er aus, ein ungeduldiger Seufzer, der in ein Wort übergeht: *Home.* Er schweigt, Rashid schweigt, alle Stimmen sind aufgewacht, sie skandieren: *Ask your interrogators,* ein gehässiger Chor, *ask your interrogators, ask your interrogators,* er hat Angst, dass sie die Antwort überschreien. *Home*, wiederholt der Doktor, *all of us wanna go home.* Er tritt einen Schritt zurück und wendet Rashid seine Vorderseite zu, klein, massig, lichtüberflutet. *Okay*, sagt er, *listen,* wieder knackt und rauscht das Walkie-Talkie, doch der Doktor spricht langsam, ganz langsam, und betont jedes Wort: *I don't talk about when you're going home, just because you're here doesn't mean it will be soon.* Rashids Herz tickt und zählt die Sekunden, in denen die Wörter in ihn einsickern, ruhige, beruhigende Wörter, eins türmt sich aufs andere bis zum letzten, *soon*, eine Welle staut sich in seiner Brust, hoch oben, und wartet darauf, in sich zusammenzufallen, noch hält sie die Spannung, das Gesicht des Doktors leuchtet wie der Mond überm Meer, rund und kalt, ein Zittern geht über die Oberfläche, und im selben Moment entdeckt Rashid den jungen blonden Soldaten, der ein paar Schritte entfernt auf den Doktor wartet. *Ask your interrogators,* sagt der Doktor und wendet sich ab. Seine Schritte knirschen auf dem Geröll, er dreht sich nicht um, nur der MP schaut zurück und zeigt Rashid sein weißes, vertrautes Kindergesicht.

Dann ist die Sicht leer. Frei. Und alles geht sehr schnell, unaufhaltsam und gewalttätig. Eine lautlose Sprengung. *Home.* Der Hohlraum im Innern zieht sich zusammen. Rashid hebt die Schultern, krümmt den Rücken und hält ganz still. Hose und Hemd am Leib. Der Stoff leuchtet lila, grau in den knittrigen Faltenwürfen. Klar und scharf liegen die Schatten der Maschenquadrate auf dem Boden, dem matt widerscheinenden Beton. Kriechen über die Fußrücken. Zwei Füße nebeneinander auf dem Betonboden. Die Welle braust in Rashids Ohren, Phantomwelle, Druckwelle. Der Abfalleimer, frisch desinfiziert und leer, grellweiß, dahinter das Häufchen in der Ecke, Waschzeug, Koran, Feldflasche, Zahnpasta, alles da auf einen Blick, unverändert. Das große Handtuch ein langer Lumpen an der gegenüberliegenden Käfigwand. Das kleine zusammengeknüllt auf der Matratze, da liegt es, im Licht. Die Drahtwand am Weg und die Türeinfassung, nah und deutlich. Immer näher, immer lauter. Gitter und Stahlleisten glänzen, und jenseits des Weges glänzen die Gitter der andern Käfigreihe, leuchten lila die Anzüge. Die Handtücher weiß, die Eimer. Die Wirklichkeit rast von allen Seiten auf ihn zu, gleich wird sie über ihm zusammenschlagen. Kein Ausweg. Der volle Wassereimer, kühles Wasser, kühl noch morgen früh, morgen früh der Muezzin, das Frühstück, das Wasser warm, morgen Nachmittag Dusche und Hofgang, morgen. Morgen, und alles löst sich. Der Krach ist unerträglich. Rashid bleibt taub und unbewegt wie alles um ihn herum, er hält still, als gäbe es ihn nicht, ihn nicht und nicht diese stürzenden Massen, die brüllend auf ihn einprasseln. Sein Blut pocht in lauten Schlägen dagegen an. Sein Atem geht langsam und flach. Herz und Lungen ruhig in der Mitte, während es drum herum bröckelt und rieselt. Er schaut sich um und sieht seinen geduckten Schatten, der flach an der Bretterwand klebt. Wie jede Nacht. Wie damals die Eidechse.

ARNO GEIGER

Wie verwandelt

(Romanauszug)

16. April 2001

Johanna kommt vom Fernsehzentrum, das schiffsartig am nahen Küniglberg liegt, oberhalb des Hietzinger Friedhofs und der streng durchdachten Gartenanlage von Schloss Schönbrunn. Sie hat ein verspätetes Frühstück mitgebracht, doch zuvor bittet sie um eine Führung durch das Haus, das Philipp von seiner Großmutter geerbt hat.

Es ist eine hundert Jahre alte Villa, zweigeschossig, mit dem Dachboden dreigeschossig, von guter Substanz, aber in einem vernachlässigten Zustand. Der Verputz hat etwas Lepröses, sein Anstrich sollte grau sein, er tendiert aber dort, wo ein Bewuchs mit wildem Wein nur schlampig entfernt worden ist, zu einem stumpfen Schwarz; und an den hellgrünen Fensterläden kann man die Himmelsrichtungen bestimmen, je nach Art und Grad der Verwitterung. Der zum Haus gehörende Garten ist ungewöhnlich groß, mit alten, hochstämmigen Obstbäumen bestanden, die einen Schnitt bräuchten. Drinnen wie draußen befindet sich alles in unterschiedlichen Zerfallsstadien und Provisorien, die sich aneinander lehnen und gemeinsam der allmählichen Verwahrlosung entgegensinken. Zu Johanna sagt Philipp dennoch, dass er im Zustand des Hauses kein Problem sehe, auch die Sonne habe Flecken und der Mond Löcher.

Philipp stemmt sich von der Vortreppe hoch, wirft eine halb heruntergerauchte Zigarette in die am Vormittag gelieferte Abfallmulde, dann tritt er durch die offenstehende Tür ins Innere des Hauses. Eine Fliese im Mosaikfußboden des Eingangsflures klickt, Johanna, die ihm folgt, bringt dieselbe Fliese zum Klicken, absichtlich, wie ihm scheint, weil ihr das Geräusch gefällt. Vom Flur ins Stiegenhaus, das im Verhältnis zu dem, was als nötig und herkömmlich gelten kann, mit einer allzu breiten Treppe ausgestattet ist. Johanna streicht mehrmals über die alte, aus einer porösen Legierung gegossene und von ungezählten Händen geglättete Kanonenkugel, die sich statt der üblichen geschnitzten Rose am unteren Ende des Handlaufs buckelt.

»Woher kommt sie?« will Johanna wissen.

Philipp zuckt die Achseln. Laut mündlicher Familienüberlieferung ein Relikt der zweiten Türkenbelagerung. Er erinnert sich, dass ihm die Großmutter während einer der wenigen Begegnungen versicherte, bei der nächsten Ungezogenheit werde man ihn auf die Kanonenkugel setzen und zu den Türken zurückschicken. Eine Drohung, die ihm deutlich im Gedächtnis geblieben ist, sogar mit dem großmütterlichen Tonfall und einem Anflug ihrer Stimme.

»Wenigstens die Fensterläden hättest du öffnen können« murrt Johanna im Nähzimmer. Sie rümpft die Nase in der Stickluft des halbdunklen Raumes, in den von draußen kaum Helligkeit dringt. Sie sagt, es rieche ihr zu sehr nach Rosenkranz und Apotheke.

»Das Haus in *Psycho* ist gegen das hier geradezu anheimelnd.«

Ihr Lachen schreckt die Möbel auf und lässt sie linkisch und verlegen aussehen.

Zurück ins Stiegenhaus.

»Gibt es das, dass die Großeltern eine Kanonenkugel am Treppengeländer haben, und keiner weiß woher?«

»Wenn allgemein nicht viel geredet wird, ja.«

»Ich würde die Nachbarn fragen« rät Johanna. »Das muss doch herauszukriegen sein.« Gleichzeitig öffnet sie den Garderobenschrank, in einer gelassenen Unbefangenheit, als ginge es von vornherein um etwas ganz Unerhebliches, als wolle sie sich lediglich vergewissern, dass sich die Schranktür auch wieder schließen lässt, wenn sie erst einmal aufklafft. Traurige, matte Mäntel speien einen Moment lang ihre dunklen Farben aus. Man kann sie sich im Freien nicht mehr vorstellen, denkt Philipp. Wie auch die Hüte im Fach darüber.

Um dem Haus einen freundlicheren Anschein zu geben, öffnet Philipp im Wohnzimmer die Läden, die in der Mittagssonne stehen. Das Licht legt sich breit über die zerfurchten Parketten, die Möbel beim Fenster scheinen sich darin zu bauschen. Johanna hält auf die Pendeluhr zu, deren Zeiger auf zwanzig vor sieben stehen. Sie lauscht auf ein vernehmbares Ticken. Als ihr dies nicht glückt, fragt sie, ob die Uhr funktionstüchtig sei.

»Ich kenne keine tüchtigen Uhren« lässt Philipp wissen.

Johanna schaut ihn mit zusammengezogenen Brauen an.

Und er weiß auch nicht, welches der gewohnte Platz für den Schlüssel zum Aufziehen ist, obwohl er davon ausgeht, dass ihm der Aufbewahrungsort einfallen müsste, wenn er ausreichend darüber nachdächte. Er und seine Schwester Sissi, der aus dem großelterlichen Erbe zwei Lebensversicherungen und ein Anteil an einer burgenländischen Zuckerfabrik zugefallen sind, haben in den siebziger Jahren zwei Monate hier verbracht, im Sommer nach dem Tod der Mutter, als es sich nicht anders machen ließ. Damals war das Ministerium des Großvaters längst in anderen Händen und der Großvater tagelang mit Wichtigtuereien unterwegs, ein älterer Herr, der jeden Samstagabend seine Uhren aufzog und dieses Ritual als Kunststück vorführte, dem die Enkel beiwohnen durften, grad so, als liege es in der Macht des alten Mannes, der Zeit beim Rinnen behilflich zu sein oder sie daran zu hindern.

Philipp sagt:

»Vielleicht hat mein Großvater den Schlüssel in der Westentasche mit ins Grab genommen.«

Während Johanna den Uhrenkasten öffnet, um hineinzuschauen (wie eine Katze in eine finstere Stiefelöffnung schaut), betrachtet Philipp die Bilder, die links und rechts der Uhr arrangiert sind, ebenfalls über dem Schreibtisch: Uhr und Bilder ein einigermaßen symmetrisches Triptychon. Da Johanna im Uhrenkasten nicht fündig wird, zieht sie am Schreibtisch die kleineren Schubladen am Aufbau heraus in der Hoffnung, dass ihre Suche an diesem naheliegenden Ort erfolgreicher sein wird.

»Wer ist das?« fragt sie zwischendurch.

»Rechts, das ist Onkel Otto in der Uniform der Hitlerjugend.«

Das linke Bild kommentiert Philipp nicht, weil Johanna auch so Bescheid wissen muss. Doch nimmt er das Bild von der Wand und betrachtet es aus der Nähe. Es zeigt seine Mutter, die bei den Dreharbeiten zu dem Film *Der Hofrat Geiger*, als Elfjährige, in Goldhaubentracht an der Donau steht und dem Fluss beim Fließen zusieht. Ein Ausflugsboot zieht unter ihr hinweg, im Off singt Waltraud Haas zur Zither *Mariandl-andl-andl*.

»Wann war das?« fragt Johanna.

»Neunzehnhundertsiebenundvierzig« sagt er, »da war sie elf.«

Vom Strom der Geschichte umspült. Ein Horizont aus Weinbergen, und darunter blaues Wasser, von dem der Schwarzweißfilm eine ungenügende Vorstellung besitzt. Ein paar Möwen queren das Bild. Geschichtsträchtige Ruinen stagnieren seit Jahrzehnten, und das Schwarze Meer wartet ebenso beharrlich wie die Donau mündet. Die Goldhaube blinkt, die Isolatoren der Telefonmasten zwischen den Weingärten werden in der Sonne brüchig, und auch der Witz für den sowjetischen Zensor, den Verliebte sich am Telefon erzählen, beginnt allmählich alt zu werden. Von Ausflugsbooten winken Familien, Sippen und Vereine, sie entfernen sich flussabwärts hinter Dieselqualm, alle Frauen, mit denen Philipp geschlafen hat, mit denen sein Vater geschlafen hat, mit denen sein Großvater geschlafen hat, alle, werden ferner, kleiner auf diesem Fluss, der sich zieht wie ein Spuckefaden zwischen zwei Mündern.

Wie wenig doch bleibt, denkt er, wie wenig Erinnerungsmaterial ich anrufen kann, kaum dass es ausreicht zur Beantwortung einfachster Fragen, die Frauen stellen, wenn sie vor oder nach dem Sex noch reden wollen. Ein paar Jahreszahlen, ein paar Eckdaten, einzelne Wahrnehmungen, Kleider, Schmuck, Standbilder, Fotos, Kosmetika, Gerüche, die Art, wie diese Frau ihre Kinder schnäuzte oder schnäuzen würde oder einfach das, was man sich im Laufe der Jahre ausgemalt hat. Bruchstücke, Wahrscheinlichkeiten und ähnliche Erfindungen, Wunschdenken, gerade genug für einen Stich des Bedauerns.

Eine Randbemerkung fällt Philipp ein, die er am Vormittag auf der Vortreppe in einem Handbuch für Faltbootfahrer gelesen hat, in einem Büchlein aus dem früheren Besitz seines

Onkels Otto (und plötzlich mutet ihn die bloße Tatsache, dass Dinge einmal waren und jetzt nicht mehr sind, seltsam an, nicht schrecklich, nur seltsam).

Das Konzentrationslager Mauthausen wendet sich an alle Enns- und Donau-Paddler mit der Bitte, etwaige Zurufe in Ufernähe arbeitender Häftlinge nicht zu beantworten.

Auch hat ihn die dem Handbuch beigefügte Streckkarte der Donau beeindruckt, ein als Leporello gefaltetes, kaum zwanzig Zentimeter breites, dafür gut anderthalb Meter langes Panorama, auf dem der Flusslauf sich als beinahe geradliniges Band erstreckt wie eine zum Trocknen an die Wand genagelte Schlangenhaut. Dort, wo der Fluss nach rechts oder links hätte ausbrechen müssen, definieren die schwalbenschwänzigen Pfeile kleiner Windrosen die Nordausrichtung der Karte neu.

Während er auf die Zustellung der Abfallmulde und auf Johanna wartete, hat Philipp die Karte mit dem deutlichen Gefühl betrachtet, dass das Leben sich, wenn man es zusammenfasst, ähnlich von unten nach oben oder von oben nach unten streckt, ohne gravierende Richtungsänderung, weil die erwünschte Übersichtlichkeit Abweichungen zur Seite nicht zulässt. Und wie die Donau nur in Österreich blau ist, ist nur die Kindheit glücklich und ebenso unwirklich wie der Fluss, ein ebenso fließender und relativer Begriff. Hinweise, zwischen welchen Pfeilern die Brücken passiert werden sollen, wenn man tückische Strömungen und Strudel meiden will. Illustrationen von Sehenswürdigkeiten zu beiden Ufern, die großen und wichtigen Ereignisse. Und dazwischen das, was man vergessen kann und vergessen wird (ganz schmerzlos), so dass lediglich einzelne Episoden bleiben, die allmählich die Zwischenräume, die flüchtigen Augenblicke, die Pausen und Durststrecken überwachsen und sich miteinander verbinden, ungeachtet, dass dazu fünf Jahre übersprungen werden müssen. Scheinbar Wichtiges wächst mit scheinbar Wichtigem zusammen und verdeckt das Unwichtige, aus dem es sich nährt.

»Wollte deine Mutter auch später Schauspielerin werden?« fragt Johanna.

»Welche Frau wollte nicht Schauspielerin werden?«

Woher soll ich das wissen? denkt er und verzichtet darauf, sich selbst fragend, es genau wissen zu wollen. Mit einem Seufzer setzt er hinzu:

»Ich war zu jung, als dass ich mich mit ihr darüber unterhalten hätte.«

Und er weiß auch nicht, wen er an ihrer Stelle fragen könnte. Denn sein Vater schaut ihn großäugig an, und Philipp ist nicht entschieden genug, weiter zu bohren, auch, weil er im Grunde gar nicht fragen will. Zu unangenehm ist es ihm, dass er von seiner Mutter das allermeiste nicht weiß, so dass er das Wenige und dadurch irgendwie Zufällige als schalen Hinweis auf das Fehlende empfindet. Jegliches Nachdenken Stümperei, deprimierend, wenn er den Aufwand an Phantasie ermisst, der nötig wäre, um sich auszudenken, wie die Dinge gewesen sein *könnten*.

Er wischt den Gedanken weg und sagt, damit Johanna ihn reden hört:

»Mir kommt aber vor, ein wenig waren sie alle Schauspielerinnen, alle blond, alle nett, alle vorbildlich, perfekt. Nur die Männer waren nicht wie die Männer im Heimatfilm, das war, nehme ich an, die allgemeine Tragik.«

»Und weiter?«

»Nichts weiter. Die Ehe meiner Eltern war halt nicht glücklich. Wer redet schon gerne darüber? Und wer sehnt sich in eine Vergangenheit hinein, die er sich so nicht aussuchen würde und trotzdem zusammenreimen müsste, weil sich nichts mit Genauigkeit sagen lässt?«

Er macht eine Pause und benutzt die Gelegenheit, seine Hand in Johannas Nacken zu schieben.

»Mir käme es ausgesprochen sinnlos vor, hier etwas nachholen zu wollen. Lieber denke ich über das Wetter nach. Ich schreibe einen Roman über das Wetter mit einer Widmung an dich *in innigster Verbundenheit*.«

Er küsst Johanna, ohne auf Widerstand oder Erwiderung zu stoßen.

Über das Wetter vom Tag, das Johanna in ihren Haaren mitbringt, über das Wetter der folgenden Tage, das aus den Ausdrucken, den Tabellen und Simulationen in Johannas Tasche zu erschließen sein müsste. Über das Wetter statt über die Liebe statt über das Vergessen statt über den Tod.

»Über den Einfluss des Wetters auf die Lebensläufe einer österreichischen Schulklasse, über die sonderbaren Wirkungen heimischer Wetterraritäten auf das physiologische und soziale Leben einer Anzahl Daherlaufender, in deren Schulranzen die Bücher springen.«

»Fällt dir sonst nichts ein?« fragt Johanna, halb lachend, wobei sie ungnädig-gnädig den Kopf schüttelt; und weil das etwas ist, was er an ihr kennt, fühlt er sich ihr einen Moment lang näher. Ebenfalls ein wenig lachend, aber säuerlich, hebt er die Schultern, wie um sich zu entschuldigen, dass er nichts Besseres anzubieten hat oder anbieten will.

»Aber was rede ich« fügt Johanna Sekunden später hinzu, »eine gewisse familiäre Unambitioniertheit ist bei dir schließlich nichts Neues.«

Andererseits hat Philipp schon mehrfach versucht, ihr beizubringen, dass sie sein Verhalten nicht ganz von der richtigen Seite begutachtet, ein Einwand, dem es in den bisherigen Auseinandersetzungen nicht gelungen ist, einen Platz in Johannas Denken zu ergattern, und den er deshalb nicht wiederholen will. Wozu auch. Aber Tatsache ist, dass man nicht ausgerechnet ihm einen Vorwurf machen muss, schließlich ist es nicht seine Schuld, dass man ihn in puncto seiner Familie nie auf den Geschmack gebracht hat.

Am Vortag durchwühlte er das Haus nach Briefen, nach Tagebüchern, Aufzeichnungen. Doch außer einigen Fotoalben fand sich nicht viel, in keinem der Kästen, in keiner der Kommoden, nur Weihnachts- und Geburtstagspost, geordnet, *Mit fünfzig fängt das Leben an*, und zehn Jahre später, *Mit sechzig fängt das Leben an*. Und wenn man nur lange genug wartet, kommt irgendwann das Ende. Und das Ende ist gekommen, zuverlässig wie immer.

Er schiebt die Schublade, in der Johannas Hand nach dem Schlüssel für die Uhr sucht, zu, er tut es langsam genug, dass Johanna ihre Hand mühelos herausziehen kann. Ein wenig den Humor verliert sie trotzdem.

Lediglich den Dachboden konnte Philipp nicht näher in Augenschein nehmen, obwohl eine Hausfrauenweisheit besagt, dass man mit der Arbeit oben anfangen soll (und er wäre um jede herstellbare Ordnung froh gewesen). Er setzt Johanna davon in Kenntnis, weshalb er von einer näheren Besichtigung der obersten Bezirke des Hauses Abstand genommen hat, er behält lediglich für sich, wie gut er es akzeptieren kann, dass auch von dort keine Rettung nahen wird.

Er sieht sich wieder, wie er an der klemmenden Dachbodentür auf das dumpf durch das Holz dringende Fiepen horcht. Vom Garten aus war ihm schon aufgefallen, dass an einem Fenster unter dem stadtseitigen Giebel der Glaseinsatz fehlt, dort fliegen regelmäßig Tauben aus und ein. Nach einigem Zögern warf Philipp sich am Vortag mehrmals mit der Schulter gegen die Tür, die Tür gab mit jedem Mal ein wenig nach, gleichzeitig wurde das Flattern und Fiepen dahinter lauter. Schließlich, nach einem kurzen und schrillen Aufkreischen der Angel, das im Dachboden ein wildes Durcheinander auslöste, stand die Tür weit genug offen, dass Philipp den Kopf durch den Spalt stecken konnte. Und obwohl das Licht nicht das allerbeste war, erfasste er mit dem ersten Blick, welche Unmengen an Tauben sich hier eingenistet und alles knöchel- und knietief mit Kot überzogen hatten, Schicht auf Schicht wie Zins und Zinseszins. Er zog den Kopf sogleich wieder zurück, die Tür hinterher, mit einem heftigen Ruck, sich mehrmals vergewissernd, dass die Verriegelung fest eingeklinkt war.

Er will Johanna erklären, wie oft er das Gefühl hatte, im Stich gelassen zu werden, und dass er deswegen nachtragend ist und sein Interesse niemandem gönnt. Allein, er traut sich nicht, weil er vorherzusehen glaubt, dass ihm Johanna mit Verabredungen kommt, die man in der Vergangenheit noch haben und in der Gegenwart versäumen kann, grad so, als ließe sich notfalls auch allein Familie spielen.

Er findet, das ist unmöglich, und er kapiert nicht ganz, wie jemand etwas Unmögliches von ihm verlangen und ihm bei Nichtbefolgung seelische Armut bescheinigen kann.

Er hängt das Bild, das seine Mutter als Mädchen zeigt, an den

Nagel zurück, zum Zeichen, dass er es vorziehen würde, den Rundgang durchs Haus in einem anderen Zimmer fortzusetzen. Als er sich Richtung Tür wendet, bleibt Johanna stehen und schüttelt den Kopf. Indem sie ihn fixiert, fragt sie, ob sie die Pendeluhr geschenkt haben könne.

»Meinetwegen« erwidert er, aber es klingt nicht freundlich und kommt auch nicht von Herzen.

»Dann halt nicht« sagt Johanna, »du weißt, ich muss sie nicht haben.«

»Ja, weil du schon eine hast.«

Damals fuhren sie zu ländlichen Verwandten von ihr (weil Johanna auf ihre Verwandtschaft mehr wert legt), das war in dem Jahr, bevor Johanna Franz heiratete. Es ging in die Nähe von Tulln, an einem Sonntag im September, und Johanna fragte die Verwandten, ob sie jemanden wüssten, der eine Pendeluhr zu verkaufen habe. Johanna traute sich nicht, den Cousin direkt anzusprechen, denn dass der gleich zwei solche Uhren besaß, hatte sie von dessen Schwester in Wien erfahren. Der Cousin, cin Polizist, ging glücklicherweise gleich auf die Frage ein und überließ Johanna die schlechtere Uhr. Johanna probierte sie an Ort und Stelle aus, und nach einem Spaziergang durch die Obstgärten fuhren sie zurück nach Wien zu Johannas damaliger Wohnung in der Luftbadgasse. Dort hatten sie plötzlich Probleme mit dem Schlagwerk, und Johanna wollte Philipp weismachen, das müsse während der Fahrt kaputtgegangen sein. Aber während der Fahrt hatte Philipp die Uhr auf den Knien und im Arm gehalten, da konnte bestimmt nichts kaputt gegangen sein. Johanna war trotzdem sauer auf ihn, denn die Uhr gongte bei halb auf die nächste Stunde, und auf voll gongte sie vier bis sechsmal, und dann gongte sie für vier Stunden überhaupt nicht mehr, und Johanna rührte sich aus dem Wohnzimmer nicht mehr raus und wartete einen Termin um den anderen ab, aber die Gongerei wurde nicht besser. Sie gingen zu Bett, und als sie schon schliefen, wachte Philipp auf, weil die Uhr wie verrückt schlug, ein wildes Sturmgeläute, das sich an den Wänden und an der Dunkelheit stieß. Sie rasten ins Wohnzimmer, und bei 31 Schlägen hörte Philipp auf zu zählen, er lachte nur noch, während Johanna die Uhr am liebsten zum Fenster hinaus geworfen hätte, so regte sie das auf. Als dann das ganze Schlagwerk abgelaufen war, da war Stille, und nur das Uhrwerk lief noch genauso exakt wie vorher.

Funny how time slips away.

Und wieder die Diele, Stiegenhaus, die teppichbelegte Treppe, zwei Hände beim flüchtigen Polieren einer Kanonenkugel, die in jeder anständigen Familie den Punkt markieren würde, bis zu dem zurück man sich erinnern kann. Natürlich, es gab auch bedeutende Ereignisse davor, und es wäre nicht minder interessant zu wissen, wem die Kanonenkugel die Ehre des am entferntesten erinnerbaren Ereignisses in der Familie abspenstig machte, ehe auch sie ihren Erinnerungswert einbüßte. Noch vergangenere Zeiten. Wann? Wo? Er weiß es nicht.

Sie gehen das Obergeschoss ab, mit dem Nachgeschmack von Streitereien, flüchtig und ohne viel zu reden, was sie voreinander mit dem Hinweis rechtfertigen, dass sie hungrig geworden seien. Also wieder nach unten. Johanna hilft mit, in der Küche den Tisch abzuräumen, der noch genau so ist, wie Philipp ihn vorgefunden hat, mitsamt dem durchgefaulten Apfel in der Obstschale. Doch anschließend besteht sie darauf, das Frühstück draußen einzunehmen, auf der Treppe. Die Treppe ist noch wärmer geworden. Johanna holt sich trotzdem ein Kissen zum Unterlegen. Da sitzen sie, Philipp mit lang ausgestreckten, Johanna mit eng angezogenen Beinen, und Philipp versucht, den abweisenden Eindruck, den er während des Rundgangs erweckt hat, zu relativieren, indem er von den halb vermoderten Stühlen erzählt, die an mehreren Stellen entlang der Gartenmauer postiert sind, einer zu jedem Nachbarsgrundstück, damit man hinübersehen kann. Doch Unterhaltung bringt er keine mehr in Gang. Er berichtet, wie viel Honig es im Keller gebe und wie viele Sorten selbstgemachter Marmelade. Johanna will keine Marmelade. Sie spuckt Olivenkerne in die leere Abfallmulde, sie horcht dem hallenden Geräusch hinterher, das die Kerne beim Aufprall auf dem schrundigen Metall erzeugen. Philipp beobachtet die Tauben, die Kurs auf die Kunstdenkmäler der Bundeshauptstadt nehmen oder auf den Dachboden, der neuerdings ihm gehört. Schließlich verabschiedet sich Johanna, sie küsst Philipp, bereits mit Fahrradklammern an den Hosenbeinen, und verkündet, dass es so mit ihnen nicht weitergehen könne.

»Typisch« fügt sie hinzu, nachdem Philipp aufgesehen hat, als wolle er zu einer Antwort ansetzen, dann aber nichts herausbrachte. »Keine Antwort, somit auch kein Interesse, da wie dort.«

»Dann haben wir auch das besprochen« sagt er.

Er sieht nicht ein, worüber Johanna sich beklagen will, immerhin ist sie es, die es nicht schafft, sich von Franz zu trennen, und sie ist es auch, die einen gewissen Stolz ausstrahlt, wenn sie behauptet, in einer der bestgeführten zerrütteten Ehen Wiens zu leben. Er braucht keine Geliebte, die nur jedes zweite Mal mit ihm schläft; und das wiederum hält Philipp Johanna vor.

Sie biegt die Augenbrauenbögen spöttisch hoch, verabschiedet sich nochmals, diesmal ohne Kuss, als wolle sie so den Kuss von vorhin zurücknehmen. Sie will losfahren, doch in dem Moment hebt Philipp das Hinterrad am Gepäckträger hoch, so dass Johanna ins Leere tritt. Befreit aus dem Dunst am Vorplatz der Villa sprudelt ein Schweif Luft unter Johannas Reifenprofil hervor, über Philipp hinweg. Er lacht, denn die Fahrt ist leicht und ohne Wegweiser, ohne Anfang und ohne Ende, auf der allerstabilsten Straße, die man sich vorstellen kann. Es kümmert ihn nicht, dass Johanna sich beschwert:

»Lass los! Lass los, du Idiot!«

Er lässt nicht los, er spürt den Rhythmus ihrer Tritte wie einen Pulsschlag in den Händen. Ihm stehen immense Kräfte zur Verfügung. Er hebt den Raum auf, jetzt ist er es, der die Zeit am Verrinnen hindert.

»Ich entführe dich!« ruft er mit lauter Stimme. »Ich mache dich zur Gefährtin der Luft!«

Johanna klingelt wie verrückt.

Er ruft: »Was für eine schöne Reise am Fleck! Man wird nie wissen wohin!«

»Lass los!« schreit Johanna, »Du Idiot!«

»Ja! Ja!« gibt er zur Antwort und sieht auf ihren speckigen, hin und her rutschenden Hintern. Er denkt, er denkt an vieles, an ihre Brüste und daran, dass sie auch diesmal nicht gevögelt haben und dass sie auf der Stelle treten, und wenn nicht beide, dann wenigstens er.

»Schau doch! Wie leer die Straßen sind, die Grundstücke, die Bahnsteige! Die Hände, die Taschen, die Tage! Schau!«

Aber sie:

»Neiein! Lass los! Ich muss zu meinem Termin! Ich muss die Bilder von der Karottenernte schneiden! Es ist ganz nutzlos, was du machst! Denk über das Wetter nach! Aber nicht, dass du dich übernimmst! Und mich lass! Lass looos!«

Wenn man sich ein Prinzip angeeignet hat (das ist Philipps Meinung), darf man sich trotzdem nicht daran klammern, so schwer es auch fällt. Also setzt Philipp das Hinterrad ab und schiebt Johanna kräftig an, indem er hinter ihr herläuft. Sie verliert beinahe das Gleichgewicht und korrigiert mehrfach den Kurs. Sie sind vielerlei: Masse, Kraft, Raum, Tempo, Zeit. Die Briefträgerin tritt beiseite, als Philipp und Johanna durch das offene Tor auf die Straße biegen. Doch in Wahrheit klingelt Johanna nur für ihn.

»Komm wieder!« ruft er, als er mit Johannas Tempo nicht mehr Schritt halten kann, und winkt ihr hinterher. Die Speichen ihres Rades blitzen in der Sonne, Johanna sticht klingelnd in die erste Seitengasse, und klingelt noch, während Philipp sich eine Zigarette ansteckt und überlegt, warum sie ihn besucht hat. Warum? Warum eigentlich? Er kommt zu keinem Ergebnis. Einerseits will er sich keine falschen Hoffnungen machen (sie hält ihn für nett, aber harmlos und hat sich deswegen schon einmal für einen anderen entschieden), andererseits will er nicht unhöflich sein (er hat Besseres zu tun, als an einem vom Wetter begünstigten Montag unhöflich zu sein). Also setzt er sich zurück auf die Vortreppe, über den Schenkeln die großmütterliche Post, die nach wie vor einlangt, während die Adressatin sich bereits den Toten zugesellt hat (den Toten, denen man nichts nachschicken kann), und wechselt in Gedanken das Thema.

Er malt sich ein fiktives Klassenfoto aus, mit vierzig Kindern in den Bänken, lauter Sechs- und Siebenjährigen, die weder von den Jahren, in denen sie geboren, noch von den Orten, an denen sie aufgewachsen sind, zusammenpassen. Einer der Buben hat als Erwachsener im zweiten Türkenkrieg gekämpft, ein anderer ist Philipps Vater, als er klein war, und auch dessen Mutter saß als Mädchen in derselben Klasse. Einer wurde ein erfolgreicher Ringkämpfer, Albert Strouhal, ein anderer, Juri, war der Sohn des sowjetischen Stadtkommandanten. Philipp geht die Reihen durch und fragt sich: Was ist aus ihnen geworden, aus all diesen Toten, die täglich mehr werden? Das Mädchen mit den Zöpfen, die Kleine, die wie die anderen Kinder ihre weißen Hände vor sich auf dem Pult liegen hat? Sie hat sich nie getraut aufzuzeigen, wenn sie aufs Klo musste. Alma. Sie hat einen Verwaltungsjuristen und späteren Minister geheiratet. Aus der Ehe sind zwei Kinder hervorgegangen. Das eine, der Bub, ist 1945 im Alter von vierzehn Jahren in der Schlacht um Wien gefallen, das jüngere, ein Mädchen, hatte in dem Hans-Moser-und-Paul-Hörbiger-Film *Der Hofrat Geiger* einen kleinen Auftritt. Auch das Mädchen war eine reizende Mitschülerin, auf dem Foto sitzt sie in der zweiten Reihe an der Wand. Sie hat sich sehr jung für einen sechs Jahre älteren Burschen entschieden und sich dessentwegen mit ihren Eltern überworfen. Der Bursch war ein netter Kerl, wenn auch nicht ganz der richtige zum Heiraten. Er erfand Spiele und machte mit diesen Spielen als junger Mann ein erstes Mal bankrott, obwohl eines dieser Spiele ganz erfolgreich war: *Wer kennt Österreich?*

Und der da, in der ersten Bank der Fensterreihe, das bin ich. Ich bin auch einer von ihnen. Und was soll ich über mich sagen? Was soll ich über mich sagen, nachdem ich über all die anderen nachgedacht habe und dabei nicht glücklicher geworden bin.

ROSWITHA HARING

Das halbe Leben

Morgens die Kühle, das ist am schönsten. Es ist ganz still, und es riecht gut. Es riecht aus dem Wald und aus der Luft, es riecht nach Wassertropfen auf Gras, es riecht nach Ausruhen, Anlehnen, aber auch nach Losgehen irgendwie, etwas tun, anfangen. Morgens in der Kühle und Stille ist der Platz schöner als am Tag. Ich stehe und sehe ein paar Vögel über dem Tal. Der Kirchturm spießt sie auf, wenn sie nicht Acht geben, oder der Wald verschluckt sie. Hinter mir, hinter der Mauer mit den gekreuzten dunklen Balken, schlafen die anderen Kinder und die Erwachsenen, die Gruppenleiterinnen und der Lagerleiter. Sie schlafen, während ich hier stehe und Ferien habe. Im Sommer haben Kinder Ferien, Schulferien, zwei Monate. Erwachsene haben drei Wochen Urlaub. Wäre ich zu Hause, würde ich allein in der Wohnung sein. Du fährst ins Ferienlager, hat irgend jemand zu mir gesagt, und alle sagten, toll. Das Ferienlager dauert zwei Wochen, dann gibt es einen Tag Pause, und es kommen die nächsten Kinder. Siebzig Kinder. Sie fahren im Bus hierher, frühstücken, gehen raus, essen Mittag, ruhen, gehen wieder raus, Abendbrot, unterhalten, ab ins Bett. Schlafen. Selbst Schlafen ist hier anders. Ich habe mir am ersten Abend mit dem Kissen die Ohren zugehalten, aber der Lärm drang trotzdem durch die Bettwäsche und die Federn. Am Morgen sagte die Gruppenleiterin, nachdem sie uns geweckt hatte, irgend jemand hat in der Nacht sein Kissen um den Kopf gewickelt, ich weiß jetzt nicht, wer das war. Ich habe mich nicht gemeldet, es hat auch niemand weiter danach gefragt. Nach dem Wecken gehen wir in den Waschraum. Vier Waschbecken auf jeder Seite, zehn Mädchen in der Gruppe. Ich stelle die Waschtasche auf den Boden, im Ferienlager braucht man eine Waschtasche mit Waschlappen, Seife, Zahnbürste und Zahnpasta, und dort wird sie nass. Ich klemme die Schlafanzugjacke zwischen meine Knie und drücke das weiße Zeug auf die Borsten. Ein Wurm, dem die Stacheln nichts ausmachen. Ich zerquetsche ihn in meinem Mund. Ein Mädchen kreischt. Ein nasser Lappen ist an ihren Rücken geflogen, sie hebt ihn auf und wirft ihn ziellos zurück. Ich hätte ein brennendes Mal auf meiner Haut, ein Loch im Rücken. Ich hätte in die Zahnpasta genuschelt. Ich wasche mein Gesicht. Andere Mädchen warten auf ein freies Waschbecken. Sie warten nicht an der Tür, sie stehen hinter einem. Ich trockne mich ab, reibe mit dem Handtuch, und ein zweites Gesicht ist im Spiegel. Mein Gesicht wird heiß, aber im Waschraum ist es kühl. Es riecht nach feuchten Scheuerlappen. Die Fliesen sind glatt und gelb. Ich spüle den Waschlappen aus. Das Becken ist sofort wieder besetzt. Ich gehe in eines der Zimmer mit fünf Doppelstockbetten. Auf dem Weg wische ich die Waschtasche ab, dann stelle ich sie in das Fach, das mir gehört. Sie knickt ganz langsam um. So langsam, wie ich mich manchmal am Nachmittag fallen lassen möchte, wenn es wieder so heiß ist wie am Vortag. Hitze gehört zum Sommer dazu, hat der Lagerleiter gesagt. Das war beim Appell gestern. Nach dem Frühstück in dem großen Raum im Erdgeschoss, wo auch eine Abschlussfeier stattfinden soll, ist immer Appell. Wir essen etwas, und dann formieren wir uns in Zweierreihen. Formieren, hat die Gruppenleiterin gesagt. Das Frühstück in den Vitrinen ist auch formiert. In einer Reihe die Marmeladengläschen, Tassenstapel, Tellertürme, Butter, Käse, Wurst. Nur das Brot fällt aus dem Rahmen, es krümelt, und jede Scheibe ist doch ein bisschen kleiner als die vorige. Aber das sieht man nicht immer, das ist das Glück des Brotes. Frühstück. Wir sitzen an langen Tischen, essen, trinken braunen durchsichtigen Tee, und die Mädchen und Jungs und die Erwachsenen reden. Manche waren voriges Jahr schon hier, kennen eine Stelle im Wald, eine Gruppenleiterin, den Vater der anderen, weil er ein Kollege der Mutter ist. Ich sage, in welchem Stadtteil ich wohne und wo ich zur Schule gehe. Das Mädchen sagt ihrerseits, wo sie wohnt, und beginnt von ihrem Badeanzug zu erzählen, den ihr ihre Mutter extra für das Ferienlager gekauft hat. Baden. Hinter dem Haus, ganz neu, ist ein Swimmingpool. Das hatte mir mein Vater schon zu Hause erzählt und Schwimmingpool gesagt. Wir bringen das Geschirr, die Wurstschalenkringel, das zusammengeknüllte Käsepapier und die ausgekratzten Marmeladengläschen an die Theke. Wir wischen die Tische ab und schieben die Stühle bis an die Kante. Knallt ein Teller auf den anderen, eine Tasse auf die vorige, klingt es wie ein hoher abgerissener Ton. Wir stehen noch ein bisschen herum, und dann gehen wir auf den Platz zum Appell. Jeden Morgen ist Appell. Jeden Morgen meldet einer aus der Gruppe, dass sie vollzählig anwesend ist. Der Lagerleiter steht in der Mitte des Platzes, nimmt die Information entgegen und sagt dann, heißt Flagge. Die Mädchen haben gekichert an den ersten Tagen, während die Fahne an einer Leine am Mast emporgezogen wurde. Dabei ist mir eingefallen, dass die Fahne höher als die Kirchturmspitze ist und vom Tal aus zu sehen sein muss. Wie sieht es wohl aus, wenn in der Mitte eines freien Stückes im Wald eine Fahne flattert? Heißt das, hallo, hier sind wir, oder, Achtung, wir sind hier, vergesst uns nicht? Wenn die Fahne am Ende des Mastes angekommen ist, spricht der Lagerleiter. Ich weiß nicht, was er sagt. Er spricht manchmal davon, was wir unternehmen könnten, dass die Wälder ringsum zum Erkunden da wären und auch das Dorf und dass er uns einen schönen Ferientag wünscht. Aber zu allem, sagt er, gehört auch Ordnung. Ordnung in den Zimmern, in den Schränken und auf den Betten. Und dass er jeden Morgen, während wir durch den Wald streifen, die Ordnung kontrolliere. Er hat Punkte dafür, und die schreibt er in eine Liste. Die Liste hängt neben der Tür zum Frühstücksraum. Wir haben auch eine Ordnung zu Hause. In dem Wäscheschrank meiner Mutter liegen Bettwäschestapel, Pullover, Unterhemden, Handtücher. Alles ist gestapelt, große schwere Pakete. Aber hinter den losen Paketen finde ich manchmal etwas Unordentliches. Strümpfe, zu einem Knäuel zusammengewickelt, ausgeleierte BHs, einen alten Hut. Im Schrank mit den Hemden und Kleidern meiner Eltern lehnen große, auf harte Pappe aufgeklebte Fotos an der Rückwand. Man kriecht in den Schrank hinein und zieht sie unter den Säumen hervor. Auch in den Küchenschränken ist Ordnung. Tassen in dem einen Fach, Teller, Schüsseln in den anderen. Unter dem Tablett in der Mitte des Küchenschrankes liegen Zettel, Postkarten vom letzten Urlaub, Krümel, Knöpfe, Briefmarken, auf denen kein Leim mehr ist. In einem Schubkasten sind Kerzen, Kämme, Kochbücher, Scheren. Ich habe meine Bücher nach der Größe sortiert. Man könnte wie auf einer Treppe schnell auf ihnen herunterlaufen und müsste aufpassen, dass man nicht stürzt. Eine Dose habe ich auch auf das Schränkchen gestellt, sie ist oval und steht immer genau in der Mitte. Das ist meine Ordnung, obwohl meine Mutter sagt, ich hätte keine. Sie kommt manchmal ins Zimmer, reißt die Schranktür auf und alle Sachen die darinnen sind heraus. Ich will nicht hören, was sie sagt. Ich sehe nur, wie die Sachen fliegen. Als ob sie tanzten, total verrückt geworden. Nach einer ganzen Weile, wenn meine Mutter schon lange wieder in der Küche hantiert, nehme ich die Sachen auf und lege sie ganz vorsichtig, ganz langsam wieder zusammen und gehe danach ins Bett. Ich denke an die Stapel in dem Wäscheschrank meiner Mutter und frage mich, wann sie wohl ihren ersten Wäschestapel in den Schrank räumte und was sie dabei dachte, und ich frage mich auch, was sie heute denkt, wenn sie die schmutzige Wäsche wäscht und bügelt und im Schlafzimmer die Schränke mit den frischen Stapeln füllt. Seit einiger Zeit kauft meine Mutter Weichspüler. Die Wäsche hat einen Duft. Man kann das Wäschestück falten und es dann vor das Gesicht halten. Man kann das Gesicht darin verbergen und so lange atmen, bis man glaubt, den Duft aufgesogen zu haben. Mit einem Weichspülerduft herumlaufen, vielleicht fiele dann jede Ordnung leichter, vielleicht flöge dann nichts mehr, weil man selber schon fliegt. Die Fahne kann auch nicht fliegen, sie flattert nur, wird abends mit Appell eingeholt, nachts gefaltet hingelegt, und morgens geht es wieder von vorn los. Jeden Morgen rennen siebzig Kinder über die Korridore, zehn in jedem Zimmer hin und her, als ob sie das bezahlt kriegten. Ich sitze auf meinem Bett und bin schon fertig. Die anderen Kinder gähnen, ziehen sich langsam an, zeigen ihren Pulli oder erzählen ihren Traum. Dann kommt die Gruppenleiterin und mahnt. Sie mahnt auch mich, weil sie ihr, euch, euer sagt. Aber mein Fach ist ordentlich, meine Bettdecke liegt ordentlich, und wenn ich aufstehe, ziehe ich sie noch mal glatt. Ich stehe also auf, aber die Gruppenleiterin sieht mich nicht, weil sie sich über die anderen noch ärgern muss. Manchmal wird sie sogar in ein Gespräch verwickelt und sagt, ja, so was habe ich auch mal geträumt, ja, zieh ein Kleid an. Ich stehe an der Tür, die Gruppenleiterin redet, die anderen Mädchen reden, und ich warte. Sie kommen aus dem Zimmer und hören bis zu diesem, heißt Flagge, nicht mehr mit Reden auf. Ich warte auf dieses, heißt Flagge, weil dann endlich Ruhe ist, weil dann eine Ordnung ist, die mir auch einmal gefällt. Der Platz ist übersichtlich, alle sind still wie ich, und es ist nicht so heiß. Wer die beste Ordnung hat, sagt der Lagerleiter, darf in den Swimmingpool. Das hat er am ersten Tag, beim ersten Appell gesagt. Mein Vater hat das nicht gewusst, sonst hätte er es mir zu Hause erzählt, aber mein Vater kennt keine Ordnung, wie meine Mutter sagt. Schwimmen, baden hat etwas mit Ordnung zu tun. Wer die Bettdecke straff über das Laken zieht, darf ins Wasser, wer Stapel im Schrank baut, die nicht herausfallen, wenn man die Tür öffnet, darf ins Wasser, und wer seine Zahnpastatube nicht im Waschraum liegen lässt auch. Ins Wasser darf nicht jeder, ein Swimmingpool ist nicht für jeden gebaut, er war teuer genug. Alles ist teuer, sagt meine Mutter, jedes unserer Kinder kostet uns ein Auto. Ein Auto, ich bin so teuer wie ein Auto. Ein Auto können sich meine Eltern nicht leisten. Meine Geschwister sind aus dem Haus, das Auto wäre schon alt. Mein Auto wäre noch gar nicht da, ich bin noch nicht alt genug für ein ganzes Auto, ich bin vielleicht nur die Räder und die Türen. Eltern, die ein ganzes Auto haben, können sich auch Kinder leisten. Sie können es sich leisten, mit ihren Kindern zusammen zu sein, denn sie haben das Geld für das ganze Auto schon zusammen und auch schon bezahlt. Sie können zahlen, sie verdienen, sie haben es gut. Die haben's ja, sagt meine Mutter über diese Leute. Deswegen soll ich meiner Mutter immer helfen, weil sie schon genug arbeitet. Einmal hat es ihr gereicht. Jetzt reicht's, sagte sie. Es war der Moment, an dem es ihr völlig gereicht hat. Ich sollte Kartoffeln aus dem Keller holen. Sie kam kurz danach auch herunter, ging in den Keller der Nachbarin am anderen Ende des Ganges, stieg dann die Treppe wieder hinauf und schloss die Tür von außen ab. Ich hatte kein Geräusch gemacht, ich hatte Kartoffeln aufgesammelt, und das hört man nicht. Ich lehnte über der Kartoffelkiste und hörte in meinem Kopf das Schloss zweimal herumdrehen. Schnapp, schnapp. Ich war im Keller. Wie die Wäschestücke aus dem Schrank herausgeflogen waren, war ich aus der Wohnung geflogen. Sie hatte mich geschickt, und ich war gegangen. Ich hatte mich nicht wie ein ordentlich zusammengefaltetes Wäschestück benommen, dauernd musste ich meinen Willen durchsetzen, und jetzt bekam ich die Rechnung. Es wurde etwas heimgezahlt. Keine Ausgaben mehr. Zwei Wochen Ferienlager sind billiger, als wenn meine Mutter die ganze Zeit für mich kochen müsste. Zwei Wochen Ferien. Nicht jeder Tag ist ein Ferientag. Das Lager muss bewacht werden, hat der Lagerleiter gesagt, man kann nicht heraus, ohne sich abzumelden, und wieder herein, ohne sich wieder eingetragen zu haben. Deshalb steht am Tor ein Tisch, und daran sitzen zwei aus einer Gruppe. Vierzehn Tage, sieben Gruppen, jede ist zweimal dran. Zwei Stunden in der Sonne sitzen, Uhrzeiten und Orte eintragen, Striche ziehen, auf die Ablösung warten. Zwei Kinder sitzen an einem Frühstückstisch, Papier liegt vor ihnen, und sie bewachen das Lager. Die Gruppen sind vollzählig, das haben sie beim Appell gesagt, und in den Listen steht, wohin sie gehen wollen. Ich saß auf der Kante der Kartoffelkiste. Im Keller riecht es nicht schlecht, es ist eine andere Frische als morgens auf dem Ferienlagerplatz. Es riecht nach Stein und Feuchtigkeit und Kohlen, es riecht nach tief in der Erde, nach Aufbewahren. Die Luft ist ein bisschen leichter, und im Sommer ist es angenehm kühl. Ich gehe eigentlich gern in den Keller, es ist still und frisch und riecht gut. Nur muss ich aufpassen, ob jemand kommt und wieder geht und die Tür abschließt, ohne mich gesehen und gehört zu haben. Ich saß auf der Kante der Kartoffelkiste und hörte wieder das Schloss. Meine Mutter kam die Treppe herunter und fragte, wieso hast du nicht gerufen, woher soll ich wissen, dass du noch hier unten bist? Durch die Listen weiß man immer, wer wo ist. Neunuhrvierzehn, Gruppe drei, große Lichtung, Spaziergang, neunuhrfünfundzwanzig, Gruppe fünf, Bachverlauf, und so weiter. Ich habe sehr genau die Uhrzeit aufgeschrieben und nicht soviel Platz für die Zeilen gebraucht. Ich habe mit dem Lineal einen Strich unter die Gruppe gemacht, während das Mädchen neben mir sagte, vielleicht können wir heute in den Swimmingpool. Wir haben nicht genügend Punkte, sagte ich. Wir können doch fragen, sagte sie. Schwimmen, baden, obwohl wir nicht ordentlich genug sind. In dem blauen Wasser sein, das in dem Bassin jeden Tag unbeweglich daliegt. Von einem Treppenfenster im obersten Stock aus sieht man das blaue Rechteck hinter dem Haus, alles ringsum ist bewegungslos. Der breite Rand aus Stein, der Rasen bis zum Zaun, der Wald wie dunkler Filz. Es ist heiß, die Haut brennt, wenn man etwas berührt. Das Wasser eines Swimmingpools ist bestimmt kühl wie Leitungswasser, das eine Weile aus dem Hahn läuft, frisch wie Erdbeertorte aus dem Kühlschrank. Vielleicht ist es danach, als ob man in einem Kellerraum gewesen wäre, mit einer Luke zum Tageslicht. Im Wasser kann man sich treiben lassen, und man kann tauchen. Im Wald dagegen muss man laufen und Acht geben, dass man nicht in einen Ameisenhaufen tritt. Im Wald ist es heiß wie in einem Pullover. Im Wald weht kein Lüftchen, deswegen sind die Bäume alt und hoch. Im Wald knackt es dauernd, und man weiß nicht, was es war, ein Tier, ein großes, ein kleines, ein Fremder, fällt ein Baum um? Im Wald ist es dunkel, und man kann sich verlaufen. Wenn man nicht aufpasst, findet man nicht mehr zurück, da hilft auch keine Gruppe. Auf einem Platz dagegen kann man alles übersehen, wenn man allein ist, und in einem Swimmingpool ist es nur schön, wenn man ihn allein hat. Der Lagerleiter und die Gruppenleiterinnen schwimmen abends darin. Sie versuchen, leise zu sein, sie flüstern und kichern, aber wir hören sie trotzdem von unserem Zimmer aus. Die gehen da rein, und wir dürfen nicht, sagte eines der Mädchen in einem oberen Bett. Ich wollte sagen, dann räum doch endlich mal auf. Das sollen Ferien sein, sagte ein anderes, meine Mutter wird sich im Betrieb beschweren, sagte ein nächstes, und ich dachte dabei, wieso seid ihr denn verdammt noch mal nicht ordentlich, wenn ihr etwas haben wollt, wieso haltet ihr euch nicht an die Regeln, nur wenn man sie befolgt, kann man etwas bekommen, nur dann gibt es eine Chance. Wenn jede macht, was sie will, dann, dann, dann wäre doch der Swimmingpool sofort voll, siebzig Kinder passen nicht auf einmal hinein, siebzig Kinder können nicht ohne Appell vom Frühstück einfach in die Umgebung verschwinden, ohne dass man weiß, wo sie sind, ohne sie gezählt zu haben, ohne auf sie aufgepasst zu haben. Siebzig Kinder, und jedes will machen, was ihm in den Sinn kommt, so geht Ferienlager nicht. Aber ich schwieg. Die Mädchen schimpften noch eine Weile, schliefen ein, und ich war noch lange wach. Ich stellte mir vor, wie ich vom Rand des Swimmingpools kopfüber in das Wasser springe. Man zerstört die Oberfläche dabei, das weiß ich, ich war einmal morgens die erste beim Schwimmunterricht. Schwimmen. Es gibt Kinder, die haben Angst, ins Wasser zu springen. Die Schwimmlehrerin hat einmal einen schreienden Jungen, der nicht ins Tiefe springen wollte, am Armgelenk gepackt und ihn wie die fliegenden Sachen aus meinem Schrank in das Wasser geschleudert. Er schrie und musste trotzdem fliegen und springen. Er konnte schwimmen, aber er wollte nicht springen. Ich hatte überlegt, ob er einer von denen ist, die zu Hause nichts tun müssen, ob er da machen kann, was er will. Dann war da plötzlich die Schwimmlehrerin, die etwas von ihm wollte, und er schrie. Der Lagerleiter will, dass wir die Zimmer ordentlich verlassen. Wir sind den ganzen Tag nicht in den Zimmern, wir dürfen uns tagsüber, außer zur Mittagsruhe, nicht in den Zimmern aufhalten. Die Ordnung ist für die Abwesenheit da. Wir sollen Ordnung hinterlassen. Mir gefällt Ordnung. Ich will immer ordentlich sein. Ich will immer nur Ordnung hinterlassen, damit niemand noch mehr Arbeit hat. Ich will eigentlich gar nichts hinterlassen, ich bin still, ich bin im Ferienlager, ich mache keinen Dreck zu Hause, und meine Mutter kann sich einmal ausruhen. Sie hat jetzt auch ein bisschen Urlaub. Ich bin nicht in der Wohnung, mein Zimmer ist leer. Sie kann mich nicht im Keller einschließen, und wenn sie meine Sachen aus dem Schrank reißt, bleiben sie liegen, bis ich wieder zurück bin. Ich komme zurück. Nach zwei Wochen bin ich wieder zu Hause. Dann laufe ich herum und wirble Staub auf, das sagt sie manchmal zu mir. Es müsste in der Nähe unserer Wohnung auch einen solchen schönen Platz geben wie diesen hier im Ferienlager. Ich wache seit ein paar Tagen früh auf und höre ringsum nichts. Ich nehme meine Sachen und verlasse leise das Zimmer. Ich wasche mich, ziehe mich an und gehe auf den Platz. Es riecht so gut. Ich atme und rieche die schöne Luft. Ich hätte einmal Lust, tagsüber irgendwohin zu gehen, wo es so gut riecht und wo es so schön still ist. Aber am Tag ist es heiß. Am Tag sind sehr viele Kinder unterwegs und die Erwachsenen und der Lagerleiter und meine Eltern auch. Jeder macht etwas, jeder sagt etwas, jeder läuft herum, die Plätze sind belegt, die Wege voll. Die Kinder, die herumlaufen, sind abbezahlt, sie sind jetzt frei, wie ihre Eltern auch. Sie können tun und lassen, was ihnen beliebt. Sie können fragen, ob man trotz fehlender Punkte in den Swimmingpool darf. Sie können sagen, ich möchte gern in den Swimmingpool, und sie dürfen auf eine Antwort warten. Sie können kichern und erzählen, dass im vorigen Jahr dieses und jenes geschah, und hoffen, dass es wieder passiert. Ich mag Wiederholungen nicht. Ich bin immer froh, wenn etwas vorbei ist. Außer frische Luft, danach sehne ich mich. Aber das will ich zu Hause nicht sagen, dass ich frische Luft mag. Dann geh doch raus, würde meine Mutter sagen, und nimm den Abfall mit runter. So ungefähr wäre der Satz. Ich will einmal ohne Abfalleimer herumlaufen, ohne etwas, aber das ist vielleicht zuviel verlangt. Wenn alle ringsum arbeiten, kann ich nicht spazieren gehen. Wenn alles so teuer ist, kann ich nicht einen neuen Pullover haben wollen. Das ist alles schon vorbei, das ging, bevor ich kam. Meine Eltern hätten das Geld zum Sparen für das Auto verwendet, jetzt brauchen sie es für mich. Ich nehme ihnen etwas weg, und mir fällt nichts ein, wie ich es ihnen wiedergeben könnte. Ordnung ist auch etwas zum Sparen. Alles verschwindet im Schrank, gestapelt liegt es bereit und braucht nicht soviel Platz, als läge es auf einem Haufen herum. Ich bin bereit für einen neuen Ferienlagertag. Ich bin schon gewaschen, angezogen und munter. Ich bin pünktlich zum Essen im Saal. Abends unterhalte ich mich nicht mit den anderen Kindern, damit bald Ruhe ist. Dann schlafe ich ein, und es kommt wieder ein neuer kühler Morgen.

Das Ferienlager war nicht meine Idee.

WOLFGANG HERRNDORF

Diesseits des Van-Allen-Gürtels

Es klingelte mich aus dem Schlaf. Als ich die Tür öffnete, stand da mein Nachbar und wollte sich einen Stuhl oder so leihen. Er sah nicht gut aus. Aus dem Treppenhaus kam Lärm von schweren Männern. Ich rieb meine Stirn und meine Augen und holte ihm den Küchenhocker und sagte, er solle nachher nicht wieder klingeln, sondern einfach den Hocker vor die Tür stellen, weil ich noch schlafen würde. Ich hatte Nachtschicht und stand dann nie vor eins auf.

Als ich nachmittags zum Einkaufen ging, stolperte ich als erstes über den Hocker, der umgedreht auf meiner Fußmatte lag. Ich trat ihn zurück in den Flur. Dann sah ich, dass die Wohnungstür meines Nachbarn weit offen stand. Seine Wohnung schien ausgeräumt. Eine leere Fassung pendelte von der Decke, das blanke Linoleum des Fußbodens spiegelte in der Nachmittagssonne.

»Hallo«, rief ich in die Wohnung hinein. Niemand antwortete.

Im Pilan Market war die Klimaanlage ausgefallen. Der Türke hatte seinen schwitzenden Kopf auf das Laufband gelegt und lächelte stumpfsinnig. Vor den Regalen überlegte ich, ob ich etwas für den Abend mitbringen sollte. Meine Freundin veranstaltete eine Party, und ich hatte nicht herausfinden können, welche Sorte Party das war, ob es vielleicht sogar ihr Geburtstag war. Ich hatte zweimal nachgefragt, und sie hatte zweimal sehr geheimnisvoll getan. Ich nahm an, dass sie weitergefragt werden wollte, aber es war mir zu blöd gewesen. Wir sind noch nicht lange zusammen, und wahrscheinlich bleiben wir auch nicht lange zusammen. Wenn man schon auf die Frage, ob man Geburtstag hat oder nicht, nicht antworten kann, wie soll es dann erst später werden? Vielleicht ist Freundin auch zuviel gesagt. Ich kaufte also eine Flasche Martini für den Abend und dann noch Brötchen und ein paar Frühstückssachen, eine Zeitung.

Als ich mit der Einkaufstasche wieder in meine Straße einbog, wurde ich mit Steinen beworfen, ich sah mich um. Ein vielleicht zwölfjähriger Junge mit Popper-Haarschnitt stand am Ende der Straße und feuerte Kiesel den Bürgersteig entlang, als würde er sie über Wasser flitschen. Es schien ihn nicht zu stören, daß er mich treffen konnte, dass ich nur noch zwanzig Meter weit weg war. Ich ging direkt auf ihn zu, um ihm Angst zu machen, aber er reagierte überhaupt nicht. Mit teilnahmslosem Gesichtsausdruck warf er weiter mit Steinen. Ich dachte, ich sollte ihn zur Rede stellen, aber mir fiel kein Wort ein, mit dem ich mich nicht lächerlich gemacht hätte.

Dazu muss man sagen, dass mir dieser Junge nicht zum ersten Mal auffiel. Wir waren uns schon öfter auf der Straße begegnet. Er verdrehte dann immer die Augen wie ein Musterschüler oder machte Gesten des Erbrechens in meine Richtung, wenn er glaubte, ich sähe es nicht. Manchmal allerdings auch, wenn ich es deutlich sah. Er wohnte mit seiner Mutter bei mir im Haus, oder im Nachbarhaus. Die Mutter zählte ganz zweifellos zu den Schönheiten hier in der Straße. Sie war noch sehr jung, trug ständig kniehohe Lederstiefel, grüßte nie zurück und hatte den gleichen teilnahmslosen Ausdruck im Gesicht, der mich wahnsinnig machte. Begegnete man dem Jungen in Begleitung seiner Mutter, benahm er sich natürlich tadellos. Auch zu Hause, da war ich mir sicher, benahm er sich tadellos. Räumte sein Zimmer auf, half beim Abtrocknen, ließ sich mit der neuen *Coupé* nicht erwischen. Im Zeugnis nur Einsen und Zweien, zweimal die Woche Klavierunterricht, und wenn keiner hinguckte, pinkelte er in die Pausenbrote seiner Mitschüler oder spritzte ihnen Pattex in die Anschlussbuchse vom Walkman. Man musste kein Psychologe sein, um das auf zwanzig Meter Entfernung erkennen zu können. Ich hatte schon mal darüber nachgedacht, die Eltern zu informieren, aber sie hätten mir vermutlich sowieso nicht geglaubt.

Ich leerte meinen Briefkasten und ließ Gratiszeitungen und Reklamezettel zu Boden fallen. Mit einem A4-Umschlag fächelte ich mir auf der Treppe Kühlung zu. Noch im obersten Stock hörte ich das Geräusch der Steine wie ein kaputtes Metronom, hörte, wie sie von der Häuserfront abprallten und gegen parkende Autos schlugen.

Die Tür zur Nachbarwohnung stand noch immer offen. Diesmal klingelte ich, und als sich niemand meldete, ging ich hinein. Das einzige, was sich noch in der Wohnung befand, war ein Telefonbuch, das auf der Erde lag, und ein paar Apfelsinenschalen in der Küche.

Richard war seit zwei Jahren mein Nachbar gewesen, aber seine Wohnung hatte ich nie betreten. Ein oder zwei Mal hatten wir miteinander geredet, das war alles. Zuletzt im Winter war er zu mir gekommen und hatte gefragt, ob ich ihm ein Verlängerungskabel leihen, und dann, ob ich das eine Ende bei mir in die Steckdose stecken könne. Er wolle seinen Herd damit heizen, und mit dem Herd seine Wohnung. Die Miete hatte er wahrscheinlich schon länger nicht mehr gezahlt.

Vom Balkon aus konnte ich in mein Fenster sehen (das Hinterhaus lag über Eck), und das überraschte mich, obwohl ich ja auch jahrelang den Balkon von meinem Fenster aus gesehen hatte. Ein Gefühl, als würde man an seiner eigenen Haut riechen: nicht ganz angenehm, aber auch nicht ganz unangenehm. Am Fensterrahmen außen hingen Reste von Klebestreifen. Durch die Scheibe hindurch sah ich meinen Küchentisch, die blaue Wachstuchtischdecke, ich sah sogar das Messer, das senkrecht in der Butter steckte.

Ich untersuchte die leere Wohnung. Im Flur war eine kleine, runde Wasserlache auf dem Fußboden, ein Spiegel aus Flüssigkeit. Ich presste die Wange auf das Linoleum und roch an der Flüssigkeit. Sie roch nach nichts.

An der Küchenspüle drehte ich die Hähne auf und zu. Das Wasser funktionierte noch. Der Schrank unter der Spüle war leer. Nur ein paar tote Insekten lagen auf dem Resopalboden, zwei Silberfische flüchteten traurig und empört, als ich die Schiebetüren bewegte. Ich hockte mich vor die Spüle hin und hörte das klickernde Geräusch des Wassers im Siphon. Es war sehr angenehm, dieses Klickern zu hören.

Im Badezimmer ebenfalls nichts Ungewöhnliches. Es sah aus wie meins in dreckig. Der Spiegel war von Zahnpasta und anderen Substanzen gelb und weiß gesprenkelt. Ich wischte mit einem Tempo-Taschentuch darüber. Manche Flecken waren so hartgetrocknet, dass ich auf das Glas spucken und ewig lang wischen musste, und dabei hatte ich eine Erektion.

Schließlich kletterte ich auf den Rand des Toilettenbeckens, um einen besseren Überblick zu haben. Meine Sohlen quietschten auf dem Porzellan. Ich stützte mich an der Wand ab und schaute von oben in den Spülkasten. Der Schwimmer hatte die Farbe einer toten Qualle. Einige Algen oder Moose hingen grünbraun an den Rändern, von keinem Menschen je zuvor gesehen. Mit der flachen Hand schlug ich von außen gegen den Kasten, stehende Wellen bildeten sich. Ich erinnerte mich, dass ich als Kind manchmal Dinge in unserem Spülkasten versteckt hatte, indem ich sie an das Gestänge über dem Schwimmer band. Um was für Dinge es sich dabei gehandelt hatte, fiel mir merkwürdigerweise nicht mehr ein. Mindestens eine halbe Stunde blieb ich so stehen und sah die Welt von oben. Durch das offene Fenster kam kaum ein Geräusch, die Mittagshitze hatte alles lahm gelegt, bis auf ein leises, weit entferntes Metronom.

Es war der heißeste Tag des Jahres, ein Sonnabend. Wenn man mittags aufwacht und es ist so heiß, hat man keine wirkliche Kraft mehr, etwas zu unternehmen. Es ist zu spät, um an den See zu fahren, und zu früh, um etwas anderes zu tun. Außerdem wollte ich ja am Abend auf diese Party. Ich versuchte wieder, meine Freundin anzurufen. Sie ging nicht ran.

Unangenehm war auch nicht allein die Hitze. Es waren zu viele Insekten in der Luft. Ich saß am offenen Küchenfenster in der Sonne und las. Dauernd blieben winzige Fliegen auf meiner Haut kleben. Wenn ich versuchte, die Fliegen wegzuschnipsen, verwandelten sie sich in einen kleinen, schwarzen Matsch. Ich trank Kaffee und aß ein halbes Brötchen ohne etwas drauf. Das Buch, das ich las, hieß *Reise ans Ende der Nacht* und langweilte mich sehr. Ich nahm die Zeitung, aber auch die interessierte mich nicht besonders. Aus dem Hof hörte ich Stimmen. Ich hatte meine nackten Füße aus dem Fenster gehängt, während ich las, und ich stellte mir vor, dass die Leute unten meine Füße hasserfüllt ansehen würden.

Nach dem Frühstück duschte ich, später am Nachmittag noch einmal. Schließlich war ich so erschöpft, dass ich mich wieder ins Bett legen musste. Ich dachte, hoffentlich wache ich rechtzeitig zur Party auf. Und dann dachte ich, hoffentlich nicht.

Ich kam zu mir, als mein Anrufbeantworter die Ansage abspulte. Ich konnte meine Stimme hören, und dann hörte ich die Stimme meiner Freundin. »Geh ran, wenn du zu Hause bist«, sagte sie. Im Hintergrund laute Musik. In meiner Wohnung, fiel mir auf, war es keinen Grad kälter geworden. Ich lag auf dem Bauch, in genau der gleichen Haltung, in der ich mich vor Stunden aufs Bett geworfen hatte, das T-Shirt klebte an meinem Rücken. »Falls du noch nicht auf dem Weg bist, mach dich auf den Weg!«

Eine Viertelstunde später klingelte das Telefon erneut. Es wurde gekichert, eine mir unbekannte Stimme sagte Worte wie »wunderbar« und »Missbrauch von Heeresgerät«. Diesmal stand ich auf. Ich ging ins Badezimmer und stützte mich auf den Waschbeckenrand. Die Party lärmte im Hintergrund, dann hörte ich die gereizte Stimme meiner Freundin: »Leg auf, der ist längst unterwegs.«

Ich zog den blauen Anzug an, verpackte den Martini in eine Plastiktüte und stieg die Treppe hinunter. Auf dem Absatz zwischen viertem und drittem Stock blieb ich stehen. Ich ging zurück in den vierten und öffnete die Tür zur Nachbarwohnung, die ich am Nachmittag so weit wie möglich hinter mir zugezogen hatte, ohne dass sie ins Schloss fiel. Die Zimmer schwammen im Halbdunkel umher.

Ich setzte mich auf den Balkon, der im Gegensatz zur Wohnung recht sauber war. Ich wollte nur einen Moment ruhig dort sitzen bleiben und dann weiter zu meiner Freundin fahren und die Lage klären. Eigentlich wollte ich auch nicht »die Lage klären«. Aber bessere Worte fielen mir für das, was ich vorhatte, gerade nicht ein. Ich schaute durch die Metallstäbe in den Hof.

Nach einer Weile schraubte ich die Martiniflasche auf und nahm einen Probeschluck und schraubte sie wieder zu.

Als die Flasche zu einem Viertel leer war, hörte ich hinter mir ein Geräusch. Nach einigen Minuten war ich überzeugt, dass der Wind die Tür geschlossen hatte. Dann hörte ich, wie in der Wohnung in die Hände geklatscht wurde. Dann der Wasserhahn. Dann Stille. Dann trat lautlos der Junge neben mir auf den Balkon, eine grüne Adidas-Sporttasche auf der Schulter. Er legte die Hände aufs Geländer, sprang in den Stütz und tippte mit den Fußspitzen gegen die Gitterstäbe. Er hatte mich nicht bemerkt. Als er mich bemerkte, verlor er fast das Gleichgewicht. Die Sporttasche rutschte ihm von der Schulter. Ich erwartete, dass er sofort vor mir flüchten würde, aber das war nicht der Fall. Er starrte mich zwei Sekunden lang kuhäugig an, ohne das Geländer loszulassen, und sprang erneut in den Stütz.

»So sieht man sich wieder«, sagte ich.

Sein magerer Oberkörper schwenkte über den Balkon hinaus, dann wieder zurück. Er trug ein weißes Polo-Hemd, und seine Haut wirkte in der Abenddämmerung wie von UV-Licht angestrahlt.

»He, ich rede mit dir.«

»Ja und?« Er wippte langsamer.

»Was machst du hier?«

»Was machen Sie hier?« fuhr er mich an. »Ich kann hier genauso sein.«

»Ich hab nur gefragt, was du hier *machst*. War wohl zu schwer als Frage.«

»Das ist mein Platz«, sagte er und schubste die Sporttasche mit der Hacke in die Mitte des Balkons. »Hab ich zuerst entdeckt.«

Ich nahm noch einen Schluck Martini und sah in die andere Richtung. Ich wäre jetzt gern auf die Party gegangen. Aber ich wusste nicht, wie ich das anstellen sollte, ohne dass es aussah, als räumte ich das Feld.

»Was ist das?« fragte der Junge.

Ich sah weiter in die andere Richtung.

»Ich will wissen, was das ist.«

»Es war so wunderbar ruhig hier.«

»Ich will nur wissen, ist das Wein?«
»N-n.«
»Saft?«
»Mein Gott!« Ich hielt ihm die Flasche hin.
»Erst, wie das heißt.«
»Keine Ahnung, wie das heißt. Wermut oder so.«
»Kenn ich nicht.«
»Soll trotzdem nicht giftig sein.«
Mit beiden Händen nahm er den Martini und las mit zusammengekniffenen Augen das Etikett. Er roch an der Flasche, zog die Augenbrauen hoch und rieb mit dem Handballen ein paar Mal kräftig über die Öffnung, um sie von meinen Bazillen zu säubern.
»Iih!« sagte er und prustete. »Wein.«
»Martiniwein.«
»Trink ich zu Hause öfter.«
»Klar.«
Er nahm einen zweiten, kleineren Schluck und gab mir blind die Flasche zurück. Ich wartete, bis er mich erneut ansah und wischte dann demonstrativ die Öffnung mit dem Handballen ab. Der Junge schob seine Sporttasche ein Stück weiter mit dem Fuß und setzte sich neben mich. Nicht direkt neben mich, aber auf die andere Seite der Balkontür, wo Platz war. Irgendwann hob ich noch mal den Martini hoch, und er trank noch mal. So saßen wir lange in der Dämmerung, ließen wortlos die Flasche kreisen wie routinierte Handwerker und vernichteten zwischendurch Heerscharen von gefährlichen Bazillen, während der blaue Mond langsam und voll über den Dächern aufging. Ich musste an meine Freundin denken.
»Guck mal, was ich kann«, sagte der Junge und hielt die Flasche über seinen Kopf.
»Nicht so viel.«
»Warum nicht?«
»Darum nicht.«
»Ich hab Erfahrung damit.«
»Ich auch«, sagte ich und suchte in meinen Taschen nach Zigaretten. Ich hatte die Zigaretten vergessen.

Dann fing der Junge an, von seinem Handball-Training zu erzählen, von dem er anscheinend gerade kam, und von seinem Trainer. Ich versuchte eine Weile, seiner Geschichte zu folgen, aber es war nur Gewäsch. Es ging um Umkleideräume und angeblich um Biertrinken und wie sie einmal der A-Jugend einen Kasten geklaut hätten, es gab absolut keine Pointe. Ich hatte die Augen geschlossen.

»Wie spät ist es eigentlich?« fragte der Junge. »Ich kann meine Uhr nicht mehr lesen.«

»Schätze, so halb elf.«

»Scheiße«, sagte er. Er sprang auf und begann sich die Sporttasche auf komplizierte Weise über die Schulter zu hängen. »Bleibst du noch da?«

»Denk schon.«

»Was machst du hier eigentlich?«

Ich zuckte die Achseln.

»Du hast doch selbst einen Balkon, oder?« Er kniff ein Auge zu wie ein schlechter Detektiv, aber ich hatte keine Lust, Geständnisse abzulegen und schwieg.

»Interessiert mich auch gar nicht«, sagte er.

»Dann ist ja alles okay. Und du kannst nach Hause gehen und dich auf den Gutenachtkuss deiner übergeschnappten Mutter freuen.«

»Ich krieg doch keinen Gutenachtkuss«, sagte er angeekelt. Er lallte jetzt schon leicht. »Komm, sag schon.«

Ich stellte den Martini auf meinen Oberschenkel und gähnte. Der Junge schaute zur Fassade gegenüber. Sein Gesicht, das Gesicht seiner Mutter, versuchte vergeblich, den alten Ausdruck von Teilnahmslosigkeit wiederherzustellen.

»Ich weiß sowieso, was du hier machst.«

»Warum fragst du dann so blöd?«

»Du bist ein Exhibitionist.«

»Was bin ich?«

»Du beobachtest die Leute, die da wohnen.«

»Das könnte ich auch von meiner Wohnung aus«, sagte ich und nickte zu meinem Küchenfenster rüber. »Du Schwachkopf.«

»Ich weiß es trotzdem.«

»Schön für dich.«

Er fuhr mit dem Daumen zwischen Schulter und Tragegurt seiner Sporttasche entlang, als sei er jetzt wirklich entschlossen zu gehen. Dann hockte er sich ganz dicht neben mich. Der blonde Flaum auf seinen Unterarmen war nur noch wenige Zentimeter von meinem Gesicht entfernt.

»Los, sag schon, Mann! Ich erzähl's auch nicht weiter.«

»Ich beobachte meine *eigene* Wohnung«, sagte ich gequält.

»Quatsch.«

»Meine Freundin.«

Er spähte hinüber in das dunkle Fenster. »Ich seh nix.«

»Liegt noch im Bett.«

Der Junge beugte sich über meine Beine hinweg näher an die Gitterstäbe. »Versteh ich nicht. Wenn sie deine Freundin ist, warum gehst du dann nicht rüber?«

»Oh, Mann«, sagte ich. »Wie alt bist du eigentlich!«

»Dreizehn, hab ich doch gesagt.«

»Hast du nicht.«

»Stimmt aber, dreizehn. Also warum –« Er führte den Satz nicht zu Ende und drehte sich wieder um. In seltsamer Übereinstimmung sahen wir konzentriert in mein Küchenfenster. Ein gereizter Nerv breitete sich auf meinem Unterschenkel aus wie eine heiße Wasserlache. Ich bewegte mich keinen Millimeter.

»Wann sieht man denn, ich meine, wann steht sie denn auf? Ich muss jetzt wirklich nach Hause, sonst suchen sie mich.«

»Das kann dauern.«

»Scheiße.«

Ich hielt die Flasche prüfend vor den Mond.

»Die ist leer«, sagte der Junge.

»Hol ich halt Nachschub.«

»Von drüben? Dann weckst du sie doch.«

»Die schläft wie ein Stein«, sagte ich. »Der kann man nachts mit einem Ledergürtel ins Gesicht schlagen, ohne dass sie aufwacht. Außerdem brauch ich Kippen.«

»Du hast Kippen? Warum hast du das nicht gleich gesagt?«

»Drüben.«

»Jetzt eine rauchen!« sagte er begeistert.

»Du wolltest doch nach Hause.«

»Ja, aber eine rauchen wär nicht schlecht! So als Abschluss.« Sein Oberkörper schwankte. Er schien nun wirklich alle Initiationsriten auf einmal durchmachen zu wollen.

»Ich seh mal nach, was sich machen lässt«, seufzte ich und tippte an seine Schulter, damit er mich vorbeiließ. »Halten Sie hier solange die Stellung, Generalfeldmarschall Paulus!«

»Okay«, sagte er und gluckste. Und dann sinnlos: »Mir geht es gut.«

In meiner Wohnung schaltete ich das Licht nicht ein. Meine Freundin hasste es, wenn man nachts elektrisches Licht machte, sie war völlig neurotisch. Am Wandschrank vorbei spähte ich durch das Küchenfenster über den Hof auf den Balkon, da stand der Junge als dunkler Schatten. Ich wollte nicht, dass er mich sah, und krabbelte auf allen vieren durch meine Küche, angelte die Zigaretten vom Küchentisch und kicherte leise. Vom Kühlschrank nahm ich eine halbvolle Flasche Sherry, die ich zum Kochen benutzte.

Als nächstes rief ich wieder bei meiner Freundin an. Es meldete sich eine Frau, die ich nicht kannte. Im Hintergrund war Partylärm zu hören, schlimme 80er-Jahre-Musik, und die Frau am Telefon musste in den Hörer schreien. Ich schrie zurück. Ich sagte, dass sie meiner Freundin ausrichten könne, dass ich heute nicht mehr käme. Dann wartete ich, weil ich dachte, dass sie fragen würde, warum ich nicht mehr käme. Aber sie fragte nicht.

»Hat sie heute Geburtstag?« rief ich.

»Was?« rief die Frau, und ich legte auf.

Zurück auf dem Balkon, stand eine kreisrunde Wolke am Abendhimmel, von der Großstadt rosa angeleuchtet.

»Lächerlich«, sagte der Junge, mit dem Rücken zu mir. Er hielt sich am Geländer fest und spuckte hinunter.

»Was?«

»Egal.«

»Was ist lächerlich?«

»Kann ich 'n Schluck?«

Ich gab ihm den Sherry und setzte mich wieder. »Was ist lächerlich?«

»Verstehst du nicht.«

»Ah, *versteh ich nicht*«, äffte ich ihn nach.

Er verdrehte die Augen. Es war schon sehr dunkel, auch im Hof war das Licht längst erloschen, aber das konnte ich noch sehen, dass er die Augen nach oben drehte.

»Das ist was anderes«, sagte er.

»Sherrywein.«

»Schmeckt auch.«

»Ja, schmeckt genauso.«

Der Junge lachte, als hätte ich etwas sehr Geistreiches gesagt.

»Hast du das …« Er stieß auf. »Hast du das mit dem Menschenfresser gesehen?«

»Was gesehen?«

»Der Menschenfresser da. Da hat einer einen aufgegessen.«

»Du meinst in Rotenburg? Ich hab davon gelesen.«

»Und glaubst du das?« Er sah mich an. »Kannst du dir das vorstellen? Der ist da einfach mit der Bahn nach – Rotenburg, und dann hat er sich aufessen lassen von dem andern. Glaubst du, dass das stimmt?«

»Wenn es in der Zeitung steht, stimmt es selbstverständlich.«

»Das ist doch krank.«

Er rutschte mit dem Rücken die Mauer hinunter, bis fast sein gesamter Oberkörper auf dem Balkon lag. Dann hob er die Beine im rechten Winkel und stellte die Füße gegen das Balkongitter. »Ich kann mir das nicht vorstellen. Ich möchte mal wissen, was die geredet haben. Also nicht, was du denkst. Aber was die geredet haben, ich meine, die haben ja nicht nur – die haben auch vorher gegessen zusammen und alles. Die haben erst den Schwanz von dem einen gegessen und das gefilmt, alles *gefilmt*. Aber das meine ich gar nicht.«

»Was meinst du dann?«

»Was ich meine, was die *geredet* haben. Der Ton. Ich würd mir ein Bein ausreißen für dieses – ich kann mir das nicht vorstellen.«

»Was genau?«

»Wie das abläuft. Ich meine, das hat ja Tage gedauert, die müssen sich ja unterhalten haben. Als sie schon wussten, was sie gleich machen. *Kannst du schon mal den Tisch decken, bitte?* Oder? Das ist doch krank.«

Ich nickte. »Aber wenn beide einverstanden sind, wo ist das Problem? Ich meine, was gibt es Schöneres, als wenn zwei Menschen genau das machen, was beide sich wünschen?«

»Aber wenn der eine – nee.« Er stellte die Flasche auf seinen Bauch. Sein Hemd war etwas hochgerutscht. Er schob den Schraubverschluss in seinen Nabel und drehte ihn langsam hin und her. »Ich würd einfach gern wissen, *warum* – der hatte ja noch mehr, der hatte ja eine lange Liste, die gegessen werden wollten. Ich hab mir das alles angeguckt, ich hab auch Zeitung gelesen. Ich hab sogar ein Buch von meinem Vater gelesen. Ich verstehs nicht.«

Ich sagte, ich sei überzeugt davon, dass man das nicht wirklich verstehen könne, und nahm ihm vorsichtig die Flasche aus der Hand.

»Ich hab mir gedacht, vielleicht weil beide so *normal* waren«, fing er wieder an. »Dass das die Erklärung ist. Der eine Ingenieur, der andere auch so was Langweiliges.«

»Dann fürchte dich schon mal vor der Zukunft.«

»Tu ich nicht.«

»Die meisten Leute werden völlig normal.«

»Ich nicht. Ich will mit diesem ganzen Zeug nichts zu tun haben.«

»Mit welchem Zeug?«

»Mit diesem ganzen normalen Zeug. Langweiliger Beruf, heiraten, Kinder kriegen, sterben.«

»Dann ist Kannibalismus doch ein toller Ausweg.«

»Du kapierst es nicht, oder? Da ist doch gar kein Unterschied. Gib ma' den Wein.«

»Wo ist kein Unterschied?«

»Soll ich mal sagen, was in dem Buch von meinem Vater drinstand? Da stand nämlich drin, dass das kein Unterschied ist. Normal sein oder Dings. Pervers.«

»Aha.«

»Genau.« Er überlegte eine Sekunde. »Das eine ist langweilig und das andere pervers, und die Leute machen dieses perverse Zeug, weil sie langweilig sind, das ist die Ursache. Weil sie *in sich drin* langweilig sind, müssen sie das machen, sonst könnten sie's nämlich nicht aushalten. Und dass die Leute immer Buchhalter sind und Versicherungsvertreter und so was.« Er wiederholte diese Theorie noch ein paarmal in anderen Worten, ohne ihrem Kern erheblich näher zu kommen. Schließlich beendete ich das Stochern im Nebel, indem ich fragte, was er denn einmal werden wolle, außer normal und nicht normal gebe es ja nicht viel zur Auswahl.

»Kosmonaut«, sagte er schnell.

Ich fing an zu lachen. »Warum nicht gleich Popstar? Oder Greenpeace-Aktivist?«

»Glaubst du nicht, oder? Ich werd Kosmonaut.«

Ich antwortete nicht.

»Egal«, sagte er und sah nach oben.

Merkwürdig groß und symmetrisch und wie ein Auge zwischen zwei Schornsteinen stand nun der Mond.

»Perigäum«, sagte der Junge.

»Unsinn«, sagte ich.

»Gar kein Unsinn. Mein Vater arbeitet bei der DASA, der kennt sich aus. Man kann da reinkommen, der bringt mich da rein. Ich studier Physik, und dann werd ich Pilot, und irgendwann –«

»Die fliegen doch längst nicht mehr zum Mond«, unterbrach ich ihn.

»Das ist das Nächste, in zehn, fünfzehn Jahren, die Mondstation. Ich bin gerade im richtigen Alter, sagt mein Vater.«

»Du glaubst das also.«

»Ich bin der Dreizehnte.«

»Der was?«

»Der Dreizehnte auf dem Mond. Zwölf waren schon da.«

»Kein Mensch –«

»Armstrong, Aldrin, Conrad, Bean, Mitchell, Shepard, Irwin, Young – nee, Scott – Young …«

»He!« sagte ich.

»... Duke, Cernan, Schmitt. Zwölf.«

»Zwölf Mann in Hollywood. Ich bin beeindruckt.« Aus der Seitentasche meiner Hose holte ich die Lucky Strike und suchte nach dem Faden, um das Cellophan aufzureißen.

»Du kannst mir glauben, mein Vater kennt sich aus.«

Ich unterdrückte ein Gähnen. »Hast du das Buch gelesen?«

»Welches Buch?«

»*Zwölf Mann in Hollywood.* Red ich chinesisch oder was?«

»Was soll das sein?«

»Das wundert mich jetzt.« Ich steckte mir zwei Zigaretten wie ein V in den Mund und zündete sie an. Ich zog einmal kräftig und hielt eine dem Jungen hin. »Wenn du dich schon so toll auskennst.«

»Kenn ich aber nicht.«

»Ein Mitarbeiter der Warner Brothers hat das geschrieben. Über die Mondlandung in einem Hollywood-Studio.«

»Versteh ich nicht.«

»Dacht ich mir.«

»Du meinst, das Ganze hat in einem Filmstudio stattgefunden? Nee, oder?« Er hustete.

»Das meine ich nicht. Das ist bewiesen.« Ich legte den Kopf in den Nacken und blies den Rauch in den Himmel. Eine Welle der Erleichterung rollte durch meinen Körper. »Das wurde mittlerweile von hohen Mitarbeitern der NASA bestätigt. Die Mondlandung fand in einem Hollywood-Studio statt. Hugh Hepforscher.«

»Was?«

»Hugh Hepforscher. Presseoffizier der NASA, hat einen Bericht darüber verfasst. Er war der, der den geheimen Kontakt zu Hollywood herstellte. Was ihm nicht gut bekommen ist.«

»Schwachsinn«, sagte der Junge und stützte sich mit beiden Händen rückwärts auf dem Boden auf. »Wo steht das?«

»Nirgends, fürchte ich. Hepforschers Bericht wurde nie veröffentlicht. Er starb vor zwei Jahren unter ungeklärten Umständen an einer Litfasssäule, vierzig Meter vom Highway.«

»Woher weißt *du* das dann?«

»Im Usenet findet man Bruchstücke seiner Aufzeichnungen. Und das mit dem ›Unfall‹ ist genau dokumentiert.«

»Armstrong *war* auf dem Mond«, sagte der Junge und nickte nach oben, als sei das ein Argument.

»Es ist schon technisch nicht möglich.«

»Er hat ja Mondgestein mitgebracht!«

»Mondgestein«, höhnte ich. »Du kannst es selbst sehen, den Amis sind diverse Fehler unterlaufen. Guck dir die Fotos von der Mondlandung an, da sind nicht mal Sterne. Ist dir das nie aufgefallen? Keine Sterne! Obwohl der Mond keine Lufthülle hat, ist auf keinem einzigen der Fotos ein Stern, die haben sie einfach vergessen in die Kulissen zu schneiden.«

Der Junge hustete wieder, schaute seine Zigarette an und schüttelte den Kopf.

»Du hast doch sicher Fotos«, sagte ich. »Gucks dir an. Auf keinem Bild ein einziger Stern. Oder die Fahne, die Armstrong in den Boden rammt, weht im Wind. Aber auf dem Mond gibt es keinen Wind.«

»Gibt es denn in einem Hollywood-Studio Wind?«

Das war nun eine selbst für einen Dreizehnjährigen ziemlich dämliche Frage. »Ein Außendreh«, sagte ich. »Oder Windmaschine. Deshalb auch die Beleuchtung: Auf manchen Fotos zeigen die Schatten der Astronauten und der Mondfähre in unterschiedliche Richtungen. Scheinwerfer, Sonne.«

»Das glaub ich nicht.«

»Guck's dir an.«

»Aber es gibt doch Raumfahrtprogramme. Mein Vater arbeitet bei der DASA. Ich war sogar schon mal mit.«

»Und hast du jemanden getroffen, der auf dem Mond war? Natürlich gibt es Raumfahrtprogramme. Aber das ist alles Waffentechnik und Satelliten hochschießen. Ein Mensch kommt da nicht hoch, und es wird auch nie einer hochkommen. Es ist technisch unmöglich.«

»Aber wenn man die Raketen verbessert –«

»Es liegt nicht an den Raketen. Es liegt an der physikalischen – an der Physik. In 6000 Kilometer Höhe ist der Van-Ellmau-Gürtel, eine radioaktive –«

»Van-Allen-Gürtel!«

»Sag ich ja. Und noch höher eine Neutronenstrahlung, da kommt keiner lebend durch, das weißt du auch. Die Radioaktivität, mit der ein Astronaut da in fünf Minuten beschossen wird, da explodiert dir der Kopf von innen, so schnell wächst der Krebs. Und hatte dein Armstrong Krebs?« Ich schnippte meinen Zigarettenstummel in einer unsauberen Parabel über das Geländer. »Man müsste die Raumschiffe meterdick mit Blei panzern. Aber das bringt kein Raketenantrieb der Welt nach oben. Wenn dein Vater dir das nicht gesagt hat, ich meine, es ist doch klar, warum dein Vater –«

Der Junge hörte mir längst nicht mehr zu, er war in Gedanken versunken.

Ein angenehmer, kühler Wind wehte plötzlich aus dem Hinterhof herauf. Jemand musste das Tor unten aufgehakt haben. Der Junge hielt mir seine ausgegangene Zigarette hin, ohne mich anzusehen, und ich zündete sie wieder an und reichte sie ihm zurück.

Ich versuchte mich zu erinnern, was *ich* in diesem Alter für Vorstellungen von der Welt gehabt hatte. Die Erinnerung war merkwürdig verschleiert, ich kannte mich fast nur aus Erzählungen. Ich war ein sehr sensibles, phantasievolles Kind gewesen, ein unfassbar phantasievolles Kind, wie meine Großeltern mir wieder und wieder bestätigt hatten. Und natürlich hatte das amerikanische Raumfahrtprogramm auch mich, wie jeden anderen, mit einem gewissen bizarren Schauder erfüllt, mit Entsetzen und Begeisterung über die eigene Nichtigkeit. Aber ich wäre nie im Leben – ich versichere: nie im Leben – auf die Idee gekommen, Astronaut werden zu wollen. Ich wollte immer Firmenmitarbeiter werden. Weil mein Großvater Firmenmitarbeiter war. Erst als ich meinen Abschluss machte und eine Lehrstelle suchte, stellte ich fest, dass ich keine Ahnung hatte, was ich eigentlich wollte. (Ich habe es, ehrlich gesagt, auch nie herausfinden können.)

Der Junge streckte die Hand aus, ich gab ihm den Sherry. Er nahm einen winzigen Schluck und klackerte dann leise mit dem Flaschenhals gegen seine Schneidezähne.

»Weißt du, was Armstrong gesagt hat, als er den ›Mond‹ betrat?« fragte ich.

Das Klackern hörte auf. »Ein kleiner Schritt –«

»Ja, aber auf Englisch. That's one small step for man, one giant leap for mankind. Wenn man das auf Tonband rückwärts abspielt, hört man: Never seen this. No. Man never space walk. Kannst du Englisch?«

»Ja, natürlich. Noch mal!«

»Never seen this. No. Man never space walk.«

»Aber«, sagte er, und dann sagte er nichts mehr. Ich war mir nicht sicher, ob er weinte.

In der Straße hinter dem nächsten Häuserblock klirrte die Tram vorbei, mit hundert schwarzen Augen schaute Nichts vom Firmament. Der Junge atmete schwer, unter der Last der ungewohnten Erkenntnis. Ich nahm seine Hand und drückte sie voller Mitgefühl, sie war heiß und trocken.

Am Haus gegenüber flackerte ein kleines Rechteck aus Licht auf. Ein winziger Mann erschien im Unterhemd in seiner winzigen Küche, milchig durch die Stores, irgendein Perverser. Der Mann bückte sich hinunter, öffnete den Kühlschrank und nahm eine Dose Buttermilch heraus und setzte sie an die Lippen. Er betrachtete etwas auf seinem Unterarm, kratzte daran und trank weiter. Dann hob er ein Kalenderblatt an und ließ es hinuntersegeln. Das Licht ging wieder aus, und die ganze Fassade wurde dunkel. Nur ein leuchtender, roter Punkt blieb im Fenster zurück, vielleicht die Anzeige eines Boilers, der angesprungen war. Nach zehn Minuten wiederholte sich das Geräusch der Tram.

»Ich muss nach Hause«, sagte der Junge und zog seine Hand aus meiner.

Er stützte sich beim Aufstehen an der Wand ab und kam einen Schritt auf mich zu. Sein Atem pumpte gegen meine Schläfe, aber ich schaute nicht auf. Falls er gedacht hatte, dass ein tränenreicher Abschied nun das Richtige für uns sei, war er bei mir an der falschen Adresse.

»Geh schon«, sagte ich. »Du schuldest mir nichts.«

In der Flasche waren noch ein paar Tropfen Alkohol. Ich kippte sie, und der Sherry rann über den Betonboden neben mir, dunkel und parallel zu meinen Beinen, und suchte sich einen Weg in die Tiefe. Nach einer Minute hörte ich im Erdgeschoss die Haustür, hörte die kleinen Schritte über den Hof trippeln und zögern (die Sehnsucht! ach, die Sehnsucht!), schließlich verschwinden.

Zurück in meiner Wohnung stellte ich fest, dass ich zwei neue Anrufe auf dem AB hatte. Ich rupfte das Telefonkabel aus der Wand, zog mich nackt aus und legte mich ins Bett. Die Hitze hatte kaum nachgelassen, im Gegenteil, die Luft schien im Dunkeln noch wärmer und fester geworden zu sein. Selbst nackt war es kaum auszuhalten. Ich stand wieder auf und öffnete alle Fenster meiner Wohnung, dann schob ich mein Bett unter das große Fenster und sah von dort hinaus in die Nacht. Der Mond hatte sich über das Vorderhaus geschwungen und schien jetzt direkt auf meine angewinkelten Beine, deren Schatten zusammen mit den Schatten, die das weiße Laken warf, der Marmorierung des Mondes rührend ähnlich sahen. Ich wusste, dass ich nicht würde einschlafen können. Mehrere Stunden lang lag ich wach und unbeweglich unter dem wandernden Licht und spürte ein Gefühl, das ich so noch nicht kannte, das sonderbare Gefühl, als wäre ich auf einmal sehr bestimmt und klar umrissen und deutlicher von meiner Umgebung unterschieden als sonst, als bei Tag. Als würde auf jeden Quadratzentimeter meiner Haut ein präziser hydraulischer Druck ausgeübt, der meinen Körper in genau die Form presste, die die Natur ursprünglich für ihn vorausgesehen hatte, ein unendliches Glücksgefühl, verdammt zur Bewegungslosigkeit für die nächsten Stunden, für die Nacht, für die nächsten fünf Milliarden Jahre, unter meinem Fenster, unter dem grünen Himmel, unter dem Mond, in einem sonderbar unverständlichen Universum wie diesem.

ANDREAS MÜNZNER

Kennen Sie Tschechow

Kennen Sie Tschechow, fragte der Weißhaarige, er hatte sich irgendwann am Abend Wein über Hose und Hemd geleert, was er denn da gemacht habe, fragte der Sohn, aber der Weißhaarige winkte nur ab, kennen Sie Tschechow, fragte er immer wieder, den ganzen Abend wandelte er von einem zum anderen, erzählte etwas, hörte ein bisschen zu und ging weiter. Er hatte zuvor die Rosen geschnitten, die unten entlang des Fahrwegs standen – wenn man vor dem Haus saß, konnte man vom leicht erhöhten Rasenstück die Köpfe der ankommenden Gäste hinter den gelben Rosen tanzen sehen und ein Raunen ging durch die Leute, die schon gemütlich um den weiß gedeckten Tisch saßen, wenn am Ende des Rasens, zwischen den gelben Rosen, wieder Gästeköpfe auftauchten, nur der Weißhaarige kümmerte sich nicht darum und jätete Unkraut. Sein Sohn saß abseits auf einem Stuhl, vor einem Dreibein mit einer an Ketten aufgehängten schwarzen Metallschale, Eigenkonstruktion, sagte er, und darunter wimmerte die Glut. Der Sohn schnitt Zwiebeln, schob sie hinein, dass es brutzelte, schnitt Gemüse, schob es hinein, Nährboden, sagte er, und später kam der Reis.

Auch eine alte Freundin war heraufgekommen, auch sie hatte ihm gratuliert, ebenfalls ein Buch auf den Tisch gelegt. Vom Mobiltelefon aus hatte er auf dem Weg zu irgendwelchen Patienten die Leute eingeladen, ich feiere Geburtstag, nur etwas Kleines, nur wenige Leute, keine großen Geschenke, kein großer Aufwand. Ganz spontan nur, es ist etwas kurzfristig, ich weiß, sagte er noch, und dann: bis übermorgen. Sie waren tatsächlich alle erschienen, auch die alte Freundin, die jetzt eine Angestellte der Automobilindustrie war, mit der er früher im Sand gespielt hatte. Gekommen waren auch die beiden Brüder, die er noch hatte, die Schwester seiner Freundin, mit Kindern, ein Arzt, den er von früher her kannte, und noch ein Jugendfreund, der ebenfalls Arzt war. Mit diesem unterhielt er sich später am Abend über seine nächtlichen Patientenbesuche, Totenbesuche seien es eigentlich nur, um ein Uhr dreißig werde er geweckt, nur um den Tod irgendeines alten Männleins festzustellen, als ob das nicht warten könne bis zum nächsten Morgen, es brauche doch wirklich keinen Arzt, nur um irgendeinen Routinetod festzustellen. Arzt war auch der Weißhaarige gewesen, bevor er pensioniert wurde, wie auch seine Frau Ärztin gewesen war, sie lag aber gerade im Krankenhaus, zwei lateinische Fremdwörter, die mit einer nicht mehr der Norm entsprechenden Wirbelsäule zu tun hatten. Alles Ärzte, einschließlich der Geburtstagssohn, aber nicht die anderen drei Söhne, die alle adoptiert waren, weil es anfänglich mit dem Kinderkriegen nicht geklappt hatte. Ein Jahr ums andere war die Mutter damals in die Hauptstadt gefahren, immer in ein anderes Kinderheim, und hatte sich einen dieser kleinen süßen Jungs geholt, bis es nach vielen Jahren doch noch irgendwie klappte, auf einmal kam ein richtiger Sohn und der wollte auch tatsächlich Arzt werden, nicht wie all die anderen, die sich mit Händen und Füßen dagegen gesträubt hatten, er zwar zunächst auch, aber dann hatte er nachgegeben und es tatsächlich geschafft.

Alle waren sie an den Strand hinuntergegangen und hatten sich ein Bad genehmigt im flachen Wasser, hatten sich ausgezogen und lachend hineingeschmissen, waren mit halbnassen Haaren wieder hochgekommen, hinter den gelben Hecken vorbei-, durch das leise kreischende Gatter hindurch- und die Steinfliesen hochgestapft, wo der Gastgeber an der Reispfanne saß, schnitt und rührte, und manche sich in ihren Korbstühlen schon weit nach hinten lehnten, wenn sie lachten. Auch der Sohn, der Tischler gelernt hatte, war da, er hatte schon sein fünftes oder sechstes Bier in der Hand, obwohl er nicht durfte, wegen der Leber, und wurde immer anzüglicher, bist du morgen auch am Strand, fragte er eine nach der anderen, ich wette, ich finde dich. Irgendwann kam der Filmschauspieler von nebenan mit seiner Frau, und dieses Mal hoben tatsächlich alle den Kopf. Der Geburtstagssohn war aufgesprungen, fing auf einmal an, lauter zu sprechen, und so wurden die Fliesen vom Gatter bis zum

Buffet mit den rohen Fleischstücken und den grob geschnittenen Salaten doch noch zu so etwas wie einem Set, aber dem Filmschauspieler und seiner Frau schien das nichts auszumachen, er war schon alt und kannte den Zirkus. Der Sohn stellte die Leute vor, indem er mit ausgestrecktem Arm auf die Umsitzenden und -stehenden wies, die auf einmal in ihren Bewegungen innehielten, bis der Filmschauspieler sie einzeln mit einem Lächeln aus ihrer Starre erlöste. Der Sohn hatte als kleines Kind schon im Garten des Filmschauspielers nebenan gespielt, als dieser noch kein Filmschauspieler, sondern ein Theaterschauspieler war, während er sich jetzt zum Filmregisseur entwickelte und auch mit der Schriftstellerei flirtete. Außerdem wurden in der nahen Stadt gerade seine Zeichnungen ausgestellt, wie der Filmschauspieler später mit seiner rauchigen Stimme erzählte, sein ganzes Leben schon habe er gezeichnet, viel länger schon als auf der Bühne gestanden oder vor der Kamera, nun endlich, zum ersten Mal in seinem Leben, stelle er aus. Vor dreißig Jahren habe er sich gesagt, wenn ich siebzig werde, stelle ich aus, und nun sei er tatsächlich siebzig geworden. Am Aufräumen sei er, sagte er, alle die alten Sachen ins Reine bringen. Diesen einen Film habe er noch machen wollen, diesen größten Verbrecher der Menschheit darstellen, damit aufräumen, ein für allemal, und es sei befremdlich gewesen, während der Dreharbeiten habe er gemerkt, wie sich dieser größte Verbrecher der Menschheit in seinen Fingern gewandelt habe, wie er ihm immer komischer geraten sei, ganze Szenen hätten umgeschrieben werden müssen. Ihn mit Ernst aufzuladen, das habe nicht funktioniert, er habe ihn einfach zur komischen Figur machen müssen. Er habe sich das zuerst gar nicht vorstellen können, obwohl es ja schon des Öfteren gemacht worden sei in der Filmgeschichte, im Machen habe es sich ihm neu aufgedrängt, und da habe er gesehen, dass es nur so funktioniere, der größte Verbrecher der Menschheit als Clown. Die Leute bedienten sich am Buffet und an der Reispfanne, und das Grüppchen um den Filmschauspieler durfte immer ein wenig lauter lachen als die anderen, obwohl auch um den Tischlersohn und die blonde Angestellte der Automobilindustrie die Stimmung immer ausgelassener wurde, immer enger drehend in einem Kreis von immer ähnlicheren Witzen. Und irgendwann, nachdem schon die ersten Pausen eingetreten waren, in welchen das Hündchen mit seinen Sprüngen die Aufmerksamkeit der ganzen Gesellschaft auf sich lockte, nachdem sich die Dunkelheit über das spitze Reetdach, die Backsteinmauern entlang auf die hie und da Blasen von Gelächter aufwerfenden Grüppchen gesenkt hatte, gab die Freundin des Sohnes die Neuigkeit preis, nur einer Bekannten zuerst, und bald kam ein Johlen aus dieser Ecke und ein spitzer Schrei aus jener, nur der Sohn saß da und aß und tat, als wüsste er von nichts. Als er darauf angesprochen wurde, hinter seinem Schutzschild aus etwas zu viel Gesicht, sagte er nur, ja, in genau einem Monat heiraten wir und dann fahren wir in den Süden, für drei Wochen, und er erklärte ganz genau, wie es sich abspielen würde. Der Weißhaarige nickte, auch sonst hatten es wohl einige schon vorher gewusst, und die Leute um den Sohn und die Leute um seine Freundin bekamen, zeitlich nur leicht versetzt, die Route ihrer Flitterwochen erzählt, in den Hauptpunkten übereinstimmend und mit fast denselben Details ausgeschmückt. Die Leute staunten, aber andererseits staunten sie auch nicht, bis der Filmschauspieler wieder einen Satz fallen ließ, den der Sohn aufgriff und um den die Gespräche eine Weile kreisten.

Bis sich in einer Ecke jene Diskussion entspann – vielleicht waren sie über das gemeinsame Geigespielen darauf gekommen –, jene Diskussion über die Väter, in Anwesenheit von dreien der vier Söhne und von nur einem in der Reihe der Väter. Der Vater des Weißhaarigen war ja schon gestorben, wie er auf die Bitte des Geburtstagssohns hin noch einmal präzisierte, als er ein Jahr alt war, und dann mit vier die Mutter, als Vollwaise wurde er in die halbjüdische Familie einer Tante aufgenommen, sechs Cousins waren es gewesen und dann kam er dazu, ein, wie der Sohn später aus Gesprächen mit den mittlerweile siebzigjährigen Cousins erfahren hatte, vollkommener Sonderling sei er gewesen, alle hätten sie gedacht, der Junge, der hat sie nicht alle. Der Junge, der jetzt, nach einer Karriere als einer der ersten Ärzte der Stadt, sich immer wieder über die weißen Haare strich, war mit zwölf in ein Internat gesteckt worden, da es bei den jüdischen Kindern nicht mehr sicher gewesen war und diese bald mit einem der ersten Transporte nach England geschickt wurden, wo in einem der großen Bahnhöfe orthodoxe Juden sich je ein Kind zur Aufnahme aussuchten, nur eins, so wurden sie auseinander gerissen, aber alle seien sie etwas geworden, drüben, allesamt. Der Junge wollte später Medizin studieren und musste in den Krieg, war ein halbes Jahr in Russland und durfte wieder ein halbes Jahr studieren, war ein halbes Jahr in Frankreich und studierte weiter. Ärzte habe die Wehrmacht ja massenweise gebraucht, und auf einmal sei der Krieg zu Ende gewesen und er habe nur noch einen Tornister gehabt, als er in die Stadt zurückgekommen sei, mehr nicht. Bald redeten nur noch der Weißhaarige und sein Geburtstagssohn, der Filmschauspieler hörte aufmerksam zu mit seinem Filmzuhörgesicht und es waren alle gefangen von diesem Filmzuhörgesicht, dass sie unwillkürlich selbst ein Filmzuhörgesicht zu machen versuchten und deshalb gar nicht so genau zuhörten. Auf einmal stand ein Pärchen, das bisher kaum jemand bemerkt hatte, Hand in Hand vor der Runde und sagte, wir müssen, wirklich, sehr nett, und es gab eine leichte Unruhe, die sich aber bald wieder legte.

Der Geburtstagssohn saß mit nach außen gefallenen Knien neben seinem Vater, während der Tischlersohn, der ja nur ein adoptierter Sohn war, in der anderen Ecke des Gartens mit der Angestellten der Automobilindustrie und der Sekretärin im langen Kleid immer lauter wurde. Der Tischlersohn erzählte von diesem Auto und von jenem Modell, das er interessant finde, beim Probefahren habe es ihm gefallen, aber niemals würde er sich so eines kaufen, viel zu viel Schnickschnack für viel zu viel Geld, die Angestellte der Automobilindustrie schnitt ihm immer wieder das Wort ab, wenn er zu sehr zu lallen anfing, worauf er sagte, ein typisches Frauenauto eben. Er erzählte, wie er als Tischler gelernt habe zu reklamieren, wenn ihm etwas nicht passte, so sei er einmal einen halben Tag hin- und einen halben Tag wieder zurückgefahren, weil mit dem Sitzpolster eines Autos etwas nicht gestimmt habe, früher hätte er so etwas nie gemacht, und dann griff er der Angestellten der Automobilindustrie ohne Vorwarnung an die Brüste. Bierflaschen kippten um, ein unterdrückter Schrei, Leute, die ruckartig aufstanden, während drüben in der Gruppe um den Gastgeber und seinen Vater nur die Köpfe kurz gehoben und mit einem altklugen Nicken wieder gesenkt wurden und am langen Tisch still geschaut wurde. Der Tischlersohn entschuldigte sich sofort, er sei ja nicht so, bei ihm wisse man doch, ein Scherz nur, aber die Frauen hatten nicht vergessen, dass er lange Zeit überhaupt nicht getrunken hatte und jetzt ein Bier nach dem anderen. Er redete weiter, dass man eben zeigen müsse, wenn man nicht einverstanden sei, er kratzte sich unter dem Hemd am Bauch, alles, was einem die Leute verkauften, habe irgendeinen Mangel, man sei eben selbst der Idiot, wenn man nicht ganz genau mit dem Finger darauf zeige.

Die Freundin des Geburtstagskinds war schon in der Küche am Spülen, zusammen mit dem älteren Ehepaar, das mit dem großen Vierradantrieb gekommen war. Der dritte anwesende Sohn, der Verkäufer, stand immer noch neben der an den Ketten hängenden Reispfanne, in welcher die unterste Schicht jetzt angebrannt war, harte gelbe Reiskörner, festgepappt, und hielt seinen großen Schäfer an der Leine, der eigentlich mit dem kleinen Hündchen spielen wollte. Die Freundin war es denn auch, die von der Küche aus die Schreie zuerst hörte und nach vorne in den Garten gelaufen kam, wo sie immer wieder, es ist, sagte und, er hat, es aber eine ganze Weile dauerte, bis jemand begriff, worum es ging, und alle zusammen mit dem Sohn hinter das Haus stürzten, wo jetzt lautes Fluchen zu vernehmen war, während der Weißhaarige nur kurz den Blick hob und sich wieder dem Filmschauspieler zuwandte. Hinter dem Haus fanden die Hinzueilenden die Angestellte der Automobilindustrie mit einem Riss im Kleid am Hals des Geburtstagssohns hängen, während vor ihnen der Tischlersohn kniete und mit verzerrtem Gesicht sich selbst bezichtigte, er sei wirklich nicht so, sie kenne ihn doch, es werde garantiert nie mehr, er könne hier und jetzt schwören, vor allen Leuten, auf seine Mutter, die ihn großgezogen habe, und auf die, aus deren Leib er gekrochen sei, und auf sein Hündchen. Mit Tränen in den Augen versuchte er sein

Hündchen herbeizupfeifen, komm, mach Männchen, komm, zeig ihnen, was für einer du bist, komm, aber es gelang ihm nicht.

Als sich alle etwas beruhigt hatten, die noch immer Zitternde mit der Freundin im Haus verschwunden und nach einiger Zeit mit einem langen Wollpullover bekleidet, von der Freundin gestützt, wieder aufgetaucht war, während der reuige Sünder abseits saß, man hatte ihm zwar sein Bier gelassen, beachtete ihn aber weiter nicht, ging nur der Weißhaarige zu ihm hin, stellte ein paar Fragen und strich ihm mit der Hand über den Kopf. Währenddessen war die Frau des Filmschauspielers, es musste etwa die dritte sein, die in einer Bekannten des Geburtstagssohns ein dankbares Opfer für die Nöte und Sorgen einer häufig allein gelassenen Gattin gefunden hatte, auf den Zauberkünstlersohn zu sprechen gekommen, das dritte Adoptivkind, wohl über den Aufruhr um dessen Prozess vor dem Landesgericht, und dann wollte sie auf einmal das Bild sehen, von dem ihr diese Freundin erzählt hatte, quer durch den Garten rief sie zum Weißhaarigen, wo ist denn das Bild von A., was dieser natürlich nicht verstand, weshalb sie noch einmal rief, so dass alle es hören konnten, wo ist denn dieses Bild von A. Der Weißhaarige hatte im Wohnzimmer an der Holzwand neben dem Kachelofen eine alte Fotografie jenes Sohns hängen, der ja überhaupt nie mit der Gesellschaft und sich selbst zurechtgekommen und eben Zauberkünstler geworden war. Er hatte schon immer eine Schwäche für Kinder gehabt, eine unselige Schwäche, die ihn mehrmals mit dem Gesetz in Konflikt gebracht hatte, weshalb er auch regelmäßig in dieses Land in Südostasien geflogen war, um seine Nordhalbkugel-Winter dort zu verbringen, bis er sich dann eines Tages von jenem Haus gestürzt hatte, das war die traurige Geschichte, die die meisten irgendwie kannten, aber niemand genau.

Alle standen jetzt vor diesem Bild, einer Schwarzweißfotografie, auf der eine vogelscheuchenähnliche Gestalt mit einem schwarzen Dreieckshut, einer Lederjacke und hellen Pluderhosen um die dürren Beine zu sehen war. In den Händen hielt sie ein Saxophon, sie stand auf irgendeiner Mauer an einer Straße, daneben ein Lederköfferchen, den Kopf und das Saxophon hielt die Gestalt nach rechts geneigt, von wo sie etwas zu erwarten schien, und das Seltsamste waren vielleicht diese Beinkleider, die wie zu kleine Pyjamahosen aussahen und da, wo die Beine zusammenkamen, eigenartig eng anlagen, dabei aber überhaupt kein Geschlecht erkennen ließen. Die Gäste standen im Kreis davor, während der Tischlersohn es sich auf der Liege unter der Lampe bequem gemacht hatte und die Stehenden misstrauisch beäugte. Es wurde ein bisschen still, bis der Geburtstagssohn in seiner behäbigen Ruhe das Schweigen brach und zum Filmschauspieler sagte, unser A. wäre doch eine Rolle für dich, willst du nicht einen Film über A. machen, willst du nicht ein Drehbuch schreiben. Der Filmschauspieler sah sich das Foto noch einmal an, drehte sich um und sagte mit seinem wissenden Filmblick, ach weißt du, dazu ist er mir viel zu nahe.

Draußen gab es jetzt einen zweiten Nachtisch mit französischem Käse, den ein Jugendfreund des Jubilars aus dem Urlaub mitgebracht hatte, und er selber holte noch eine Kiste Wein aus dem Keller. Die Helligkeit am nördlichen Himmel hatte sich der Jahreszeit entsprechend ausgedünnt, so dass sie nur noch mit dem Wissen um die kürzeren Nächte ausgemacht werden konnte, der ganz langsam schleifende Übergang zu einem wieder heller Werden aber eher erraten werden musste. Bei Thomas Mann gibt es doch eine Stelle, fing der Weißhaarige auf einmal wieder an, zu seiner zukünftigen Schwiegertochter gewandt, diese Stelle bei Thomas Mann, er konnte sich aber weder an die Erzählung noch an den Wortlaut oder Inhalt der Stelle erinnern, und vielleicht, sagte er dann, ist es auch gar nicht Thomas Mann gewesen. Die Behörden hätten dem Zauberkünstlersohn erlaubt, erzählte der Weißhaarige dann, diese beiden Mädchen bei sich aufzunehmen, unglaublich einerseits, einem jungen alleinstehenden Mann, der sein Geld mit Clownvorstellungen erwirbt, zwei junge Mädchen in Obhut zu geben, dass sie nicht misstrauisch geworden seien. Die Mädchen hätten andererseits froh sein können, wie lieb er sich um sie gekümmert habe, die netten Kleidchen, was er alles mit ihnen unternommen habe, ins Schwimmbad, und immer in diesen Vergnügungspark. Und dann hätten die beiden Mädchen gegen ihn prozessiert. Es sei nicht leicht in der heutigen Gesellschaft, in der Werbung werde den Männern der Mund wässrig gemacht, und dann kämen auch noch so aufreizend aufgemachte Mädchen daher und machten ihm einfach den Prozess. Der Geburtstagssohn unterbrach ihn und nahm ganz ruhig die Partei der Mädchen, wie er auch schon früher der einzige in der Familie gewesen war, der dem Zauberkünstler ins Gewissen geredet und ihm erklärt hatte, dass es Grenzen gebe, die einzuhalten die Menschen aus langer Erfahrung übereingekommen seien, und das gelte auch für ihn. Auf die Frage des Weißhaarigen, warum sich diese Mädchen immer so aufreizend angezogen hätten, gab der Sohn fachlich kompetent Auskunft, indem er einen englischen Begriff einführte und ihn dem Vater mehrmals wiederholte, der Sohn sprach viel von sozialer Benachteiligung und von Aufmerksamkeit, die die Mädchen so zu erlangen suchten, und der Vater sagte nur aha. Als plötzlich die Frage der Freundin kam, jederzeit bereit, mitten im Satz abzubrechen, waren denn auch alle überrascht, hoben den Blick vom Hündchen und hörten ihr zu, wie sie sagte: Hast du dich eigentlich damals, als kleines Kind, so ganz ohne Eltern, nicht schrecklich allein gefühlt? Es war eine Weile still, der Weißhaarige runzelte die Stirn und schaute die Freundin an, die ihre Frage noch einmal wiederholen musste. Als er begriffen hatte, sagte er sofort, ach, ich hatte es ja gut, mit meinen Cousins, die Tante war nett zu mir, auch später im Internat, ich hatte es ja noch gut. Obwohl alle darauf warteten, dass er nun erzählen würde, sahen sie ihn selbstvergessen aufstehen, ins Haus gehen, mit einer Sandelholzkiste wiederkommen, sie öffnen, eine Zigarre herauspulen, sie geschickt anstecken und in seinem leicht wankenden Gang über den Rasen zum älteren Ehepaar treten und fragen, haben Sie einmal Aristoteles gelesen, wie hieß das noch mal bei Aristoteles, Mimesis, genau, Mimesis, die ganze Kunst eine Nachahmung des Lebens, eigentlich ein Armutszeugnis für die Kunst, Aristoteles müssen Sie lesen, und er erzählte ihnen, wie er seit seiner Pensionierung wieder angefangen habe, sich mit der altgriechischen Sprache zu befassen. Eine Weile lang war eine Unruhe im Garten zu spüren, unten an der Hecke auf dem staubigen Feldweg fuhr ein Wagen vorbei, man wusste nicht, war es ein später oder schon ein früher Wagen. Dann verabschiedete sich der Verkäufersohn mit dem Hund und der molligen Frau, küsste den Weißhaarigen an die Schläfe, doch der rauchte ungerührt weiter und betrachtete den Sonnenschirm, den noch der Zauberkünstlersohn gebastelt und der Geburtstagssohn nur mit Mühe und Heringen hatte aufrichten können, leicht schief, mit seinen zwei abgeknickten Leisten fast elegant ins dünne Schwarzblau ragend. Noch andere sagten gute Nacht, und die Gesellschaft verzog sich ins Innere, wo die kleinen Lampen in den Fenstern angezündet wurden, und jemand ging noch einmal Kaffee machen. Manche legten sich direkt auf die über die Ofenbank gebreiteten Kissen, auf der Liege durfte es sich die Angestellte der Automobilindustrie in ihrem Wollpullover bequem machen. Draußen war nur der Tischlersohn geblieben und starrte in seine Bierflasche, sog mit spitzen Lippen an einem Zigarettenstummel. Im Wissen um die leichte Schwerhörigkeit des Vaters erzählte der Geburtstagssohn der Runde, wie sich der Weißhaarige früher überhaupt nie um die Kinder gekümmert habe, er sei immer weg gewesen, bei einem Arzt sei das ja verständlich, die Nächte, die Wochenenden, auch die Mutter habe viel gearbeitet. Sein Vater, sagte der Sohn, dabei mit zurückgelegtem Kopf den Weißhaarigen anschauend, der gedankenverloren an einem Stück Fleisch kaute, habe sich erst, seit er in den Ruhestand getreten sei, seinen Söhnen geöffnet und sich ihnen mit etwas anderem genähert als der Ermutigung, Arzt zu werden. Die ganze Geschichte mit den Jungmädchen-Neigungen von A. habe er nie ganz ernst genommen, immer verharmlost und eigentlich gar nicht begriffen. Bis eben das traurige Unglück geschehen sei, dessen Ansätze man mit dem richtigen Blick, sagte der Geburtstagssohn, der schon seit einigen Stunden keinen Geburtstag mehr hatte, schon Jahre zuvor hätte erkennen können, er habe sich im Lebensbaum immer mehr verstiegen, auf immer dünnere Äste, immer schneller steigend, bis er dann stürzte. Der Sohn stand auf, blickte in die Runde, und setzte sich wieder. Nach einer Weile, nach der er aber nichts sagte, schaute er seine Freundin an und dann sagte er, so, jetzt ist es aber Zeit. Er bedankte sich noch einmal wortreich bei den Übriggebliebenen, trat vor die Tür, räumte ein paar Möbel unter das schützende Vordach und war bald verschwunden.

Zu diesem Zeitpunkt, waren sich die Gäste später einig, war der Filmschauspieler bestimmt nicht mehr unter ihnen gewesen, es konnte sich aber auch keiner daran erinnern, ihn weggehen gesehen zu haben, vor allem dachten alle, es hätte doch ein filmischer Abgang gewesen sein müssen. Bevor alle heraustraten und sahen, was gesehen zu haben sie später wieder in Zweifel zogen, kam nur der Jugendfreund noch einmal auf jenen Onkel zu sprechen, von dem ihm der Sohn erzählt hatte. Das sei ihm geblieben, sagte der Jugendfreund, dass dieser Onkel, ebenfalls ein führender Arzt, ein Chirurg, im Beruf überaus erfolgreich gewesen sei, im Privatleben aber mit seiner Ehe und den drei Kindern sehe es anders aus. Die Frau sei ihm abgehauen und von den Kindern sei eines geschieden, ein anderes habe schon zwei Drogenentziehungskuren hinter sich und der dritte schreibe ihm jedes Jahr eine Postkarte, auf der stehe: Mach endlich Schluss. Geblieben sei ihm jedenfalls die Selbsteinschätzung jenes Onkels: Alle diese Karrieren der Nachkriegszeit seien wie ein heller Saal, mit prunkvollen Lüstern und silbernem Besteck und rauschenden Kleidern, während in ihrem Privatleben immer nur eine düstere Kammer mit eingestürzten Balken und Spinnweben zu finden sei, immer diese zwei Räume, Karriere und Privatleben, der prunkvolle Saal und die düstere, modrige Kammer. Als der Jugendfreund kurz einen Schluck nahm und eigentlich fortfahren wollte, standen plötzlich alle auf, überraschend flink, als wollten sie diesen letzten Redseligen von sich schütteln, da er gar nicht zur lauen Sommerluft passte. Genau dann, als sie alle noch einmal vor die Tür auf die Veranda traten und über den Garten schauten, passierte es. Der Tag hatte sich von einer schüchternen Ankündigung zu einem Dämmerzustand gemogelt, aus dem es kein Zurück mehr gab. Die feuchte Luft drückte auf die aus dem Grau auftauchenden Konturen, man wusste nicht recht, waren die Farben, die man mit dem müden Blick herausschälte, Erinnerungen an Farbtöne, wie sie sein mussten, oder wurden sie schon im Heute wahrgenommen. Auf dem Tisch standen umgestürzte Flaschen, Teller, die von den fleißigen Abwaschenden nicht gefunden worden waren, ein Häuflein Reispfanne, an dem man sich übernommen hatte, ein halb mit Sekt gefülltes Glas, das zwischen zwei Sätzen abgestellt nicht mehr den Weg zurück in die gestikulierenden Hände gefunden hatte. Über allem schwebte ein Dunst, der sich mit feinen Tröpfchen auf die Gläser und die wie schwitzenden Porzellanteller geschlagen hatte, auch vom Sonnenschirm hingen tauschwer die Bahnen, und auf einmal sagte der Tischlersohn, schaut mal da, und dann sagte auch der Jugendfreund, schaut, da. Die Gesellschaft war sich wie gesagt im Nachhinein gar nicht mehr sicher, ob es diese Erscheinung tatsächlich gegeben hatte oder nicht, aber unten, über dem dunstüberzogenen Rasen, hinter den als gelb zu erahnenden Heckenrosen, auf dem staubigen Feldweg glitt in diesem Moment ein schwarzer Dreieckshut vorüber, darunter ein hell schimmerndes Clowngesicht, und ganz langsam hob die Gestalt auf dem Fahrrad, das man jetzt einigermaßen erkennen konnte, ihre Hand vom Lenker, schwenkte sie wie in Zeitlupe zwei, drei Mal hin und her, man sah kurz das goldene Metall des Saxophons aufblitzen, bevor die Gestalt von den geschnittenen Heckenrosen und einem geparkten Auto wieder verschluckt wurde. Alle hielten ein paar Sekunden die Luft an, bevor sie ihre starren Glieder regten, aber niemand sagte etwas. Jemand scharrte mit dem Fuß, irgendwo fiel ein Glas um und auf einmal war von hinten die Stimme des Weißhaarigen zu hören, herrlicher Morgen, einfach herrlich, nicht wahr, übrigens, ist Ihnen Tschechow ein Begriff, er schaute in die Runde der ihn mit großen Augen anstarrenden Gäste, ich meine Tschechow, den Schauspieler, nicht den Schriftsteller, da gibt es doch noch einen Schauspieler, der mit ihm verwandt ist, schauen Sie nur, ein herrlicher Morgen. Er klopfte seine Oberschenkel ab, griff in die rechte Hosentasche und zog ein Streichholzbriefchen hervor. Mit seinen etwas knochigen Fingern öffnete er das Briefchen, löste ein Streichholz aus der Reihe und hielt es an den braunen Streifen. Er zog die Hand ruckartig zurück und eine Flamme leuchtete auf. Behutsam führte er sie an die ausgegangene Zigarre in seinem Mund und sog an ihr, ein Mal, zwei Mal, bis der Tabak aufglomm.

RICHARD DAVID PRECHT

Baader braun

Der Philosoph Platon mochte die Dichter nicht. Er meinte, dass sie lügen.

Das stimmt.

Ich zum Beispiel lüge sehr viel.

Ich lüge, wenn ich sage, dass ich niemals Geld aus dem Portemonnaie meiner Mutter genommen habe, wenn ich nach dem Einkaufen im Edeka ins staubige Postamt in der Kullerstraße ging, ein kleiner Raum mit einem einzigen Schalterbeamten bemannt und einem Schirmständer, den ich nie benutzt habe, und einem schlaffen Philodendron mit gelben Rändern.

Meine Tante, die gegenüber in der Metzgerei Teewurst und Rinderhack verkaufte, sagt, dass ich viel zu oft ins Postamt gegangen bin. An der Wand hing der flache Kasten mit dem silberglänzenden Metallrand, und der Schalterbeamte sagte

– der Nächste

und ich, während ich den Kopf zur Seite gedreht hielt, so dass ich den Kasten im Auge hatte und jede einzelne Marke darin durch meine Brillengläser prüfen konnte, die *Jederzeit-Sicherheit*-Marken zuerst, den blaugrünen Schuh, der in den Nagel tritt wie auf einer Kinderzeichnung und den karminrot zuckenden Blitz auf der Vierziger, der wie das Kabel des Bügeleisens aussah, das auch ein Zickzackband hatte, wie eine Kreuzotter, (Gartenschläuche waren Nattern, Feuerwehrschläuche waren Boas), ich sagte

– Zwei Siebziger, bitte

obwohl ich keine Siebziger brauchte (wer braucht schon Siebziger, auf jeden normalen Brief kommt eine Fünfziger). Ich brauchte sie nicht, ich wollte die Siebziger, Heinemann braun, aus dem Satz mit den einundzwanzig Heinemännern unter Glas an der Wand, das gleiche Gesicht, der gleiche Ausdruck, die Stirnglatze, die Brille, der steife Nacken, der verletzliche Mund.

Nur die Farben waren anders, das machte den Unterschied, der blaue Heinemann sah wirklich sehr nach Post aus, nach einfachem Anzug und korrektem Leben; der olivgrüne war säuerlich, der braune streng, ein wenig verbittert, der helle Vierziger blass wie Limonade.

Der Allerbeste aber war der Neunziger, purpurrot, wie ich ihn aus dem Michel-Junior-Katalog kannte, heroisch und würdevoll. Kein schnöder Postkasten, kein abgezählter Satz bot ihm einen passenden Rahmen, er war nur wenige Tage im Postamt zu haben gewesen, vor langer Zeit. Jetzt existierte er nur noch im Katalog und bei den Versandstellen für Sammlermarken, kein Stempel konnte einen Neunziger entwerten.

– Siebziger will ich.

Der Schalterbeamte hatte nicht einmal aufgeschaut, seine Finger kramten den Bogen hervor und knickten die Marken ab, sein fester Handballen trennte sie sauber heraus.

Und dann erst sah ich den zweiten Schaukasten, auf gleicher Höhe wie der erste, und darin das Plakat, all die Köpfe, die waren auch rot, sagte meine Mutter, wie die Neunziger, aber man konnte es nicht sehen, die Köpfe blickten finster, mehr schwarz als weiß, und ließen sich das Rot einfach nicht anmerken. Sie waren verschieden, nicht das gleiche Bild wie bei Heinemann. Beim erstenmal war der Satz noch komplett gewesen, alphabetisch geordnet, die Wertvollen und die Wertlosen ließen sich nicht unterscheiden, aber die Würde der tiefroten Neunziger hatten sie allesamt nicht, das sah man wohl. Keinen davon hätte ich sammeln wollen, nicht einmal verraten, ich wollte überhaupt nichts damit zu tun haben, noch bevor ich zu Hause hörte

– das verstehst du sowieso nicht.

Zu Hause, das war, wo die Mauersegler durch die Häuserschluchten schossen, die schrillen Schreie nach Süden, die Heißmangel ihre breite weiße Zunge herausstreckte, meine Mutter mit Herrn Christians Rasen einsäte und Zementplatten verlegte um die Beete herum, ein Einsteckalbum neben das andere für Blumenzwiebeln, Tulpen, Narzissen und Hyazinthen, und auf Christians Balkon wuchs das Geißblatt an der Regenrinne bis zur Mansarde herauf, wo die Alben auf mich warteten mit den Marken, *Jederzeit-Sicherheit* und *Gustav Heinemann*.

– So, junger Mann

gab mir der Schalterbeamte die zwei kleinen braunen Köpfe, einen für mich und einen zum Tauschen mit Herrn Christians, der schon im Hof auf mich wartete, das dicke Album auf den Knien und der leise Wind darüber hinweg, und man aufpassen musste, wenn man die Marken mit der Pinzette herauszog, dass sie nicht wegflogen über die Steinplatten zu Diergards Farbenladen oder ins Kellerfenster der alten Albers, diesen schwarzen Schlund mit den Gerümpelzähnen davor, Blumenständer und Ölkannen schemenhaft wie eine Kohlezeichnung. Vielleicht flogen die Marken sogar noch weiter bis zum oberen Hof, wo Martin Lokotsch und Norbert Olschewski auf ihren Eisengeländerpferden am Kellereingang saßen und nach jedem erfolgreich abgewehrten Indianerangriff ihre heißgeschossenen Winchesters kalt pusteten.

– Eine Mark vierzig.

Meine Tante, die gerade aus der Metzgerei gekommen war, sagt, dass sie genau gesehen hätte, wie ich das Portemonnaie geöffnet hätte und Geld herausgenommen und in die Hosentasche gesteckt habe.

Das ist gelogen.

Ich hätte das Geld nie vor der Post aus dem Portemonnaie genommen, schon aus Angst vor Türken und Rockern, die mir das Geld hätten entreißen können, oder dem dicken Mischke, der mir so oft auf dem Schulweg auflauerte. Ich brauchte das Geld gar nicht herausnehmen, ich konnte es genauso gut im Portemonnaie lassen. Ich brauchte es erst jetzt aus der Tasche zu kramen und eilig die Silbermünzen in den Drehteller zu schieben, wo sie lagen, viel zu lange, zu sichtbar und zu anklagend für meinen Geschmack, während der Schalterbeamte die dicke Ledermappe mit den Bögen darin schloss und gemächlich die behaarte Hand ausstreckte, das Geld teilnahmslos in die Kasse legte, während ich den Kopf weggedreht hielt, das Herz jagte und meine Augen an der Wand die Belohnung über den Köpfen studierten: *Sachdienliche Hinweise zur Ergreifung*.

– Ist noch was?

Ich wollte keine Belohnung. Ich würde sie ohnehin nicht kriegen. Wahrscheinlich war sie eine Falle, ein Trick, so anrüchig und unglaubwürdig wie die Lotto-Gewinn-Schecks im Briefkasten, von denen meine Mutter sagte, dass das sowieso nur Werbung sei. Aber ich, ich war wirklich, und ich hatte das Geld genommen, etwas Unrechtes getan, das wusste ich wohl, als ich mich wegdrehte und schweigend aus dem Postamt ging und mich das helle Licht draußen anstrahlte, das alles an den Tag bringt, in dem Herr Pollack seinen grünen Audi wusch, Herr Pollack mit dem Schnauzbart und der Kunstlederjacke, den keiner mochte und mit dem keiner redete, die Seifenschlieren über den Asphalt liefen und hinter der Toreinfahrt Herr Christians auf der Treppe hockte und auf mich wartete, wie ich die heißen 70er in den Hof trug

– die Marken dabei, Robert?

Er begutachtete kurz die Gummierung, leicht gelb und ganz unversehrt, er konnte die Marken gebrauchen, auf seine großen Briefe kleben. Die gestempelten Lübkes, die er mir gab, die 30er *Philatelistentag Garmisch-Partenkirchen* und *20 Jahre Vertreibung* waren mehr als genug dafür. Und so saßen wir in der Sonne, zwei Männer, die das Ihre getan hatten, aus der Heißmangel kam Dampf, und ab und zu kreischte es in der Luftballonfabrik. Ich blinzelte ins Licht und zu Herrn Christians hinüber und war froh, etwas Gleichwertiges zu besitzen, etwas, wofür es sich wirklich gelohnt hatte, Unrecht zu tun.

Das Jahr 1977 war ein guter Jahrgang, die 140er *Europaparlament Strassburg* in wenigen Wochen ausverkauft, ich kaufte *Jean Monnet* postfrisch und mit dem Geld aus dem Portemonnaie meiner Mutter auch den wunderschönen Jugendstil-Block. Ein heißer Herbst stand bevor, und ich, wie alle wahren Philatelisten, freute mich über den schnellen Anstieg der Werte. Mein Opa Herbert aber schlug mit der fleischigen Pranke auf die selbstgezimmerte Theke seiner Hausbar

– kurzen Prozess, sage ich

und dann noch mal, laut gebrüllt, dass es durch alle Räume der Villa dröhnte

– aber ganz kurzen Prozess

während er den Whisky runterspülte, die schwere Linke auf den großen schwarzen Zeitungslettern

– der Schleyer, das ist für mich ein Held, ein Held ist der.

Die halbentblößten Brüste der Zigeunerin im Holzrahmen vibrierten, und meine Mutter, erschrocken, viel zu erschrocken, murmelte jetzt nur noch sehr leise, dass man die Umstände doch gar nicht so genau wüsste.

Aber Opa Herbert brauchte keine Umstände. Er wusste genug über die Terroristen und seinen Helden, den Schleyer, diesen hässlichen Kopf, der leicht verknittert unter seiner Faust verschwand und der überhaupt nicht wie ein Held aussah, eher wie Opa Herbert selbst, der für mich niemals ein Held war, auch nicht, wenn er wie so oft vom Krieg erzählte und diesen letzten Zigaretten, die man sich da sterbend geteilt hatte.

Opa Herbert dagegen lebte noch immer und rauchte einfach weiter. Ich sah meine Mutter, die Schultern eingesunken, und ich wusste erst recht, dass dieser Schleyer kein Held sein konnte, wobei die Ritter mir von den staubigen Bierkrügen auf dem dunklen Regalbord zunickten, die leuchtenden Landsknechte auf den Kristallglashumpen, die schwere Kupferlampe und der übervolle Aschenbecher sich in der Scheibe spiegelten und draußen die Dunkelheit sich bleigrau über den Fluss senkte.

– ein Held, sag ich.

Meine Mutter blickte jetzt auch hinaus, das Vogelfutterhäuschen musste ihr den Blick auf das Wasser nehmen, keine kleinen Vögel, nur ausgefranste Krähen noch in der Dämmerung

– die ganze Bande, ex und hopp

Ich hörte sie seufzen. Sie tat mir Leid, die Landsknechte pressten die trotzigen Lippen aufeinander, die Zigeunerin lächelte mir aufmunternd zu, bis mir klar wurde, was sie von mir verlangten, dass ich mich für sie einsetzte, die Unterdrückten, für meine Mutter, mit der vergessenen Zigarette in der reglosen Hand, die nicht gegen ihren fleischigen Vater ankam, nie angekommen war und jetzt nichts anderes konnte als schweigen und aus dem Fenster sehen.

Ich aber hatte das Signal gehört und verstanden, dass etwas Unrechtes vorging und dass meine Mutter Hilfe brauchte gegen diesen Menschen, der mein lieber Opa sein wollte und doch nur diese drohend erhobene Faust war, die einem Bulldozer gehörte, der meiner Mutter eine sehr alte Angst machte, ich sagte

– ich finde die gut.

Opa Herbert, den stieren Blick auf mich gerichtet, flüsterte heiser

– wen?

Die Leere einer nie gekannte Stille.

– die Terroristen, sagte ich.

Die bunten Landsknechte gefroren in ihrem ewigem Eis und regten sich nicht mehr, die Zigeunerin lächelte nicht mehr so einladend, mein Opa aber, das Whiskyglas in der plötzlich gelähmten Hand, blickte mit offenem Mund wie irre geworden in eine unverständliche Welt, in der meine Mutter nun aufsprang, mich streng und dramatisch an der Schulter fasste

– du musst jetzt nach Hause

obwohl es noch nicht sieben Uhr war

– sofort nach Hause

mir Geld für den Bus gab, irgendetwas rasch in die Hosentasche gesteckt, die Tür aufriss, mich hinausschob in den dunklen kalten Abend, die Haustür schlug zu, und Hunderte von Krähen flogen jetzt über den Fluss zum Bahnhof hin, Geächtete wie ich, überzählige Werte, aussortiert aus der Welt der Gerechten. Ich beachtete meine Tränen nicht, die jetzt ungehemmt flossen, weil meine Mutter nicht hatte sehen wollen, was ich für sie getan hatte, weil sie zu schwach gewesen war, dachte lieber an die Terroristen, die auch keiner verstand, während ich zur Haltestelle lief und dem Haus meines Opas den Rücken kehrte, dem Reich ungezählter Patentantennasskküsse in geblümten Betttüchern, Schokoladenosterhasen in geharkten Vorgärten, dem Katalog des Guten, aus dem ich verbannt war und nun für immer verbannt sein würde.

Wenn die Nacht am tiefsten ist, ist der Tag am nächsten. Ich wusste, dass ich das Richtige getan hatte, wusste, dass es kein Zurück mehr gab. Meine Welt hatte sich verändert, ich war erwachsen geworden und bereit, weiter und weiter zu gehen auf meinem neuen Weg. Ich entwarf einen Terroristen-Satz mit den Namen aus der Zeitung und von den Plakaten, 40er Raspe orange, 50er Ensslin rot, 60er Krabbe violett, 70er Baader braun, immer wieder tauschte ich die Namen und Werte, bis ich für jedes Gesicht die passende Farbe fand.

Die Terroristen lebten in meinem Zimmer wie in einem Einsteckalbum, hatten hier einen sicheren geheimen Unterschlupf. Draußen auf der Straße aber machten sie derweil alles anders. Selbst das Wetter war anders, mehr Krähen, und es regnete weniger.

– Es regnet nicht mehr

sagte der Metzger in der Metzgerei, meine Tante hatte Stullen geschmiert, die ausgehungerten Topfpflanzen im Fenster hingen aus ihren grünen Faltpalisaden, der Metzger sortierte Gulaschwürfel, aus dem Transistorradio kam Neues von den Terroristen.

Ein Gutes hatten die Terroristen, die Leute hatten jetzt ein Thema, über das sie miteinander sprachen, aber stets leise, irgendwas war unanständig dabei, und vielleicht musste man sogar Angst haben, manche Leute sagten, sie hätten Angst.

Die Leute waren jetzt die Guten, alle bis auf Herrn Pollack, mit dem noch immer keiner redete. Selbst meine Tante war gut, sie fühlte sich bedroht und zu dem Metzger hingezogen, der katholisch war und sich wie sie um den Papst sorgte

– der nächste wird ein Neger

Vielleicht musste man jetzt auch den Metzger entführen, dachte ich, fett und mit Tränensäcken unter den Augen wie der Schleyer, vielleicht musste ich den Metzger entführen.

– ein Schwein dachte ich

die Hände des Metzgers noch voller Reste von Gehacktem, versprenkelten Tupfen, das Rote unsichtbar auf der rosigen Haut, nur weiße Flocken, die man sehen konnte

– erst schießen, dachte ich, wenn du das Weiße auf seinen Händen siehst

den Händen des Metzgers, der jetzt ein großes Haus baute, gegen die Terroristen, die Neger, sicher und wuchtig
– ein Neger, grässlich.
Überall am Stadtrand entstanden Neubau-Siedlungen, die Leute zählten ihr Geld und flüsterten, man wusste ja nie, wegen der Terroristen. Die wilden Felder meiner Kindheit voll Flughafer und Klatschmohn verschwanden, ein zugeklapptes Märchenbuch, die Bagger kamen und Kräne und hoben grauenvoll wirkliche Löcher aus. Wenn die Leute schon sterben mussten, dann wollten sie es wenigstens in ihren eigenen Gärten tun, zwischen Glasbausteinen und Rittersporn und der Garagenwand aus künstlichem tiefschwarzen Schiefer.
– Und die Marken, Junge?
Der Metzger war freundlich, er wollte die Tante
– Peng! Peng!
zuckte der Zeigefinger. Ich schwieg, blickte finster in die Auslage, Rindskopfsülze, Zungenwurst, Feldpost-Briefe sammelte der Metzger, *Böhmen und Mähren* und *Generalgouvernement.* Er würde seine Marken nicht brauchen, dort wo ich ihn verstecken würde, im Gestrüpp hinter der Unterführung am Schaberger Bahnhof. Aber auch ich würde meine Marken nicht mitnehmen können in mein neues Leben, dieses Leben, das mir bevorstand, wenn ich erst in den Wäldern an der Müngstener Brücke lebte.
Der Metzger war weg, hinten in der Schlachtstube.
– Ich hab dich gesehen, vor dem Postamt, zischte die Tante leise und barsch, den Mund faltig gespitzt, ein böser Trichter, wie bei Annette Kolb, *Bedeutende Frauen,* die 30er braun.
Warum konnte ich keine Tante haben, weich wie Blütenschnee, eine Tante wie Gertrud von le Fort in wunderschönem Blau, die seltene 70er?
Ich liebte Gertrud von le Fort.
Ein phantastischer Name.
– Wenn ich das deiner Mutter erzähle
Aus der Schlachtstube kam kurzes Klacken, Schlag auf Schlag.
– Sag's doch, sag's doch

Ich war illegal, für mich galten keine Vorschriften mehr, keine Gesetze, ich war auf der anderen Seite.

Meine Tante presste die Lippen aufeinander wie mit Uhu verklebt, kein Wort mehr. Der Metzger kam zurück, Blut auf der Schürze, die Augen wässrig und leer wie ein Hund, einer, der mehr Glück als Verstand hatte.

– Schwein gehabt

Ich drehte mich um, die Augen zu Schlitzen gezogen, und lächelte vieldeutig.

Ich kannte keine Angst mehr, ich war nicht allein, nur manchmal, wenn ich mir einen Vater wünschte, einen, der uns nicht verraten würde, der bei meiner Mutter und mir blieb, oder wenn ich mir Nachts dann doch ausmalte, wie meine Tante mit meiner Mutter redete, ihr von ihrem Sohn erzählte, der sie beklaute, merkte ich, wie etwas heiß in mir wurde. Ich versuchte an die Terroristen zu denken, kaltblütig, ich fasste meinen Puls, zählte die Schläge und beruhigte mich, die Hitze verschwand.

Weil alle Leute Angst vor den Terroristen hatten, verfolgten sie sie in den Nachrichten. Ringsum wurde davon geredet, auch auf dem Schulhof, der dicke Mischke wusste alles darüber, er konnte sogar gleichzeitig in die Pissschale pinkeln und davon berichten. Ich stand daneben, wie ich in der Schule immer daneben stand, aber diesmal noch weiter entfernt als sonst.

Eine Stunde später saßen wir im Deutschunterricht, wo Brigitte Warnke, von der es hieß, dass sie schon einen Busen hätte, soeben das erste Mal rübergeschaut hatte, weil ich den Bleistift weit herausstehend ins Federmäppchen geklemmt, sehr englisch

– Roger

hineinfunkte. Und nun ein zweites Mal, weil ich ins Federmäppchen raunte

– den Schleyer? Erschießen? Geht in Ordnung.

Das Lächeln auf dem Gesicht meiner Lehrerin gefror.

– Jetzt wird aufgeräumt

sagte ich, lauter jetzt und in die ganze Klasse hinein

– weg mit den Schweinen. Der Baader, der räumt auf, der Raspe auch und der Stoll.

Ich verteidigte die Terroristen so lauthals, dass meine Lehrerin, die schon dreizehn Jahre in der Schule war und damit dreizehn Jahre zu lang, die ersten Anzeichen echter Betroffenheit erkennen ließ.

– die knallen alle ab, sagte ich kopfnickend.

Meine Lehrerin starrte noch immer fassungslos, Brigitte Warnke aber hing an meinen Lippen. Keiner sagte ein Wort, nie hatte man mir so zugehört

– jetzt kommt die Gerechtigkeit, sagte ich ruhig und kalt.

Der dicke Oliver Mischke brüllte jetzt, die Gunst der Stunde nutzend, in die Klasse

– aufhängen, aufhängen!

und in das blasse Gesicht meiner Lehrerin hinein

– alle Terroristen an den Baum!

brüllte weiter unter dem Gegröle meiner Mitschüler, weil endlich mal was passierte

– hängen, hängen, den Robert auch!

Meine Lehrerin aber, die nie etwas anderes von Gerechtigkeit wusste als die gefriergetrocknete Moral in dem Reclamheftchen vom Ja-Sager und dem Nein-Sager

(ich habe nie einen solchen Blödsinn gelesen)

führte mich, den einzigen und wahren Ja-Sager,

– hängen, hängen!

den weiten Weg durch die phantasieverlassenen Flure zwischen all den Schluchten aus Waschbetonwänden hindurch bis ins Direktorenzimmer ab, während ich nur die großen teilnahmsvollen Augen von Brigitte Warnke vor mir sah, das Geodreieck am staunenden Mund

(sie hatte wirklich schon einen Busen)

und tapfer, noch ganz der Held, der ich soeben vor ihr gewesen war, der versammelten Weltsicht des aufgebrachten Direktors trotzte, der mir als erstes die Hände aus den Hosentaschen abverlangte

– das kann ich mir denken, bei dem da, gerade bei dem

und natürlich schon vorher gewusst hatte, was ich für einer bin, so dass ich nur eine Trommel für ihn war, aus der er Stück für Stück Lose herauszog, auf denen er die passende Nummer zu meiner Tat suchte, den absoluten Hauptgewinn, sachdienlichen Hinweis zur Ergreifung, bis ich mir zu meiner soeben entdeckten Terroristengesinnung tatsächlich den Revolver herbeiwünschte, trotzig, standhaft und purpurrot wie eine 90er Heinemann.

Auf der Straße lag Laub, ein modriger süßer Geruch, etwas, das atmete, gemeuchelt von der Kälte, aber erst später hinter dem Friedhof kamen mir die Tränen über all die Ungerechtigkeit der Welt. Ich ging durch die Moltkestraße, um die Bismarckstraße machte ich einen Bogen, zu viele Rocker, die vor dem stillgelegten Eiscafé *Venezia* auf zwölfjährige Schulkinder lauerten, ging lieber am Schaberger Bahnhof entlang, den versteckten Weg vorbei am Schlachthof aus blutwurstroten Ziegeln und den Gesenkschmieden mit ihrem biblischen Eisenschrott, der Messerfabrik mit den untersetzten mürrischen Arbeitern im Hof mit Kinnbärten und großen schwarzen Hunden. Ich sortierte den ganzen geheimen Terroristen-Satz einschließlich der Ergänzungswerte im Kopf durch, bis ich mir ganz sicher wurde, eine kalte sichere Ruhe, die ich nach Hause trug, eine Klarsichthülle, die mich verschloss, als ich von meiner Mutter hörte

– Bist du nun völlig verrückt geworden?

Auf dem Tisch lag die Abendzeitung, sie hatten ein Flugzeug entführt, meine Terroristen, die jetzt überall waren, ein Flugzeugs, das »Landshut« hieß

– *Landshuter Fürstenhochzeit, Landshuter Fürstenhochzeit*

flüsterte ich, die Sondermarke, eine 50er mit den verwegenen Rittern darauf, Kämpfer wie die Landsknechte auf den Kristallgläsern über Opa Herberts Hausbar, an die ich noch dachte, als ich um sieben in Christians' Wohnzimmer in den riesigen violetten Polstersesseln saß und mit den Christians-Kindern »Rauchende Colts« guckte. Natürlich tat ich so, als ob ich nichts wüsste.

Aber ich wusste es. Nur ich allein. Ich wusste Bescheid.

Die Terroristen gingen nach den Marken vor, das Jahr 1975, den Schleyer hatten sie für den *Hans Böckler* genommen, 40er grau/grün, dann die *Landshut*-Marke, und bald schon würden sie in Mainz zuschlagen, *1000 Jahre Mainzer Dom* kam als Nächstes. Ganz unheimlich wurde mir zu Mute, wie langweilig erschienen mir mit einem Mal die »Rauchenden Colts«, ich wusste jetzt, was ich zu tun hatte, ich musste nach Mainz fahren in den Dom. Zu Hause im Bett schlug ich den Diercke-Schulatlas auf, fünfzehn Zentimeter mit dem Lineal waren dreihundert Kilometer in echt, irgendwie musste ich das schaffen, hinzukommen und Kontakt mit ihnen aufzunehmen. Ich war sicher, dass es mir gelingen würde, wenn ich nur irgendwie nach Mainz kam, am nächsten Sonntag vielleicht, wenn keine Schule war. Draußen auf dem Hof schepperte ein Garagentor, der Lack des grünen Audi spiegelte unter der Straßenlaterne, Herr Pollack verschwand in seinem Auto, der Motor rasselte.

Am nächsten Morgen war alles vorbei. Holger Christians freute sich

– vielleicht gibt es schulfrei

Die Terroristen waren tot.

Erschossen. Die Bilder in der Zeitung waren schrecklich, das Flugzeug, zerfetzte Leichen. Baader, Ensslin, Raspe auf der ersten Seite der Zeitung waren auch tot. Herr Pollack war nicht mehr da.

– Verhaftet, flüsterte meine Tante.

– Geholt, den Pollack, nickte der Metzger beim Frühstück in der Metzgerei.

Mir wurde flau, ich konnte nichts essen

– Jetzt räumen sie auf, und zwar gründlich, der Metzger kaute mit Genugtuung

Wenn sie gründlich aufräumten, würden sie wohl auch mich holen. Die Klassenlehrerin würde mich verpfeifen, hatte mich vielleicht schon verraten, oder der Direktor, der dicke Mischke war längst bei der Polizei gewesen und meine Tante auf der Wache, hatte es längst bestätigt.

– Er hat immer das Geld aus dem Portemonnaie seiner Mutter genommen.

Ich war verloren.

– Für Briefmarken, er hat alles für Briefmarken ausgegeben.

Sie hatten mich.

– Er hat immer zu allem »Nein« gesagt, selbst zu Brecht, versicherte meine Klassenlehrerin.

Aus, alles aus.

– Er hat einen Revolver, behauptete der Direktor.

Die Polizisten hatten die Stirn gerunzelt. Immerhin, ich war minderjährig.

– Er hat nie etwas Unrechtes getan, glauben Sie mir, log meine Mutter und schielte traurig ins Portemonnaie.

– Es ist nur, weil er keinen Vater hat.

Ich brauchte keinen Vater, ich brauchte ein Alibi. Der Schleyer war tot. Am nächsten Tag im Radio. Erschossen aufgefunden in einem grünen Audi.

Es gab kein schulfrei.

Meine Angst blieb, verebbte nur langsam.

Die Tage vergingen.

Herr Pollack tauchte wieder auf und wusch seinen Wagen, so als wäre nichts gewesen.

Im Postamt wurde das Porto erhöht, und die ersten Heinemänner mit falschem Wert wurden heraussortiert. Der Satz franste aus und verkürzte sich, auf violette 60er Marken folgten jetzt blaugrüne 80er. Auch die Terroristen wurden weniger, aber sie kamen nicht zu den Versandstellen, sie wurden durchgekreuzt: Stoll, Speitel, Knoll, van Dyck. Nach und nach kamen Kreuze auf die Gesichter, sie galten nicht mehr, einfach durchgekreuzt, wie im Michel-Junior-Katalog mit den vorgedruckten kleinen Kästchen zum Abstreichen.

Ich fragte mich, an welchem Ort sich dieser Satz wohl vervollständigte, in den Gefängnissen oder besser noch auf den Friedhöfen. Ich stellte mir vor, wie man die Terroristen alle auf denselben Friedhof und nebeneinander in die Gruben legte, dass sie wenigstens hier einmal komplett waren in einer Reihe, jeder an seinem Platz, streng geordnet nach Alphabet und Alter oder nach ihrem Wert.

Sie hatten mich nicht geholt. Es gab Lehrermangel, ein langes halbes Jahr hatten wir Sport mit den Mädchen und ich hüpfte mit Brigitte Warnke rot wie ein Truthahn über einen antiken Turnkasten mit ranzigem Lederbezug. Ich vergaß Gertrud von le Fort. Ich erfuhr zu Hause, dass Herr Pollack in Wahrheit nicht Pollack, sondern Jenusch hieß, und in der Schule, dass es einen neuen Papst gab, der aber wieder mal kein Neger war, dafür ein Pole wie Herr Jenusch, aber was wusste ich schon davon.

Alles, was ich wusste, war, dass ich eines Tages mal wieder draußen auf der Straße stand, auf der es nach Abgasen und Gestern roch, weil alles wie immer war. Wieder dachte ich an Brigitte Warnke, wie sie beim Sport in ihrer schwarzglänzenden Stretchhose federweich über den Kasten gebeugt ihren Po dichter vor mich schob als jede Wirklichkeit, als Herr Christians aus dem Haus kam und Möbel in die Morgensonne stellte, den Blumenständer aus dem Hobbykeller und den Partytisch und augenzwinkernd fragte

– was machen die Marken?

Brigitte Warnke verschwand augenblicklich, die Marken, was sollten sie tun

– weiß nicht

was hieß, dass ich älter geworden war, obwohl noch immer so viel jünger als Herr Christians, dass ich ihm das nicht sagen konnte.

Eine Zeitlang standen wir noch ohne Thema im Hof, und Herr Christians stellte weiter den Sperrmüll an die Straße, die ganze violette Polstergarnitur, und ich rauchte dazu, unbeteiligt und älter. Die Mauersegler schossen noch immer durch die Häuserschluchten, die schrillen Schreie nach Süden, die Luftballonfabrik kreischte, die Heißmangel schob ihre breite weiße Zunge heraus wie früher, und auf Christians Balkon wuchs das Geißblatt.

Aber es war nicht wie früher; es war das Ende. Ich hatte aufgehört, Kleingeld aus dem Portemonnaie meiner Mutter zu nehmen, Lokotsch und Olschewski waren von ihren Eisengeländern am Kellereingang heruntergeklettert, und auch die

Terroristen erschossen nun niemanden mehr. Es gab eine neue Dauerserie, »Burgen und Schlösser«. Wir zogen an den Stadtrand in ein Einfamilienhaus. Die 80er Jahre kamen. Es wurde Zeit.

THOMAS RAAB

Einführung in die doppelte Buchhaltung

Wenn ein Unternehmer etwa dem Finanzamt gegenüber sein Vermögen [...] niedriger darstellen will, um sich der hohen Besteuerung zu entziehen, so wird er bewusst solche Buchführungsfehler begehen, die vermögens- oder gewinnschmälernde Auswirkungen haben. [...] Muss der Unternehmer hingegen gegenüber einer Bank den Wert oder die Rentabilität seines Unternehmens darlegen, etwa um nachzuweisen, dass er einen Kredit zu amortisieren vermag, so wird er – wenn es damit nicht aufs Beste bestellt ist – bemüht sein, [sein] Vermögen [...] höher erscheinen zu lassen, als es wirklich ist.

– A. Gnam und A. Sirch, Buchführungsschliche: Eine Systematik von Fehlern, die nicht mehr lohnen, Stuttgart: Forkel (1953), S. 30

Habenbuchungstext

Endlich kann Lucia ihren Weg auf die Bühne antreten. Energisch steht sie von ihrem Platz zwischen Lisa und Lydia auf dem Sofa im Backstageraum auf. Der Backstagekameramann versucht mit der mobilen Backstagekamera immer genau auf Lucias Gesicht zu bleiben. Ihr Körper schwingt, die lustigen – wie Lukas sagt – Augen funkeln im Lichte der Backstagescheinwerfer. Im Regieraum schaltet der Regisseur und *Entwickler* der Show einen computerunterstützten Bildfilter zu, so dass die Zuschauer vor den Fernsehschirmen den Eindruck einer Videoaufnahme bekommen. Der Filter funktioniert so, dass fünf Bilder pro Sekunde in regelmäßigen Zeitabständen eliminiert und nicht gesendet werden, sowie der Farbkontrast etwas verstärkt, während die Rasterpunktdichte reduziert wird. Lydia flüstert jetzt »Viel Glück!« und Lukas, der sowohl von der mobilen als auch der fixierten Backstagekamera aus gesehen drei Plätze rechts von Lucia auf dem Sofa sitzt, ruft »Jetzt geht's los!« Die fixierte Kamera war, wie immer, drauf bei diesem Rufen; der Regisseur und *Entwickler* wird es bei der nächstwöchigen Zusammenfassung der Ausscheidung dieser Woche zur Sendung kommen lassen können.

Der Weg der Bildübertragung beginnt bei der Fernsehkamera. In ihr wird die mit einem Kameraobjektiv abgetastete Szene auf die lichtempfindliche Schicht der Abtaströhre projiziert, wo sie in ein elektrisches Ladungsbild umgewandelt wird. Dieses Ladungsbild muss dann verstärkt und aufbereitet werden, um schließlich die Kamera über ein Kabel zu verlassen und sich auf eine verwickelte Wanderung durch die Regie, Entwicklung und viele weitere hochkomplizierte Apparaturen bis zum Sender hin zu begeben. Vom Sender wird dann das Bild über die elektromagnetischen Wellen bis zu den oft sehr weit entfernten Fernsehzuschauern weiterbefördert.

Verfolgt man die Live-Sendung auf einem Großbildfernseher, am besten von Sony, kann man jetzt die im Licht der Scheinwerfer funkelnden Lidschatten von Lucia sehen. Die kleinsten Lichtreflexionen blitzen in äußerst kleinen Zeitabständen mal rechts unten, mal links oben, mal in der Mitte von Lucias Lidschatten auf. Im Einklang mit ihren funkelnden Augen ergibt das einen sehr attraktiven, aber auch freundlichen Eindruck bei einer signifikanten Anzahl an Fernsehzuschauern, die sich gerade zu Hause vor den Fernsehschirmen als Zielgruppe beschäftigen. In ihrem zivilen Leben studiert Lucia Volkswirtschaftslehre im dritten Semester. Sie hat den Cut-Off zum Hauptseminar »Einführung in die doppelte Buchhaltung« ohne Mühe geschafft, wie der Assistent aus dem Hauptseminar ihr auf Anfrage berichtet hat, denn am Institut für Volkswirtschaftslehre ist man zur Methode übergegangen, *alle* Prüfungsergebnisse nur noch nach den Kriterien »bestanden« oder »nicht bestanden« auf dem Aushang neben dem Institutseingang aufzulisten. Die Drop-Out-Rate ist im Fach Volkswirtschaftlehre seither um 6,7 Prozent gesunken.

Lucia winkt im Vorübergehen genau dann in die mobile Backstagekamera, wenn das ausgehende Bildsignal im Regieraum auf die erste der beiden mobilen Bühnenkameras geschaltet wird. Dieser Vorgang wurde, wie Lukas in einer Pausenzuspielung berichtet haben wird, in den zehn Tagen vor der Aufzeichnung der Sendung diszipliniert geübt. Schon Lisa, die vor Lucia dran war, hat im Vorübergehen genau dann in die mobile Backstagekamera gewinkt, als das ausgehende Bildsignal im Regieraum auf die erste der beiden mobilen Bühnenkameras geschaltet wurde, und auch Lydia, die nach Lucia an der Reihe sein wird, wird dasselbe tun. Der Regisseur und *Entwickler* der Sendung, die vom Publikum ebenfalls »Casting-Show« genannt wird, hat – so Lukas – die ganze disziplinierte Probezeit hindurch betont, dass das Wichtigste fürs Gewinnen einer solchen Show die Betonung der eigenen Individualität sei. Lucia studiert, und das unterscheidet sie insbesondere von den Zielgruppen unter 18 und über 35, wobei letztere allerdings gerade mehrheitlich Sendungen auf anderen Kanälen verfolgt. Außerdem funkelten Lucias Augen immer so lustig, meinte der Regisseur und *Entwickler* Max Mustermann mehrmals in den letzten Tagen, was sie von den anderen Teilnehmerinnen unterscheide. Eben schaltet der Regisseur im Regieraum das Bildsignal auf die erste fixierte Bühnenzugangskamera.

Das Fernsehsignal wird dem Sender vom Studio entweder über ein Kabel oder – sogar noch häufiger – über Relaisstrecken mit Hilfe der Zentimeterwellen zugeführt. Im Sender wird das Signal der Trägerwelle aufmoduliert. Die mit besonderen Hochleistungsröhren bestückte Endstufe des Senders liefert die erforderliche Hochfrequenzleistung, die über Koaxialkabel oder Wellenleiter den Antennen übermittelt wird. Die Antennen strahlen dann die ganze Leistung in den Raum aus.

Lucias Glockenhosen sind aus dunkelbraunem Samt geschneidert, dessen Faltenspiel an der Kniepartie wunderbar mit dem Licht der eingesetzten Bühnenscheinwerfer harmoniert. Die länglichen Lichtreflexionen an den wenige Zentimeter langen Faltenscheiteln machen bei jedem Schritt Lucias Rotationsbewegungen um etwa zehn Grad, bevor sie augenblicklich verschwinden. Diese Lichtreflexionen sind groß genug, um in der Rasterpunktdichte von Großbildfernsehern für Normalsichtige, Brillen- und Linsenträgerinnen und -träger auf dem Schirm erkennbar zu bleiben oder, sollten diese nicht auf die Rotationsbewegungen achten, doch unterhalb der so genannten Bewusstseinsschwelle durch eine schwache Nervenerregung im Bereich des oberen Zweihügels sowie des angrenzenden zentralen Höhlengraus im Hirnstamm das globale Erregungsniveau aller Zuseherinnen und Zuseher leicht anzuheben, was der Regisseur und *Entwickler* der Show in einer kleineren, ans neurophysiologische Institut der hiesigen Universität vergebenen Pilotstudie testen ließ. In gewöhnlicher Redeweise des Unterhaltungsgeschäfts wird dieses beim so genannten *Standardviewer* erzeugte globale Erregungsniveau »Interesse« genannt, so die Studie.

Auch in Lucias Leib ereignen sich nun einige Vorgänge, was die Mitarbeiter des neurophysiologischen Instituts der hiesigen Universität an der Steigerung der Herz- und Atemfrequenz sowie des elektrischen Hautwiderstands messen könnten. Die Lucias Schließmuskel steuernden Motoneurone wurden, schon lange bevor Lucia ihren Weg vom Backstageraum auf die Bühne angetreten hat, vom Hirnstamm her gehemmt. Lucias Leib befindet sich biologisch betrachtet in einer Notsituation, wirkt aber für die entfernten Fernsehzuschauer enthemmt. Sie lächelt von Innen heraus, wie Lukas immer sagt. Lucia ist eine sehr begabte Künstlerin, meint jetzt der Regisseur und *Entwickler* an seinem Schnittplatz.

Die fünf im Abstand von 72 Grad zueinander montierten Decken-Powerscheinwerfer bringen zusammen 25 kW Leistung. Sie befinden sich in etwa 15 Metern Höhe, man befindet sich im Großen Sendesaal der öffentlich-rechtlichen Fernsehanstalt. Die Bühne hat die Form eines fünfzackigen Sterns. Als Lucia im Hintergrund der Bühne auftaucht, braust im Großen Sendesaal Jubel auf. Sie hat einen wippenden Gang, wie Lukas sagt, und lacht über das ganze Gesicht. Ihr Busen ist wohlgeformt und schwingt. Lucia ist ein schönes Mädchen und studiert Volkswirtschaftslehre im dritten Semester, sagt die Moderatorin, die selbst ein schönes Mädchen ist und ihrerseits acht

Semester Volkswirtschaftslehre studiert hat, bevor sie als Drop-Out die Arbeit beim Sender aufnahm.

Die Magnetaufzeichnung von Lucias Porträt läuft ab. In dem vom Regisseur und *Entwickler* höchstselbst gestalteten Beitrag wird die Individualität Lucias in den Vordergrund gestellt. Lucia ist Studentin der Volkswirtschaftslehre. Ein Sender muss ein Signal ausstrahlen, das genau dem entspricht, auf das der Empfänger abgestimmt wurde. So muss jeder Empfänger, der beispielsweise in Japan hergestellt wurde, Fernsehsendungen im heißen Afrika genauso verlässlich empfangen wie etwa an der Küste des Nördlichen Eismeers, allerdings unter der Voraussetzung, dass der Empfänger nach der entsprechenden Norm arbeitet. Jetzt blitzen im magnetaufgezeichneten Porträt Lucias Augen auf, was vom Bildbearbeiter allerdings zuvor bearbeitet worden ist.

Alle Scheinwerfer gehen an. Sie erzeugen Lichtkegel im Raum über der Bühne, die durch die Luftfeuchtigkeit im Sendesaal bedingt sind, welche thermostatisch auf einen geeigneten Normwert reguliert wird. Lucia blickt kurz in den für das Publikum verdeckten Bühnenmonitor und sieht dort wohl ihre Augen und Hosen funkeln. Der Regisseur und *Entwickler* drückt eine Taste und das Playback beginnt zu laufen.

Sollbuchungstext

Werde ich siegen? Werd ich es schaffen? Wir suchen Menschen, die weiter wachsen wollen, hat der Mustermann, der hier Regie und *Entwicklung* macht, am Anfang gesagt. Und ich will weiter wachsen! Um jeden Preis. Die Ökonomie ist eine defensive Differenzierung des äußeren Drucks auf die ökologische Nische *Mensch*, der durch die von anderen Spezies ausgehenden Gefährdung und Naturgewalten aller Art entsteht. Jetzt muss ich los, die MAZ mit meinem Porträt läuft, wie ich auf dem kleinen Monitor neben der fixierten Backstagekamera sehe.

Was kaum jemand weiß (Lukas zum Beispiel sicher nicht), ist, dass sowohl Dieter Bohlen als auch Arnold Schwarzenegger

Wirtschaft studiert haben. Habe beider Biografien eindringlich studiert und bin, natürlich über das, was zwischen den Zeilen steht, und nicht über das, was dort drinnen zu lesen ist, zur Einsicht gelangt, dass sie ihre Karriere minutiös geplant haben. Ich finde sowohl Dieter Bohlen als auch Arnold Schwarzenegger ziemlich bescheuert, aber sie haben es zumindest geschafft. Habe den Eindruck, die meisten hier glauben, sie könnten durch Talent oder Einsatz und Disziplin zum Ziel gelangen oder indem sie mit irgendeinem dieser Westentaschenmanager schlafen, die hier in Scharen dauernd um uns herumschwänzeln. Studium der Schwanzanatomie im mittleren Management sozusagen. Es ist mir ganz klar, dass ich mit meinem Studium einen Selektionsvorteil habe. Die planvolle Ökonomie im moderndemokratischen Sinn soll innerhalb einer beobachteten Gesellschaftsformation Freiräume erwirtschaften, in denen technisch umsetzbares Wissen generiert werden kann, das wiederum zur weiteren Absicherung der ökologischen Nische dienen soll. Wäre nur meine neue Haarfarbe besser gelungen!

Habe zuviel getrunken in den letzten Tagen. Zwar nur Whisky-Sour, die der Mustermann, der hier Regie und *Entwicklung* macht, immer springen lässt und die Red-Bull-Wodkas, auf die mich Lukas so gerne einlädt, wenn wir nach den Proben bis zwei Uhr früh die Stadt unsicher machen. Aber trotzdem merke ich, dass ich im Unterhaltungsgeschäft verdammt aufpassen muss. Ich, die Aktiengesellschaft. Deshalb wird bei meiner Interessenslage das Motiv, meine Vorzüge größer erscheinen zu lassen, als sie tatsächlich sind, immer mit der Abwägung verbunden sein, ob der jeweilige Vorteil, den ich durch eine übertriebene Darstellung meiner Vorzüge erziele, den Nachteil einer höheren steuerlichen Belastung überwiegt. Bin körperlich einfach nicht so gut beisammen, wie sonst, wenn ich jeden Tag im Fitnesscenter »hopse«, wie Lukas sich ausdrückt. Mein rechter Schuh drückt im Bereich kleiner Zeh. Ich werd's schaffen, ganz klar.

Körperlich bin ich die beste der Kandidatinnen. Lisa hat einen zu kleinen Busen und einen zu großen Arsch, Lucky einen zu großen Busen und einen zu kleinen Arsch, und Lydia hat überhaupt keinen Busen und gar keinen Arsch. Dafür hat sie einen besseren Teint. Lisas Vorteil ist diese irre blonde Mähne, die sie durch die Windmaschine links neben der Bühne voll zur Geltung bringen kann. Lucky hat, soweit ich sehen kann, keinen Vorteil, außer dass sie wirklich singen kann. Ist auf dem *Konservatorium*, diese Angeberin. Wusste gar nicht, was ein Konservatorium ist, aber Tina, die Visagistin, hat es mir erklärt. Sie muss es ja wissen, weil sie selber dort studiert hat früher – allerdings Komposition, wenn ich mich recht erinnere. Soll und Haben müssen immer und unter allen Umständen Null ergeben. Ich glaube, Lisa, Lydia und Lucky haben keinen Sex.

Es ist wichtig, *mehrere Standbeine* im Leben zu haben. Hier allerdings haben alle Kandidaten mehrere Standbeine, schließlich sind wir alle durch eine aufwändige Vorausscheidung gegangen und stellen daher die Elite dar. Meine Handflächen sind nass. Verdammt noch mal, hier geht es um Pop, und ich bin Pop! Warum muss ich nur so aufgeregt sein? Ich bin doch schon Pop und werde es schaffen, so oder so. Der Arbeiter arbeitet unter der Kontrolle des Kapitalisten, dem seine Arbeit gehört. Der Kapitalist passt auf, dass die Arbeit ordentlich vonstatten geht und die Produktionsmittel zweckgemäß verwandt werden, also kein Rohmaterial vergeudet und das Arbeitsinstrument geschont, d.h. nur so weit zerstört wird, als sein Gebrauch in der Arbeit ernötigt. Hoffentlich bricht meine Stimme nicht wieder beim hohen F, so wie bei der Generalprobe. Ich bin Pop, Rohmaterial, das durch die *Kultur* erst zu einem für die Gesellschaft unerlässlichen Wert geformt wird. Sitzt mein schwarzer Ärmel von Yves Saint Laurent noch richtig?

Lukas ist ein hinterhältiges Schwein. Habe das gestern ganz klar gesehen, als ich versuchte herauszufinden, ob er es ernst meint mit seinem Auftritt, und er nur doofe Stehsätze rausbrachte. Der ökonomische Außendruck auf die ökologische Nische Mensch setzt sich insofern innerhalb der Nische fort, als er dort *vormenschliche* Hirnstrukturen anspricht, derer wir als Emotionen gewahr werden. Lukas hat recht kokett gelacht trotzdem. Ich glaube, er will mit mir schlafen.

Erhasche einen kurzen Blick auf den Monitor, der etwa auf dem halben Weg zur Bühne rechts neben dem Bühnenzugang montiert ist. Gott, schau ich gut aus! Danke, Tina! Die Reduktion des Außendrucks auf die ökologische Nische Mensch durch Technik macht also Emotionen mittelfristig zwecklos; die Unterhaltungsindustrie mit ihrem Rekurs auf spontane Gefühle verkörpert demnach ein sentimental antimodernes Spektakel. Meine Hose klemmt ein bisschen im Schritt, wie ich merke. Diese Scheißkostümleute sind die einzigen Unprofessionellen hier. Herz, Seele und Professionalität – das sind die drei Faktoren zum Sieg, hat der Mustermann gesagt, und ich glaube, er hat recht. Diese ganzen Volkswirtschaftler, inklusive dem Assistenten aus dem Hauptseminar, wissen nicht halb so viel wie er über Erfolg. Man darf nicht *zu* spontan sein, hat er zum Beispiel gesagt, und das stimmt, kein Zweifel. Ich werde rocken!

Ich muss besser dastehen. Das Make-up habe ich natürlich dank Tina, der Visagistin, stark verbessern können. Trage auf einem Auge blauen, auf dem andern leicht ins grünliche gehenden Lidschatten. Außerdem haben die im Sender nur die teuersten Kajals, das macht an sich schon einiges aus. Kunst und Wissenschaft nehmen im Rahmen der heutigen Makroökonomie einen durch die Gesellschaft finanzierten Freiraum ein, in dem durch die im Staatsgrundgesetz festgeschriebene Freiheit der Kunst und Wissenschaft untergeordnete Gesetze wie die des Bürgerlichen Gesetzbuchs nicht mit aller Strenge exekutiert werden. *Yves Saint Laurent:* Wenn Tina diesen Namen ausspricht, zittert ihre Oberlippe immer ein bisschen. Ich glaube, sie will mit mir schlafen.

Meine Schritte wanken, kommt mir vor. Dieser Gang, der zur Bühne führt, kam mir bei der Generalprobe viel kürzer vor. Gott, es ist, als müsste ich sterben. Lampenfieber. Der Weg an die Spitze ist hart, aber man kann ihn schaffen, wenn man einen eisernen Willen hat. Na ja, das Studium werd ich ohnehin schmeißen. *Volks*wirtschaftslehre, was für ein altmodischer Quatsch! *Hier* geht's um alles. Hier und jetzt. Es geht darum, ein Star zu sein und dem Publikum etwas zu schenken, damit sie besser schlafen können. Miteinander schlafen. Meine Gedanken sind flüchtig. Lieber an den Event und sein Umfeld denken…

Am besten finde ich in diesem Scheißhaufen eigentlich noch den Max Mustermann. Lässt zwar dauernd sexistische Sprüche vom Stapel und sitzt mit seinem fetten Arsch auf den Milliarden der Bertelsmanngruppe, aber immerhin ist er nicht so verlogen wie Lukas. Er nennt es eine demokratische Errungenschaft, dass zum ersten Mal in der Naturgeschichte des Menschen ein wohlgeformter Hintern – ja, so sagt er – ausreicht, um die Berufsbezeichnung »Künstler« für sich zu beanspruchen. Das künstlerische Schaffen, die Vermittlung von Kunst sowie deren Lehre sind frei; so steht es im Gesetz. Jetzt bin ich gleich auf der Bühne. Mein Gott, werde ich es schaffen? Sitzt meine Frisur noch? Gerade war alles noch paletti, wie ich in dem kleinen Schminkspiegel feststellen konnte, der im Yves Saint Laurent-Lippenstift genialerweise an einem Ende kaschiert eingebaut ist. Ich will mit Max schlafen, ich mag seine tiefe Stimme.

Im Grunde sieht Leon ja besser aus als Lukas. Aber er ist einfach ziemlich arrogant. Hat schon mal irgendeine Wurstrolle in irgendeinem Musical gespielt, und das scheint ihn wirklich überheblich gemacht zu haben. Gut, mit dreizehn ist das schon etwas. Sieht wirklich fantastisch aus. So natürlich. Echte schwarze Locken bis zu den Schultern. Schwarz! Das muss man sich mal vorstellen. Ich hingegen mit diesen dünnen brünetten Federn, die noch dazu einen Graustich haben. Soll und Haben müssen in der doppelten Buchhaltung inklusive Saldo immer Null ergeben. Zum Glück hat mir Tina empfohlen, die Haare rot zu färben. Ich hab richtiggehend bemerkt, dass ich durch dieses Färben mehr Selbstbewusstsein bekommen habe, auch wenn die Farbe noch nicht optimal wirkt. Gehe jetzt auch viel aufrechter, und die Handbewegungen in der Solochoreografie, die mir immer so viel Schwierigkeiten gemacht haben, funktionieren plötzlich wie von selbst. Die Choreografie unseres gemeinsamen Auftritts ist auch Spitze, weil ich da immer den direkten Ausblick auf Leons süßen dreizehnjährigen Hintern habe. Eigentlich glaub ich ja, dass ich lesbisch bin.

Tina glaubt das, glaube ich, auch. Sie streichelt mit ihrem Handrücken immer auffälligst über meine Wange, wenn sie mir meine neue rote Locke über dem rechten Auge vor einer wichtigen Probe oder dem Auftritt zurechtbiegt. Ihr Handrücken ist meistens ziemlich kalt; das mag ich nicht besonders. Leon zum Beispiel hat immer warme Hände. Der Mann, na ja, der Junge ist schon ein echter Profi. Die Steuerung sexueller Impulse ist im Börsenkapitalismus durch unmittelbar in Geld oder Erkenntnispotential umrechenbare gesellschaftliche Rollen bestimmt. Ich mag nicht mit Tina schlafen, weil ich keine Zeit habe. Obwohl – nett ist sie schon. Um Himmels Willen, jetzt steh ich gleich vorne. Ich sehe die Leute aus dem Hauptseminar in der zweiten Reihe rechts sitzen. Jetzt reißen sie ein Transparent hoch. Ich kann nichts mehr sehen, weil mich die Scheinwerfer blenden. Habe seit drei Monaten keinen Sex mehr, weil ich erst singen lernen muss.

Ich kann gar nicht singen. Jetzt, ausgerechnet jetzt muss mir das einfallen. Der Applaus brandet auf. Irgendein Irrer in der ersten Reihe links hat sich sein Hemd vom Oberkörper gerissen. Ich fasse es nicht, dass ist doch dieser Assistent aus dem Buchhaltungshauptseminar! Nein, doch nicht, das ist mein Bruder. Die Produktionsweise des materiellen Lebens bedingt den sozialen, politischen und geistigen Lebensprozess überhaupt. Ich bin besser als die anderen, ich bin großartig, ich ... Scheiße, wo ist denn überhaupt das Mikro? Jetzt aber ... O Gott, das Playback ist an...

Habensaldo (Übertrag)

6,7 Publikumswertung; die Juroren auf der Bank (zwei Männer, eine Frau) recht gutmütig in ihrer mündlichen Bewertung. Solides Mittelfeld. Lucia wird es wohl nicht ins Finale schaffen. Dabei sein war einmal alles. Man harrt der Dinge im Backstageraum. Lukas sitzt wieder drei Plätze rechts von Lucia, die zwischen Lisa und Lydia sitzt. Lucky wird den Ton getroffen haben und sitzt jetzt rechts der Moderatorin. Diese ist gut ausgestattet und verdient 6767 Euro plus Urlaubs- und Weihnachtsgeld und hat eine private Rentenvorsorge, die ihr ein Leben weit weg ermöglichen soll. Das wird natürlich nicht möglich sein, da zwischen dem heißen Afrika und dem Nördlichen Eismeer alles derselben Norm entspricht. Die Schönheit der Norm resultiert daraus, dass ihr in ihrer Entwicklung keine moralischen Grenzen gesetzt sind.

Lucky weint schon mal. Für sie steht am meisten auf dem Spiel, hat sie doch einen Ruf zu verlieren. Lucky hat nur ein Standbein im Leben, und das nennt man Singen. Singen wurde in alten Bilanzen unter Kunst verbucht; heute hat man dieses Konto im Konto Unterhaltung aufgehen lassen. Innerhalb moderner Volkswirtschaften scheint Kunst obsolet, da sie keine oder kaum mehr Hilfe bei der Generierung von anwendbarem Wissen leistet. Fernsehen bietet großen Firmen, die große Abschreibungen brauchen, jede Menge wirksame Werbefläche, sagt der Regisseur und *Entwickler* der Sendung gerade zu einem Schnittassistenten. Die Avantgarde von heute findet in den Naturwissenschaften statt. Von ihr bekommt das Publikum im Fernsehen gottlob nichts zu sehen.

Die Entscheidung naht. Die Publikumswertung erfolgt per Telefon oder SMS über bezahlte Dienste der Telekom, die ein Hauptsponsor der Show ist. Die anderen Sponsoren, ohne die ein solches Ereignis gar nicht möglich wäre, kommen aus den Branchen Bekleidung, Fernsehtechnik, Printmedien und Elektronik. Des Weiteren wird den Großeltern, Eltern, Lehrerinnen und Lehrern, Entwicklern, Regisseuren sowie dem Publikum zu danken sein, das durch seine zahlreichen Anrufe und SMS nicht nur eine objektivierte Entscheidung gefällt, sondern auch einen Impuls für die Volkswirtschaft gegeben hat. Das Publikum repräsentiert den demokratischen Aspekt der Veranstaltung und ist an sich vollkommen bedeutungslos.

Ingeborg-Bachmann-Preis 2004

Die Preisträger:
Wolfgang Herrndorf, Guy Helminger, Simona Sabato, Uwe Tellkamp, Arne Roß
(von links nach rechts)

Ingeborg-Bachmann-Preis: Uwe Tellkamp
Preis der Jury: Arne Roß
3sat-Preis: Guy Helminger
Ernst-Willner-Preis: Simona Sabato
Kelag-Publikumspreis: Wolfgang Herrndorf

Uwe Tellkamp

Wolfgang Herrndorf

Guy Helminger

Arne Roß

Simona Sabato

Jury mit Publikum

Die Preisvergabe

Burkhard Spinnen: Ich stimme für die Darstellung eines reduzierten Lebens, eines alten, alternden Lebens, aus der Distanz geschrieben, aber mit großer Genauigkeit, durch die Sympathie entsteht, die nirgendwo von Sentimentalität getrübt wird. Ich stimme für den Romananfang »Pauls Fall« von Arne Roß.

Daniela Strigl: Ich entscheide mich für einen raffinierten Spieltext für Erwachsene, der mit Witz einen deprimierenden Befund über unsere Gesellschaft erstellt. Für einen Text, bei dem Soll und Haben im ästhetischen Resultat nicht Null ergeben. Für »Die Einführung in die doppelte Buchhaltung« von Thomas Raab.

Ilma Rakusa: Ich stimme für einen Text, der auf sprachmächtige, suggestive und hochmusikalische Weise Dresdner Historie und Privatgeschichte als Zeitfahrt vergegenwärtigt. Ich stimme für Uwe Tellkamps Romanauszug »Der Schlaf in den Uhren«.

Heinrich Detering: Ich stimme für einen Text, der uns den Vorgang des Erinnerns mit einer außergewöhnlichen Souveränität vorgeführt und gezeigt hat, wie die Erinnerung klingt, wenn sie zur Sprachmusik wird. Ich stimme für Uwe Tellkamps »Der Schlaf in den Uhren«.

Iris Radisch: Ich stimme für eine Straßenbahnfahrt durch Dresden, eine wortmächtige, farbreiche Reise in ein verschwundenes Deutschland. Uwe Tellkamp.

Klaus Nüchtern: Ich stimme für einen Text, der Herz und Hirn gleichermaßen wach hält, der zwei Männer in ein Zwiegespräch verstrickt, in dem das Wichtigste ungesagt bleibt, und der über einer leer geräumten Stadtlandschaft noch einmal den Mond aufgehen lässt. Wolfgang Herrndorf: »Diesseits des VAN-ALLEN-GÜRTELS«.

Martin Ebel: Ich stimme für Uwe Tellkamp, der in seinem Romanauszug auf die Suche nach der verlorenen Zeit geht und sie in einer Überfülle, wie es nur in großer Literatur möglich ist, tatsächlich findet.

Ursula März: Auch ich stimme für den Text eines Autors, der mit hohem ästhetischen Tempo eine Trambahn aus Dresden in die literarische Moderne chauffiert.

Norbert Miller: Es würde mir nichts ausmachen, mein Votum jetzt noch zu ändern, weil mir dieser Text wie alle anderen auch gut gefallen hat. Dennoch, mein Votum galt einem Text, in dem in einer ähnlichen Weise die Zeit dargestellt wird, aber nicht als eine Zeitfahrt, sondern als eine Zeitschichtung aus Verfall und Vorläufigkeit. Leicht in der Erzählung, klug in der Analyse des Erzählten. Ich stimme für Arno Geiger.

Demnach entfällt eine Stimme (Norbert Miller) auf Arno Geiger, eine (Klaus Nüchtern) auf Wolfgang Herrndorf, eine (Daniela Strigl) auf Thomas Raab, eine (Burkhard Spinnen) auf Arne Roß und fünf Stimmen (Heinrich Detering, Martin Ebel, Ursula März, Iris Radisch und Ilma Rakusa) bekommt Uwe Tellkamp.

Den mit 22500 EUR dotierten Ingeborg-Bachmann-Preis 2004 erhält Uwe Tellkamp.

Preis der Jury

Burkhard Spinnen: Mit melancholischer Insistenz bleibe ich bei Arne Roß.

Daniela Strigl: Auch ich ändere meine Meinung nicht so schnell und bleibe bei Thomas Raab.

Ilma Rakusa: Ich stimme für einen Text, der die Verstörtheit einer jungen Frau nicht abbildet, sondern durch leicht schräge Dialoge und Szenen sachte vorführt und dabei einen schwebenden Rhythmus entfaltet. Ich stimme für Simona Sabatos Romananfang.

Heinrich Detering: Ich stimme für einen Text, der mir mit großer Zartheit, mit geduldigem Hinschauen, Hinhören, Nachspüren einen Selbstverlust verstehbar gemacht hat, der für unseren gesellschaftlichen Zustand symptomatisch sein könnte. Ich stimme für Simona Sabatos Romananfang.

Iris Radisch: Ich stimme für einen metaphysischen Krimi, der uns sehr amüsant gezeigt hat, dass uns im Leben eigentlich immer das Wichtigste fehlt. Ich stimme für Guy Helminger.

Klaus Nüchtern: Ich stehe zu meiner Mondsucht und bleibe bei Wolfgang Herrndorf.

Martin Ebel: Ich stimme für Roswitha Haring, die in einer wunderbar konzentrierten Sprache zeigt, was passiert, wenn Ordnung mehr als das halbe Leben ist.

Ursula März: Ich stimme für den Text eines Autors, der auf präzise und berührende Weise einen alten Mann von den Dingen des Lebens und so von diesem selbst verabschiedet, und das ist Arne Roß.

Norbert Miller: Mir geht es auf ähnlich melancholische Weise wie dem Kollegen auf der gegenüberliegenden Seite. Ich bleibe bei Arno Geiger.

Demnach entfällt je eine Stimme auf Arno Geiger (Norbert Miller), Roswitha Haring (Martin Ebel), Guy Helminger (Iris Radisch), Wolfgang Herrndorf (Klaus Nüchtern) und Thomas Raab (Daniela Strigl). Je zwei Stimmen erhalten Arne Roß (Ursula März, Burkhard Spinnen) und Simona Sabato (Heinrich Detering, Ilma Rakusa).

Im zweiten Wahlgang gibt es eine Stichwahl zwischen Arne Roß und Simona Sabato. Es stimmen für Arne Roß: Martin Ebel, Ursula März, Norbert Miller, Klaus Nüchtern und Burkhard Spinnen (fünf Stimmen). Für Simona Sabato votieren: Heinrich Detering, Iris Radisch, Ilma Rakusa und Daniela Strigl (vier Stimmen).

Der Preis der Jury (10000 EUR) geht mit fünf Stimmen an Arne Roß.

3sat-Preis

Burkhard Spinnen: Es wird Sie nicht überraschen, wenn jetzt ich für einen Text stimme, der das heikle Gleichgewicht von Normalität und Verrücktheit darstellt, der eine innere wie äußere Vermüllung zum Thema hat, die beinahe noch in den Regularien eines gelingenden Alltags aufgehoben ist. Simona Sabato.

Daniela Strigl: Ich kehre zurück zu Thomas Raab.

Ilma Rakusa: Ich bleibe bei Simona Sabato.

Heinrich Detering: Das tu ich auch.

Iris Radisch: Ich bleibe bei Guy Helminger.

Klaus Nüchtern: Hier sitz' ich und ich kann vorerst nicht anders: Wolfgang Herrndorf.

Martin Ebel: Roswitha Haring. Mit derselben Begründung.

Ursula März: Ich stimme für einen intelligenten, spannenden Text, der eine Frau in die Nähe einer Nagelschere und in die Vorgeschichte eines Verbrechens bringt. Das ist die Geschichte von Guy Helminger.

Norbert Miller: Ich stimme für einen Text, der einmal, was so oft hier nicht vorkommt, die Bedrohlichkeiten, die Unheimlichkeiten auf eine bizarre, absurde Weise und in dem heitersten Gewand der Welt vorführt. Ich stimme für Guy Helminger.

Demnach entfällt je eine Stimme auf Roswitha Haring (Martin Ebel), Wolfgang Herrndorf (Klaus Nüchtern), Thomas Raab (Daniela Strigl). Jeweils drei Stimmen erhalten Guy Helminger (Ursula März, Norbert Miller, Iris Radisch) und Simona Sabato (Heinrich Detering, Ilma Rakusa, Burkhard Spinnen).

Zur Feststellung der absoluten Mehrheit ist eine Stichwahl zwischen Guy Helminger und Simona Sabato erforderlich. Dabei stimmen für Guy Helminger Martin Ebel, Ursula März, Norbert Miller, Klaus Nüchtern, Iris Radisch und Daniela Strigl (sechs Stimmen) und für Simona Sabato Heinrich Detering, Ilma Rakusa und Burkhard Spinnen (drei Stimmen).

Guy Helminger ist mit sechs Stimmen der Gewinner des 3sat-Preises 2004 (7500 EUR).

Ernst-Willner-Preis

Burkhard Spinnen: Nicht nur aus Nibelungentreue: Simona Sabato.

Daniela Strigl: Ich versuche es ein letztes Mal mit Thomas Raab.

Ilma Rakusa: Simona Sabato.

Heinrich Detering: Noch einmal Simona Sabato.

Iris Radisch: Ich stimme für einen Text, der ein wenig Licht in unsere fernsehverseuchten Seelen gebracht hat. Ich stimme für die Mediensatire von Thomas Raab.

Klaus Nüchtern: Ich bleibe bei Wolfgang Herrndorf.

Martin Ebel: Ich bleibe bei Roswitha Haring.

Ursula März: Ich stimme für einen Text, dessen Autor einer Frau eine Plastiktüte in die Hand gibt und sie zum Müllsammeln schickt. Das ist Simona Sabato.

Norbert Miller: Ich kehre, weil ich den Text für einen großen Text halte, zu Arno Geiger zurück.

Es erhalten je eine Stimme: Arno Geiger (Norbert Miller), Roswitha Haring (Martin Ebel), Wolfgang Herrndorf (Klaus Nüchtern). Zwei Stimmen (Iris Radisch, Daniela Strigl) erhält Thomas Raab, vier Stimmen (Heinrich Detering, Ursula März, Ilma Rakusa, Burkhard Spinnen) entfallen auf Simona Sabato.

Zur Ermittlung der absoluten Mehrheit ist wiederum eine Stichwahl zwischen Thomas Raab und Simona Sabato notwendig. Für Thomas Raab stimmen Norbert Miller, Klaus Nüchtern, Iris Radisch und Daniela Strigl (vier Stimmen). Für Simona Sabato votieren Heinrich Detering, Martin Ebel, Ursula März, Ilma Rakusa und Burkhard Spinnen (fünf Stimmen).

Der mit 7000 EUR dotierte Ernst-Willner-Preis 2004 geht mit fünf Stimmen an Simona Sabato.

Kelag-Publikumspreis

Den Publikumspreis (5000 EUR), der per Internet ermittelt wurde, erhält Wolfgang Herrndorf.

Iris Radisch: Das Spiel ist aus. Die Würfel sind jetzt gefallen. Ich hoffe man hat uns angemerkt, dass es uns dieses Jahr besonders schwer gefallen ist. Es waren so gute Texte, hinter den Kulissen haben wir sehr mit uns gerungen. Viele Beiträge, die keinen Preis bekommen haben, haben uns trotzdem sehr gut gefallen. Mir bleibt nur der Dank. Mir hat dieses Spiel heuer, wie es ja hier in Klagenfurt heißt, ganz besonders viel Spaß gemacht. Ich möchte mich bei meiner Jury bedanken, es war mir eine große Freude, ihr diese drei Tage zuzuhören. Aber am meisten bedanke ich mich natürlich bei den 18 Autoren, denn ohne sie würden wir hier nicht sitzen, gäbe es das alles nicht. 18 Texte wurden in den letzten drei Tagen gelesen und das ist für sich schon eine Sensation, denn das bedeutet neun Stunden Literatur pur im Fernsehen. So etwas dürfte auf der ganzen Welt einmalig sein. Diese 18 Texte haben uns ein breites Feld eröffnet. Wir durften miterleben, wie junge oder nicht mehr ganz so junge Autoren über unsere Welt nachdenken, welche Themen sie beschäftigen, und wie viele Schreibweisen es gibt. Das war in diesem Jahr qualitativ sehr hochrangig und hat uns die Arbeit nicht gerade leicht gemacht. Es war ein sehr aufschlussreicher Einblick in die Werkstatt und, um diese ewigen Missverständnisse noch einmal auszuräumen, es war keine Hitparade, es war keine Literaturshow, es soll auch keine sein. Ich denke, dass das der richtige Weg ist, an der Kritik festzuhalten, nicht am Event. Natürlich gehen viele Autoren jetzt enttäuscht weg, das ist mir klar und das tut uns auch Leid, aber das lässt sich, besonders wenn eine Jury streitbar und lebendig ist, einfach nicht ändern. Wir sind hier, um zu urteilen, und wir haben es getan. Ich kann die, die enttäuscht sind, nur damit trösten, dass sich natürlich auch die allerklügste Jury irren kann und sich selbst in Klagenfurt schon sehr oft geirrt hat. Perfektion ist nun mal in der Literatur und auch auf ihrem Beifahrersitz, der Kritik, zwar absolut wünschenswert, aber zum Glück auf ewig unerreichbar. Irgendetwas fehlt immer, hat uns ein Text hier belehrt, und ich hoffe, es ist nicht die Begeisterung und das Interesse für die Literatur, ohne die es um Klagenfurt doch recht schlecht bestellt war. Ich finde, sie war da, und wünsche dem Wettbewerb und uns, dass er noch ein langes Leben hat.

Pressespiegel

Berliner Morgenpost, 28. 6. 2004
Elmar Krekeler

Klagenfurt abschaffen? Ach, nein

Der Wettbewerb um den Ingeborg-Bachmann-Preis hat gezeigt, dass es enorme literarische Potenziale zu entdecken gibt

1. Halbzeit Wir leben doch sehr gemütlich unter den Bedingungen des Textes. Würde der deutschsprachige Literaturbetrieb den Gesetzmäßigkeiten des internationalen Fußballs folgen, hätte Klagenfurt schon vor Jahren zurücktreten müssen. Geradezu unglaublich viel Geld, Intelligenz und Sendezeit, hieß es immer wieder, würden hier hinausgeworfen, um eine Literatur zu diskutieren, die insgesamt indiskutabel sei in einem ebenso indiskutablen, lähmenden Ritual.

Klagenfurt gibt es immer noch und das, obwohl es sich in jedem Jahr mit jenem Argument herausredet, das schon Rudi Völler nicht gerettet hat: Mehr gutes Literatenmaterial gebe es halt nicht. Das kann man nun glauben oder nicht. Das Ritual zumindest – Juroren machen sich zu Paten von Texten, es wird gelesen und diskutiert vor laufender Kamera – kann, wenn es denn mit Leben erfüllt wird, gelingen. In diesem Jahr ist es gelungen. Denn das durchschnittliche Niveau der Texte in der 28. Ausgabe war sehr viel höher als in früheren Jahren. Es ließ sich doch sehr gemütlich leben unter der Anwesenheit der meisten Texte.

2. Halbzeit Will die uns verarschen? Hatte man es sich also erst einmal gemütlich gemacht auf den harten Bierbänken im ORF-Studio, schreckte einen kaum etwas mehr auf. Nichts eigentlich war richtig schlecht. Wobei es von den heraufdämmernden Modethemen – Repatriotisierung, Repolitisierung etwa – kaum eine Spur gab. Und wenn sie denn aufschienen, ging ihre Umsetzung eher schief. In Dorothea Dieckmanns Versuch, sich in einen Guantánamo-Gefangenen hineinzudenken etwa, oder in Juli Zehs Schülerinnen-Passion im Schatten des Irak-Krieges. Es gab den üblichen Medientext, ein halbes Dutzend geschundener Kinderseelen blickten einen an. Es durfte sogar auf höherem Niveau gelacht werden, wie bei Guy Helmingers böser Fahrradfahrer-Passion. Kunsthandwerker gab es so wenig wie Experimentatoren.

Leer ist die Welt in dieser eher wenig wagenden Literatur häufig, leer geräumt, bevölkert von Monadenwesen, Einsamen, die sich und Reste von Nähe eher zufällig finden, auf der Spitze eines Berges aus Vergangenheit. Düster kann diese Leere sein, muss sie aber nicht. Entrümpelt, wie sie ist, lässt sie, wie in der glänzenden Post-Carver-Erzählung des Berliners Wolfgang Herrndorf, Raum für eine ganz neue gereinigte Romantik. Sie kann aber auch – wie in Arne Roß' Alltags-Skizze über einen Tag im Leben eines alten Mannes – von einer ganz subtilen Menschlichkeit sacht bestrahlt sein. Oder, wie in Simona Sabatos literarischer Kamerafahrt durchs Leben einer Wahnsinnigen, aufgelöst sein in leere Brocken Realitäts- und Selbstbewusstsein. So leer aber ist die Welt und so eng und so klein, dass die Juroren geradezu in Hysterie verfielen, als Uwe Tellkamp sich in eine Dresdner Trambahn setzte und mit seiner opulenten Kompilierung eines Dresdner Bloomscenturys die Fenster weit öffnete und einen Wirbelsturm aus Geschichte und Geschichten ins Studio ließ.

Verlängerung Das ist sein Gesangsauftritt hier, und wir sind die Bohlens. Sie saßen hinter einem festungsartigen blauen Tisch, der in seinem früheren Leben einer Nato-Tagung gedient haben könnte, die Bohlens von Klagenfurt. Dabei hatten die Juroren diesen Verteidigungsriegel diesmal gar nicht nötig. So lebendig hat noch selten in den vergangenen Jahren eine Jury debattiert. Vielleicht ist ihnen endlich doch klar geworden, dass Klagenfurt auch ein Fernsehereignis ist und wenigstens ein bisschen bohlenesk sein sollte. Sie schossen mit Pointen um sich. Es gab wenig taktische Fouls. Sie blieben häufiger hart am Text und verdribbelten sich eher selten in abgedrehte Vergleiche.

Elfmeterschießen Vielleicht ist es ja wieder die Unschärfe, die ihr schmutziges Haupt erhebt. Die Auswahl war groß in diesem Jahr, die Entscheidung aber klar. Favoriten (wie Juli Zeh) stürzten, Entdeckungen gewannen.

Jubel? Treibt es unsere Erkenntnisse darüber, welche Probleme das Tier Mensch mit seiner Sexualität hat, voran? Ich meine: Nein.

Das mag sein. Die Erkenntnisse über den Zustand der deutschsprachigen Gegenwartsliteratur aber brachte der diesjährige Wettbewerb voran. Es sind große Potentiale zu entdecken. Klagenfurt abschaffen? Ach, nein.

Der Bund, 28. 6. 2004

Regula Fuchs

Auferstehung der sinnlichen Welt

Gestern gingen mit der Vergabe des INGEBORG-BACHMANN-PREISES die 28. Tage der deutschsprachigen Literatur zu Ende

Der Deutsche Uwe Tellkamp holte mit einem furios montierten Erinnerungstext den Hauptpreis, während die Beiträge aus der Schweiz wieder einmal leer ausgingen – in einem Wettbewerb, dessen qualitativ hoch stehende Texte Kritiker, Publikum und Veranstalter frohlocken ließen.

Am Samstagmittag, als alle 18 Autorinnen und Autoren der Jury und dem Publikum ihre Texte aufgetischt hatten, wurde Uwe Tellkamp zwar allerorten als Favorit gehandelt. Doch ganz sicher konnte man nicht sein, denn mehrere Texte hatten sich ziemlich einhelliges Lob geholt, so dass bereits die Klage laut wurde, die Jury sei sich wieder einmal zu einig. Diese Einigkeit demonstrierte sie dann zunächst auch an der Preisvergabe, als

Tellkamps Auszug aus dem Roman »Der Schlaf in den Uhren« schon im ersten Wahlgang zum Gewinner des Bachmann-Preises gekürt wurde. Für die Vergabe der weiteren Preise waren jedoch mehrere Stichwahlen nötig, da sich einige Texte als preiswürdig erwiesen hatten.

Literarischer Klangraum

Mit Uwe Tellkamp fand der Ingeborg-Bachmann-Preis 2004 einen würdigen Sieger, zeigt der Arzt aus München doch in einer hochkomplexen und musikalischen Montage von verschiedenen Zeitebenen auf, wie »Erinnerung klingt, wenn sie zur Sprachkunst wird« (so Juror Heinrich Detering). Im Laufe einer Straßenbahnfahrt durch Dresden begibt sich der Erzähler in einen Erinnerungsstrom, der ihm Einblicke in die DDR der Siebzigerjahre, die Zeit nach dem Zweiten und kurz vor dem Ersten Weltkrieg eröffnet. Versetzt mit Motiven aus dem »Rosenkavalier«, weht die Vergangenheit so luftig und leicht herein, dass die Jury von »ganz großer Literatur« sprach und dem Autor dankte für die Fülle und Sinnlichkeit seiner Arbeit. Von der »Wiederauferstehung einer sinnlichen Welt« war gar die Rede.

Der Reichtum dieses Textes widersetze sich laut der Jury-Vorsitzenden Iris Radisch einem Trend der Gegenwartsliteratur, den man aus früheren Wettbewerben kennt, einer narzisstischen Innerlichkeitsprosa nämlich, die um das Nichts kreist und die Auflösung des Subjekts demonstriert.

Dass man aus einer solchen Grundsituation aber einen hochspannenden Text machen, dass man also auch überzeugend aus dem Leeren schöpfen kann, bewies der Berliner Wolfgang Herrndorf, der für seine Erzählung »Diesseits des Van-Allen-Gürtels« den Publikumspreis erhielt. Zwar fokussiert der Text durchaus auf ein narzisstisches Ich, dem wir einen trägen Tag lang folgen, doch aus dieser spröden Grundsituation schafft es der Autor, quasi zwischen Bad und Balkon die letzten Fragen zu stellen, was Jury-Mitglied Ilma Rakusa einen »metaphysischen Schauer« über den Rücken jagte.

Vollkommener Gagaismus

Sehr zeitgenössisch und trotzdem einem bekannten Thema verschrieben war Simona Sabatos Beitrag, für den sie den Ernst-Willner-Preis der deutschsprachigen Verlage erhielt. Ihr verstörendes Protokoll der inneren und äußeren Vermüllung einer Figur offenbarte zudem die Fähigkeit einiger Jury-Mitglieder, ihre Meinung revidieren zu können. Nachdem Iris Radisch den Text zunächst als »vollkommenes Gaga« bezeichnet hatte, musste sie am Ende eingestehen, dass eben nicht der Text, sondern die Figur vollkommen gaga ist. Die Angst um eine Autorengeneration, die nur noch von einer leer geräumten Welt in einer desillusionierten Coolness erzählt, und um deren psychische Gesundheit man sich Sorgen machen müsste, ist also unbegründet, wie auch Arne Roß bewies, der den Preis der Jury gewann. Die Geschichte »Pauls Fall« erzählt den letzten Gang eines alten Mannes, sensibel und genau beobachtet und diskret symbolisch: »Vor ihm lag jetzt eine leicht abschüssige und schnurgerade Straße.«

Ein Autor, der den Humor und den Suspense nach Klagenfurt brachte (was der Stadt und dem Wettbewerb gut tut, wie Juror Klaus Nüchtern bemerkte), war Guy Helminger, der mit seinem Mini-Krimi »Pelargonien« die Geschichte eines Stalkers sensibel und spannend erzählte und dafür den 3sat-Preis für sich verbuchen durfte.

Abgeschlagen: Die Schweizer

»Wie in einer Waschmaschine, mal heiß, mal kalt«, habe er sich gefühlt, als die Jury über seinen Text diskutierte, gab der Schweizer Autor Andreas Münzner zu Protokoll, der in Hamburg lebt. Seine Erzählung »Kennen Sie Tschechow« erreichte zwar die Endrunde der zehn besten Texte, hatte aber keinerlei Aussichten auf einen Preis.

Münzners Text rief ein ganzes Panorama an unterschiedlichen Wertungen und Interpretationen hervor – »Tages-Anzeiger«-Redaktor Martin Ebel sah darin eine Ästhetik »genauer Unschärfe«, Iris Radisch sprach von einer großen Familientragödie. Insgesamt herrschte aber große Unschlüssigkeit über die

Erzählung, die Jury kam den Gesetzen des Textes nicht auf die Spur. Der Romanausschnitt, den die in Zürich wohnhafte Melinda Nadj Abonji vortrug, führte einen Juror gar dazu, eine Statutenänderung des Bachmann-Preises zu beantragen, so dass es in Zukunft nämlich verboten werden solle, Ausschnitte aus einem längeren Text zu präsentieren. Jene Partie, die Nadj Abonji aus ihrem im August erscheinenden Roman »Im Schaufenster im Frühling« (Ammann Verlag) vortrug, stellte viele der Juroren vor ein Rätsel und war insofern ungünstig ausgewählt, als die Leerstellen im Text das Verstehen fast verunmöglichten, und die Jury zum harten Verdikt führten, dass hier mit Hochdruck versucht werde, Poesie zu erzeugen, die Autorin sich dabei aber im Schematischen verrenne. Martin Ebel konnte mit dem Hinweis auf das Motiv der Gewalt, das der Geschichte überzeugend unterlegt sei, den Schaden kaum begrenzen.

Fazit: Freude und Frohlocken

Die deutschsprachige Literatur befindet sich also in einer erstaunlich guten Form (einer besseren jedenfalls als der deutschsprachige Fußball, war Moderator Gerd Scobels voraussehbare Diagnose), sie führte in Klagenfurt ganz eigenständige Erzählweisen und Töne vor, ganz zeitgenössische und ganz zeitlose Themen. Die Fraktion der »Mama-Papa-Literatur« (Radisch), die in den letzten Jahren inflationär war, die Erzählungen aus der Kinderperspektive, waren auch dieses Jahr vertreten, fanden bei der Jury aber wenig Wohlwollen. »Ich bin gesättigt von den Geschichten über seltsame Kinder, die Schwierigkeiten beim Erwachsenwerden haben«, stellte Klaus Nüchtern fest.

Ströme und Tendenzen auszumachen ist angesichts der Vielfalt der Texte schwierig, kaum bündelt man einige zu einem Strauß, entwinden sich andere sofort wieder dem Zugriff. Ein möglicher gemeinsamer Nenner ist das Thema der Erinnerung, dem sich die Autoren auf eine mal konventionellere, mal originellere Art zuwandten. Weiter liefen die Dinge des Alltags und deren genaue Beobachtung der Introspektion den Rang ab.

Die Jury, mit den drei neuen Mitgliedern Professor Heinrich Detering, Martin Ebel und Klaus Nüchtern, Redakteur der

Wiener Stadtzeitung »Falter«, zeigte sich agil und streitfreudig – und nicht zuletzt auch ein wenig selbstironisch. Obwohl Iris Radisch in ihrem Resümee betonte, dass Klagenfurts Wettbewerb keine Hitparade sei, hatte Heinrich Detering die Lacher auf seiner Seite, als er bei der Diskussion eines Textes ausrief »Das ist ja ein Gesangswettbewerb und wir sind die Bohlens!«

Literarische Öffentlichkeit

»Der schönste Betriebsausflug der Literatur« sei er, der Lesereigen in Klagenfurt, denn neben den geistreichen Verdikten und verbalen Scharmützeln der Jury gehört ein Bad im Wörthersee zu seinem festen Programm. Die Vorzüge des Austragungsorts veranlassten die »Zeit« sogar, auf den Wettbewerb nicht etwa im Feuilleton, sondern auf der Reiseseite vorausschauend hinzuweisen, wo nebst einem Besuch beim Bierjokl auch unbedingt ein Spaziergang zum Gustav-Mahler-Komponierhäusl empfohlen wurde.

Dass die Tage der deutschsprachigen Literatur an der äußersten Peripherie dieses deutschsprachigen Raums angesetzt sind (Slowenien befindet sich in Sichtweite) beruht nicht nur auf dem Umstand, dass sich die Geburtsstadt von Ingeborg Bachmann und Robert Musil rein kulturell engagiert (und den Hauptpreis von 22500 Euro stiftet) – natürlich ist die Veranstaltung auch Teil des Stadtmarketings. So erfolgreich sich Klagenfurt im Ausland präsentiere, so gering jedoch sei das Interesse der lokalen Bevölkerung, war am Eröffnungsabend zu hören. Ob dies jedoch – nebst einer Ausstellung über Bachmanns Schreiben gegen den Krieg – mit der Schaufenster-Aktion gelingt, bei der Gewerbetreibende ihre Auslagen literarisch schmücken sollten, darf angezweifelt werden. Da liegt Ingeborg Bachmann zwischen Sonnenbrillen und Sommerkleidung, und doch spürt die Bevölkerung offensichtlich wenig von den Erschütterungen im Epizentrum der Literatur, das sich für einige Tage in Klagenfurt befindet.

Die lokalen Verwurzelungen sowie die internen Mechanismen des Bachmann-Preises beschreibt Doris Moser in »Der Ingeborg-Bachmann-Preis. Börse, Show, Event« (Böhlau Verlag).

Die einstige Leiterin des Literaturwettbewerbs arbeitet dessen Geschichte akribisch auf und legt dar, wie es der Veranstaltung gelungen ist, »der Öffentlichkeit Literatur und der Literatur Öffentlichkeit zu vermitteln«, was Marcel Reich-Ranicki einst als Ziel formulierte. Auch dieses Jahr wurden auf 3sat wiederum Lesungen und Preisvergabe live ausgestrahlt – insgesamt mehr als 20 Stunden Literatur im Fernsehen, innerhalb von vier Tagen.

Frankfurter Allgemeine Zeitung, 28. 6. 2004
Richard Kämmerlings

Was zählt, ist auf dem Blatt
Unter Wert verkauft: Der 28. Klagenfurter Bachmann-Preis

Beim Fußball streiten die Exegeten gern darüber, ob aus dem Spiel Rückschlüsse auf die Welt zu ziehen sind: Verkörpert der lahme Flügel etwa den Reformstau des Landes? Das Nervenflattern des Tormanns die Verunsicherung der Eliten? Der Kick des »1. FC Literatur« gegen die Betriebssportgruppe des ORF ist beim Klagenfurter Ingeborg-Bachmann-Preis stets ein Pflichttermin. In diesem Jahr stand das Kräftemessen der Schriftsteller naturgemäß in besonders scharfer Aufmerksamkeitskonkurrenz mit den Künstlern am Ball: Was zählt, ist auf dem Blatt.

Während Fußball für die meisten aber einfach nur ein von höchst eigenen Gesetzen und Zufällen beherrschtes Spiel ist, wird im Fall der Literatur kaum jemand bestreiten, dass sich aus ihr etwas über die Welt ablesen lässt, in der sie entsteht, in der sie blüht oder schwächelt, der sie die Stirn bietet oder die kalte Schulter zeigt. Selbst wenn sie in ihr nicht ausdrücklich vorkommt, wenn sie in die Vergangenheit oder phantastische Räume flüchtet, ließe sich gerade daran der Puls der Gegenwart nehmen. Wo wäre nun die Chance auf eine Standortbestimmung der Gegenwartsliteratur größer als beim Bachmann-Wettbewerb? Alle Voraussetzungen dafür sind gegeben: achtzehn Autoren, neun versierte und belesene Juroren und vor allem im Überfluss die so knappe Ressource Zeit, ja Sendezeit sogar. Die Literatur kann eigentlich nicht verlieren. Und anders als die gleichnamige Fußballmannschaft aus Autoren, Agenten, Kritikern und Lektoren gewann sie in diesem Jahr auch – knapp. Zu knapp. Leider. Denn ihr Sieg hätte viel höher ausfallen müssen.

An den vorgetragenen Texten lag das nicht. Denn die waren in diesem Jahr so interessant und in der stilistischen Bandbreite so variabel wie seit Jahren nicht. So paradox es klingt: An der Jury lag es auch nicht. Jedenfalls nicht an der Kompetenz ihrer Mitglieder im einzelnen. Die neu hinzugekommenen Juroren – Heinrich Detering, regelmäßiger Mitarbeiter dieser Zeitung, Martin Ebel vom Schweizer »Tages-Anzeiger« und der Wiener Journalist Klaus Nüchtern – steigerten das schon im vergangenen Jahr deutlich verbesserte intellektuelle Niveau der Diskussion abermals; vor allem Nüchtern brachte durch sein jugendlich-frisches und von jedem Philologenjargon freies Temperament viel Wechselstrom in den Kreislauf der Hin- und Widerreden.

Es ist auch müßig, über einzelne Fehlleistungen zu richten. In zweieinhalb Tagen Dauerdebatte vor laufender Kamera darf sich jeder den ein oder anderen schwachen Moment erlauben, sich verrennen, verplappern, Erzählperspektiven oder Genres durcheinanderrühren oder auch mal alle ästhetischen Maßstäbe in der Maske vergessen. Doch was wirklich fehlte – und sich mit zunehmender Dauer der Diskussion vom Schönheitsfehler zum zentralen Manko auswuchs –, war der Blick über den Tellerrand der nacheinander servierten Texthappen. Die Frage, was Literatur heute sein kann oder sein soll oder sogar sein muss, und welche Wege ihr möglicherweise trotz handwerklichen Gelingens für immer verstellt sind. Zwar ist Klagenfurt kein poetologisches Oberseminar, doch müsste sich eine solche Grundsatzdebatte früher oder später von selbst entzünden.

Die Jury ließ sich begeistern. Das war ihre größte Stärke. Etwa gleich am ersten Morgen, bei der *short story* von Wolfgang Herrndorf, die kühl von einer höchst unwahrscheinlichen

Annäherung eines bindungsunfähigen, depressiven Mannes und eines pubertierenden Jungen erzählte, in dessen Träumen vom Kosmonautenleben der Ältere die eigenen, im täglichen Daseinskampf längst versickerten Sehnsüchte erkennt. Mit kunstvoll verknappten Dialogen wurde hier eine Romantik im Endstadium heraufbeschworen, Caspar David Friedrichs Mond als trübes Restleuchten im trostlos-schwarzen Hinterhof der Gegenwart.

Ausfransende Lebensfäden

Die Jury konnte auch Fehler zugeben, was nicht nur ein Zeichen von wacher Präsenz, sondern auch von uneitler Sachlichkeit ist. So lehnte Heinrich Detering Simona Sabatos subtile Inneneinsicht in die psychische Vermüllung einer Frau zunächst entschieden ab. Als der in Alltagsroutinen noch mühsam aufgefangene Wahnsinn als Thema und die verschobene Realitätswahrnehmung als Formprinzip in der Diskussion benannt wurden, leistete er Abbitte und brach nun vehementer fast als die anderen eine Lanze für den sich aufschließenden Text.

Wahnsinn, Ich-Verlust, Bewusstseinszerfall waren überhaupt zentrale Themen einiger der besten Texte: Guy Helminger erzählte von einem Blumenliebhaber, der beim Fahrradfahren gern Passanten auf den Hinterkopf schlägt und einem weiblichen Unfallopfer mit unnachgiebiger Fürsorge auf den Leib rückt; Arne Roß vom Alltag eines alten Ehepaars, dessen fast unmerklich ausfransende Lebensfäden mehr und mehr zu Stolperfallen werden. Völlig zu Recht wurden alle drei Texte am Ende mit den Nebenpreisen ausgezeichnet; in einer Art List der Vernunft erhielt der im Abstimmungspoker auf der Strecke gebliebene Herrndorf den Publikumspreis.

Respekt verdient die Jury schließlich für ihre Urteilssicherheit, mit der sie den literarisch riskantesten und virtuosesten Text würdigte und dann auch konsequent mit dem Bachmann-Preis bedachte, der mit 22 500 Euro dotiert ist. Der aus Dresden stammende, in München als Unfallchirurg arbeitende Uwe Tellkamp las einen Auszug aus seinem Roman »Der Schlaf in den Uhren«. Darin unternahm er zu den Klängen des »Rosenkavaliers« eine Straßenbahnfahrt durch seine Geburtsstadt, in der die Untoten der (ost-)deutschen Geschichte an jeder Haltestelle zusteigen und als Schwarzfahrer die Allegorie der Zeit selbst an Bord ist. Dass sich Tellkamps Metro der Memoria auf den Gleisen eines Claude Simon fortbewegt, wurde zu Recht nicht als Einwand, sondern als Vorzug formuliert. Wie vor drei Jahren bei Michael Lentz und vor zwei Jahren bei Peter Glaser entstand der Eindruck, dem Durchbruch einer eigenwilligen und unverwechselbaren Stimme beizuwohnen. Schon das hätte gereicht, den Wettbewerb gegen alle Unkenrufe zu rechtfertigen.

Sein Problem liegt eben nicht im Grundsätzlichen. Man muss ihn nicht als coole Literaturshow oder als Trendsportart »Textschlammringen« neu erfinden. Eine gewisse öffentlich-rechtliche Behäbigkeit gehört – bis hin zur minimalistischen Moderation – einfach dazu. Aber in ihrer aktuellen Zusammensetzung war die Jury zu selten in der Lage, den Abstand der gelungenen von den nur durchschnittlichen und gut gemachten, also letztlich: unerheblichen Texten zu markieren, geschweige denn wirklich missratenes klar beim hässlichen Namen zu nennen.

Geheimnisvolle Deutungsstarre

Nur ein Beispiel: Juli Zehs triviale und klischeehafte Pausenhofparabel auf den Anti-Interventionismus der Weltpolitik hätte durchaus Anlass geboten, einmal klar zu sagen, was engagiertes Schreiben heute sicher nicht sein kann. Statt dessen wurde allen Ernstes Musils »Törless« zum Vergleich bemüht. Und hinterher verstrickte sich die Runde bei Dorothea Dieckmanns viel komplexerem Versuch, die Käfige Guantánamos aus der Innenperspektive eines Häftlings zu beschreiben in Grundsatzdebatten über Zeugenschaft und Authentizität, zitierte die Holocaustliteratur herbei und behauptete die Unmöglichkeit eines solchen Unterfangens (wie übrigens auch mehrfach der Darstellung einer kindlichen Sicht auf die Welt). Niemand bemerkte den Selbstwiderspruch, als gleichzeitig unter großer Zustimmung das Seelenleben Wahnsinniger und greiser Menschen beschrieben wurde, ohne dass die Autoren selbst Anzeichen von Alzheimer oder psychotischer Schübe verraten hätten.

Unter den Juroren sind zu viele überaus belesene, literaturhistorisch versierte Philologen-Kritiker, die Texte zutreffend beschreiben und nach allen Regeln der Kunst zerpflücken können. Offen für unterschiedlichste, auch längst überlebte Schreibweisen, voll hermeneutischer Barmherzigkeit und Ehrfurcht vor dem Schreiben an sich, fällt man leicht in eine Art Deutungsstarre, die Klaus Nüchtern einmal schön ironisierte, indem er sich über einen Text freute, der einmal nicht flüstere: »Hallo, ich habe ein Geheimnis.« Und damit, so wäre zu ergänzen, zu oft auf offene Ohren stieß: Wer – wie ja fast alle in der Jury – in Tellkamps Text »große Literatur« erkannte, muss auch erklären, wie er dann papiergewordene Biederkeit nach Klagenfurt einladen kann. Und wo ein hochgelobter Text auf der Karte der Gegenwartsliteratur einzutragen ist, wo ähnliche Textformationen, wo Gegenprojekte zu finden wären. Dass die Jury auch im Erregungspegel und spontanem Witz insgesamt zu homogen temperiert war, kam noch hinzu.

Der Jury-Vorsitzenden Iris Radisch schien dieses Problem bewusst zu sein; sie versuchte gleich am ersten Tag, schärfere polemische Töne in das oft allzu harmonische Konzert zu bringen. Leider schoss sie dabei übers Ziel hinaus und richtete ihre lebhafte Brachialrhetorik auf die völlig falschen Gegenstände: An Herrndorfs deprimierendem Setting wollte sie gleich die seelische Inneneinrichtung junger Autoren ablesen. Doch der Vorwurf, die Figuren (und damit auch ihre Erfinder) machten keine relevanten sinnlichen Erfahrungen mehr, fiel auf sie zurück. Bei Simona Sabato polterte sie gar von »Verarschung« und »völligem Gaga«. (Und gab ihr gleichwohl später unkommentiert ihre Stimme für den zweiten Preis!)

Für Feinjustierung des kritischen Instrumentariums und Personals ist also weiter Bedarf. Um weniger einem Weltrekordversuch im Lesekreis zu ähneln, sollte die Jury wieder verkleinert werden. Es fehlen versierte Polemiker, die auch einmal die Rolle des *advocatus diaboli* spielen können oder konsequent abweichende ästhetische Positionen vertreten, etwa die Genreliteratur stark machen. Dass mit Burkhard Spinnen, zweifellos brillant und witzig wie immer, ausgerechnet der einzige lupenreine

Schriftsteller ironisch immer wieder den Seminarleiter mimt, ist misslich. Es gibt auch andere Autoren, die analytischen Kunstverstand und fernsehtaugliche Rhetorik verbinden. Jemanden wie Michael Lentz oder Ernst-Wilhelm Händler könnte man sich sehr gut vorstellen.

Als Uwe Tellkamp in seinem unterhaltsamen Fernsehporträt Marke Eigenbau in der Rolle des Admirals auftrat, wusste er: »Das Endgültige ist in keinem unserer Häfen zu finden.« Auch in Klagenfurt nicht. Aber viel Gültiges war dabei. Man muss und man kann es noch besser ins Scheinwerferlicht stellen.

Frankfurter Rundschau, 28. 6. 2004
Christoph Schröder

Aus der germanistischen Wundertüte
Uwe Tellkamp gewinnt bei den 28. Tagen der deutschsprachigen Literatur in Klagenfurt

Am Freitag, kurz nach 15 Uhr, betrat ein ehemaliger NVA-Panzerkommandant die Klagenfurter Bühne und walzte alles bis dahin Gewesene (soll heißen: Vorgelesene) nieder. Der Auftritt Uwe Tellkamps auf den 28. Tagen der deutschsprachigen Literatur war mit Sicherheit einer, der im Gedächtnis bleiben wird. Weil Tellkamp seinen Text brillant vortrug, weil er eine erstklassige Performance lieferte. Weil er es verstand, die gute halbe Stunde Lesezeit tatsächlich zu füllen. Und nicht zuletzt deshalb, weil es Tellkamp gelang, mit einem stockkonservativen Text aus der germanistischen Wundertüte die neunköpfige Jury in einen beinahe einstimmigen Begeisterungstaumel zu stürzen: »Schiere Kunstfertigkeit« (Heinrich Detering), »sprachlicher Furor« (Iris Radisch) und so weiter.

So wunderte es dann auch nicht, dass der mit 22500 Euro dotierte Ingeborg-Bachmann-Preis am gestrigen Sonntag gleich in der ersten Abstimmungsrunde an den 1968 in Dresden geborenen und heute in München lebenden Uwe Tellkamp ging, der von der Jurorin Ilma Rakusa eingeladen worden war. Vielleicht waren es die eher ruhigen, minimalistischen, in sich kreisenden Beiträge, mit denen der Wettbewerb gestartet war, gegen die Tellkamps überinstrumentierte »Blumen schmeißende Spätromantik« (so Juror Klaus Nüchtern) wie ein Befreiungsschlag wirken konnte.

Körperflüssigkeiten flossen da zuhauf, intertextuelle Verweise raunten, ein breiter Bildungshorizont, sinnliche Erfahrungen und Erzählstimmen flossen ineinander; dazu kommt ein Autor mit einer undurchdringlichen Aura und einer schrägen Biografie.

Atemlose Straßenbahnfahrt durch Dresden und die Epochen

Tellkamp unternahm eine atemlose Straßenbahnfahrt durch Dresden und die Epochen, in die Zeit vor dem Ersten Weltkrieg, in eine volkseigene Schokoladenproduktion der DDR, in die Gegenwart, unterlegt von Zitaten aus dem Rosenkavalier und Meditationen über die Zeit.

Schon das einführende Porträt zeigte Tellkamp beim Maskenspiel; auch sein Wettbewerbsbeitrag, ein Auszug aus dem Roman »Der Schlaf in den Uhren«, funktionierte nach diesem Prinzip – perfekt gearbeitet, in sich geschlossen, aber ohne jede Gegenwartsnähe, gespeist aus dem technischen Vorrat der Moderne, von Hofmannsthal über Proust und Joyce bis hin zu Claude Simon und Wolfgang Hilbig. »Nimm mich«, schrie der Text, »ich bin groß«, und er wurde erhört. Tschingdarassabumm. Uwe Tellkamp verfügt über Rhythmus, eigenwillige Sprache und hohe suggestive Kraft. Doch ob er den Bachmann-Preis auch ohne Tuning bekommen hätte?

Gute Autoren gab es viele in diesem Jahr, zum ersten Mal seit langer Zeit mehr starke Texte als zu vergebende Preise. Das spricht gegen die von der ab und an noch immer polemisch vorpreschenden Juryvorsitzenden Iris Radisch (die aber in Klagenfurt die Größe besaß, Irrtümer einzugestehen) diagnostizierte Krise der deutschsprachigen Gegenwartsliteratur.

Vor zwei Jahren war der Klagenfurter Wettbewerb auf seinem Nullpunkt angekommen – eine Ansammlung hilfloser Schreibversuche, kommentiert von einer in den Untiefen des literaturwissenschaftlichen Codes versunkenen Jury (Restbestände dieser Floskelsprache blitzten 2004 allenfalls noch gelegentlich bei Ilma Rakusa auf). Im vergangenen Jahr war die runderneuerte Jury unterhaltsamer als ihr Gegenstand, nun befinden sich Autoren und ihre Preisrichter wieder auf Augenhöhe, und zwar auf hohem Niveau, allen voran Burkhard Spinnen, der zwar wie immer das letzte Wort haben musste, das aber saß zumeist auch, und die Neuzugänge Klaus Nüchtern, der nicht selten drastisch, aber stets zur Sache argumentierte, und der rhetorisch gewandte Heinrich Detering.

Dass Arne Roß' Text »Pauls Fall«, ästhetisch das exakte Gegenteil zu Tellkamp, den Preis der Jury erhielt, spricht für die große Bandbreite des Wettbewerbs. Roß hatte eine langsame, quälende Partitur des Alterns vorgetragen, stimmig bis ins letzte Detail, sparsam bebildert, voller Dezenz, Wärme und Humanität, »anrührend, ohne sentimental zu sein« (Detering), die den langsamen geistigen Verfall (und mit ihm den Verfall der Lebensumgebung, der Kommunikation in der Ehe) nicht nur zeigte, sondern in ihrer Struktur nachvollzog: Ein Schritt vor, zwei zurück, und das in einem fort, den Hut mitnehmen oder nicht, aufsetzen und wieder absetzen, an seinen Platz legen und zum zweiten Mal Bescheid sagen, dass man nun das Haus verlasse. Wenn Paul Zeitung liest, unterstreicht er die wichtigen Passagen mit einem roten Kugelschreiber. Weil irgendwann der ganze Artikel unterstrichen ist, nimmt Paul dann einen blauen Kugelschreiber und beginnt erneut zu unterstreichen.

So geht das Leben dahin: »Der alte Mann setzte sich wieder hin, legte das Lineal aus der Hand und drehte sich zur Uhr, es ging auf eins zu. Aber das half nichts. Er stand erneut auf, verließ seinen Platz, ging zu dem Kalender, dem der Gaswerke, der neben der Küchentür hing, nahm das rote Rähmchen und steckte es vom achtzehnten auf den neunzehnten Oktober, einem Sonntag, ließ es aber nicht los, zog es sogar zur Hälfte wieder heraus und schob es doch zurück.«

Gibt es einen Trend, der sich an Klagenfurt 2004 ablesen lässt? Kindheitsgeschichten stehen nach wie vor hoch im Kurs, misslungen war die von Sandra Hoffmann, die in der Kindlichkeit verharrte; putzig die von Richard David Precht, in dem die RAF zur Folie der ersten adoleszenten Rebellion wurde; formstreng und kühl die von Roswitha Haring. Bemerkenswert auch, dass sich sowohl der 3sat-Preisträger Guy Helminger als auch die Ernst-Willner-Preisträgerin Simona Sabato der Darstellung eines zumindest verschobenen Bewusstseins widmeten und Figuren in den Mittelpunkt ihrer Texte stellten, die, um mit Burkhard Spinnen zu sprechen, auf unterschiedliche Weise »einen an der Klatsche« haben.

Ein Schmusewettbewerb mit abschließender Protestnote

Geschah das bei Sabato so unmerklich, dass die Zuhörer lange brauchten, um zu bemerken, dass diese Frau, die sich und ihr Leben vermüllen lässt, einen ganz winzigen Schritt über der Linie ist, ihre Beobachtungen und Bewegungen beinahe stimmig sind, eben dieses »beinahe« aber deutliches Unbehagen hervorrief, erwies sich Helmingers Protagonist Perl mindestens als Stalker, der ein wehrloses Unfallopfer verfolgte, wahrscheinlich aber deutlich mehr. Helmingers Beitrag war in seiner Absurdität und seinem Dialogwitz der komischste des Wettbewerbs: Ohne in die Harmlosigkeit zu verfallen, wanderte Pelargonien auf dem schmalen Grat zwischen Lachen und Erschrecken, geschrieben in einer von Lyrismen durchsetzten Sprache.

Mit Wolfgang Herrndorf schließlich gewann ein Autor den via Internet vergebenen Publikumspreis, der gleich am ersten Tag mit einer sich banal anlassenden Geschichte, die bekannte Berliner-Hinterhof-Altbau-Schlunzigkeit inszenierend, um sich dann urplötzlich zu transzendieren und in eine Reflexion über das Universum zu münden, ein starkes Zeichen setzte und dann in den Mühlen der Preisvergabe leer auszugehen drohte.

So endete Klagenfurt in diesem Jahr beinahe als Schmusewettbewerb, hätte nicht, kurz vor der Preisverleihung, Melinda Nadj Abonji, von der Jury als eine der wenigen Teilnehmer gnadenlos und mit Recht verrissen, noch einmal das Wort ergriffen, um den »eitlen Medienzirkel« zu geißeln und festzustellen: »Klagenfurt ist nicht nötig.« Dabei hatten die drei vorangegangenen Tage diese seit Jahren geäußerte Behauptung widerlegt, so nachdrücklich wie lange nicht mehr und vielleicht gerade noch rechtzeitig.

Neue Zürcher Zeitung, 28. 6. 2004
Paul Jandl

Trambahn nach Dresden – Der Ingeborg-Bachmann-Preis 2004

Seit neunundzwanzig Jahren wird der Ingeborg-Bachmann-Preis für Literatur vergeben. Seine Wettbewerbsrituale haben ebenso Tradition wie die Einwände gegen das Großspektakel. In diesem Jahr geht der mit 22500 Euro dotierte Hauptpreis an den in Dresden geborenen Autor Uwe Tellkamp. Er erhält die Auszeichnung für eine Geschichte über die Zeit und die deutsche Vergangenheit.

Wie es früher war, anno Jonke, Plenzdorf und Nadolny, wird's nimmermehr, man weiß. Seit neunundzwanzig Jahren ist der Bachmann-Wettbewerb für den Literaturbetrieb eine Art Operation am eigenen offenen Herzen. Bei allen diesen Qualen hat man sich angewöhnt, Aufhören! zu rufen. Vielleicht wird ja alles wieder gut. Besser jedenfalls ist es schon geworden. Eine sanfte Änderung im Prozedere erfordert jetzt, dass die Autoren von einem Verlag oder einer Literaturzeitschrift empfohlen werden müssen. Eine Flut an schlechten Texten hat man sich damit möglicherweise erspart. In diesem Jahr gab es zumindest keine Anfängertexte, bei denen sonst eine Jurorenallianz aus Einwand und Mitleid schon ein halbes Lob ergeben hat. Das große Lamento, auch eines über das »Desaster der Schauplätze der jüngeren Literatur«, gehört traditionell und unbedingt nach Klagenfurt. Juryvorsitzende Iris Radisch hob dazu gleich einmal an. Beim Wettbewerb hat es an Belegstellen nicht gemangelt. Scharf umzirkelt ist das Terrain, auf dem sich die Teilnehmer bewegen. Einzig Uwe Tellkamp, der würdige Gewinner des

Ingeborg-Bachmann-Preises 2004, hat seinen Text weit für eine Geschichte geöffnet, die auch jene Deutschlands ist.

Wasser auf die Blumen

Eine Dresdner Trambahn, die in den Schienen schlenkert, Schokoladenfabriken und grell geschminkte Russinnen; ein Vorkriegsdeutschland und eine Nachkriegs-DDR wachsen aus Tellkamps melodiöser Prosa. Die Marschallin aus Hofmannsthals »Rosenkavalier« schlägt den Takt dazu. Und manchmal bleibt die Zeit auch stehen, irgendwann 1914. So sehr hat die Jury den Arzt aus München mit Lob beworfen, dass man für haltlose Begeisterungsfähigkeit ebenfalls Preise vergeben müsste. Man fühle sich »wie Blumen, die endlich gegossen werden«, meinte Iris Radisch, endlich sei »ein literarisches Geheimnis« da, sagte Heinrich Detering. »Ganz, ganz große Klasse« war's für Ursula März. Nur Neo-Juror Klaus Nüchtern sah sich von Tellkamps »blumenschmeißender Spätromantik« überfahren.

Uwe Tellkamps Prosa war vielleicht die einzige, die mit Herta Müllers programmatischem Eröffnungsplädoyer des diesjährigen Wettbewerbs korrespondieren konnte. Wie die Literatur aus der Welt ihre zwingenden poetischen Bilder gewinnt, das versuchte Müller in ihrer Rede mit dem Titel »Die Anwendung der dünnen Straßen« zu zeigen. Aus dem repressiven Kindheitsrumänien schälen sich noch heute Bilder in ihre Texte. Wer Herta Müllers Bücher kennt, weiß auch um jene innere Notwendigkeit, die den in Klagenfurt gelesenen, nur vordergründig politischen Texten vollkommen fehlte. Dorothea Dieckmanns Versuch, sich in einen Häftling des US-Gefangenenlagers Guantánamo einzufühlen, war eine fragwürdige und nicht kitschfreie Form des Engagements. Bettina Balàkas monströse Geschichte einer trotz allem geliebten Nazi-Großmutter wurde zum Spiel mit einem Stoff, der für diese Art von Heiterkeit wohl nicht zu haben ist.

Sanfter Wahn

Dass es in Klagenfurt heuer kaum noch psychologisierende Familienaufstellungen gegeben hat, war gut so. Den Autoren geht es dafür eher um das vereinzelte Ich. Lebensweltlich ist der Wert dieser Aktie allerdings in Klagenfurt immer wieder im Keller. In begrenzten Räumen macht es sich das Subjekt ungemütlich. Ein sanfter Wahn schimmert gleich durch mehrere Texte. Da war Simona Sabatos mit schräger Komik erzählte Geschichte, in der die innere Vermüllung zu einer Anhänglichkeit in Sachen Abfall führt. Ein melancholischer Messie ist Sabatos Figur. Den »guten Müll« trägt sie stolz in einer Tüte durch die Straßen und sagt: »Ich bin ein bisschen glücklich.« Während Jurorin Ursula März Sabatos Sprache eine »katastrophale Scheinnettheit« attestierte, wurde Heinrich Detering beim Hören des Textes von einem »Gefühl von bezugloser Heiterkeit« erfasst. Iris Radisch dagegen konnte nur ein »völliges Gaga« erkennen. Was soll's. Später hielt auch sie den Text für auszeichnungswürdig. Die in Berlin lebende Simona Sabato erhielt schließlich den mit 7000 Euro dotierten Ernst-Willner-Preis der Verlage; den mit 7500 Euro dotierten 3sat-Preis erhielt Guy Helminger.

Wie sich das Leben verschiebt, wenn das Gewohnte ins Wanken gerät, davon erzählten viele Texte in Klagenfurt. Arne Roß erhielt für seine langsame Geschichte eines alten Mannes, dem die Zeit und die Zeiten entgleiten, den Preis der Jury. Eine transzendentale Obdachlosigkeit, die unterm nächtlichen Firmament nicht minder erbarmungslos ist als in tristen Hinterhofwohnungen, führte der in Berlin lebende Wolfgang Herrndorf vor. Das präzise Kammerspiel von der Hoffnungslosigkeit des Lebens wurde von der Jury eindeutig unterschätzt, bekam aber den diesjährigen Publikumspreis.

Urteilsmüde?

Drei Juroren haben seit dem letztem Jahr das Klagenfurter Podium verlassen, drei neue kamen nach. Klaus Nüchtern, Kulturchef und Literaturkritiker der Wiener Stadtzeitung »Falter«, hat nach Kräften versucht, die Jurorenfloskeln des Bachmann-Preises durch saloppen Ton zu unterwandern. Zu einer Cocktailparty würde dieser Herr aus Wien bestimmt eine Kiste Bier mitbringen. Der Jury-Multi und »FAZ«-Kritiker Heinrich

Detering fand sich rasch in die hierorts nicht ganz neue Rolle onkelhafter Konzilianz. Martin Ebel vom Zürcher »Tages-Anzeiger« blieb als Juror ziemlich farblos. Gruppendynamisch jedenfalls hat sich das Bild verschärft. Die Urteilsmüdigkeit der Vorsitzenden Iris Radisch ist jetzt noch weniger zu übersehen.

Und sonst? Der Kärntner Literaturkampf hat sich erholt. Ausgesprochene Text-Peinlichkeiten gab es diesmal nicht. Der Bachmann-Wettbewerb lebt also weiter. Auch wenn das gedruckte Zeitungswort dieses ins Beben gehobene Feuilleton zu kränken versucht, indem es ihm ausgerechnet Blutarmut vorwirft. Und was wäre der Klagenfurt-Verächter ohne Klagenfurt? Als Stachel ist er dem trägen Fleisch an exponierter Stelle längst eingewachsen. Ja, er gehört dazu.

Der Standard, 28. 6. 2004

Cornelia Niedermeier

Der Zug der Zeit ist eine Trambahn durch Dresden

Nach einem flauen Beginn ging das Klagenfurter Lesen in ein spannendes Finale – gewonnen hat Uwe Tellkamp mit seinem Romanauszug »Der Schlaf in den Uhren«

Sucht man einen roten Faden durch das sprachliche Labyrinth der bei den 28. Tagen der deutschsprachigen Literatur in Klagenfurt gelesenen 18 Texte, so mag bis zuletzt der Blick zurück, die Erkundung des Vergangenen zur Vergewisserung der Gegenwart als solcher den Weg weisen.

Auffallend etwa die große Zahl der in Kinderperspektive gehaltenen Erzählungen, Rückblenden auf das zwanghafte Regime eines DDR-Ferienlagers, in die 70er-Jahre oder, durchaus gegenwärtig, in Pubertätsnöte oder schulische Gewaltsituationen. Auffallend auch die Menge jener Texte, in welchen, sei es durch ein Fest, sei es durch den Tod eines Verwandten und die damit verbundene Erbschaft, familiären Verstrickungen mit dem Nationalsozialismus und deren Beurteilung in der Gegenwart nachgespürt wurde.

Letzteres auch im Romanauszug *Wie verwandelt* des Vorarlbergers Arno Geiger und in der Erzählung *Blaue Augen* der aus Salzburg gebürtigen Bettina Balàka. Zwei Texte, die in der Redlichkeit ihrer Annäherung überzeugten, denen jedoch etwas mühsam Konstruiertes anhaftete.

Kindheitsstudien wie die Erkundung der NS-Vergangenheit zählen zu den großen Themenkomplexen der deutschsprachigen Literatur der vergangenen Jahrzehnte und sind insofern wenig überraschend. Überraschend war vielmehr, wie häufig der Blick in die Geschichte eine dekorative Funktion zugewiesen erhielt, gewissermaßen als wolle man die blasse Schlichtheit des eigenen Blickwinkels welthistorisch kostümieren.

Dichtes Finale

Ein Eindruck, der sich allerdings spätestens mit Freitagnachmittag relativieren sollte: Einmal mehr hatte sich der Zufall als souveräner Dramaturg die dichtesten Texte für das Finale aufgespart. Diesmal gar in solcher Fülle, dass der aktuelle Wettbewerb als einer der qualitativ überzeugendsten seit langem gelten kann. (Ob das auch an der neuen Einschränkung liegt, die für alle Einreichungen die Empfehlung eines Verlags oder einer Literaturzeitschrift verlangt, sei dahingestellt.) Den Auftakt machte am Freitagnachmittag der in Dresden gebürtige Arzt Uwe Tellkamp mit einem Auszug aus seinem Roman »Der Schlaf in den Uhren«, der in der Fülle seiner Motive wie im eleganten Fluss der reichen Sprache sich bereits nach wenigen Minuten als der künftige Bachmann-Preisträger empfahl, ein Eindruck, den die Jury am Sonntagmorgen nahezu einstimmig bestätigte.

In Tellkamps Text mutiert eine Trambahnfahrt durch Dresden zur assoziativen Zeitreise, leitmotivisch strukturiert von den Klängen des Rosenkavaliers, dessen inhaltliche Motive Tellkamp ebenso mit Dresdner Geschichte verwebt, wie er dessen schwelgende Melodik in eine schwebende Sprache überführt. Station für Station tauchen Orte und Figuren im Kopf des Ich-Erzählers auf, die erzählende Arbeiterin aus der DDR-Chokolade- und Cichorienfabrik, russische Besatzungssoldaten und ihre billig parfümierten, stark geschminkten Frauen; der Vater, Chemiker im Labor für Pflanzentoxikologie des Botanischen Gartens, der seltene Orchideensprösslinge für rares Kulturgut eintauscht, wie etwa die meergrüne Schallplatte mit der Aufnahme des Rosenkavaliers; Lahmanns Sanatorium, das die Phantasie des Erinnernden in noch frühere Zeiten, in die Jahre vor dem Ersten Weltkrieg, entführt.

Trasse der Erinnerung

Die Assoziation mit Claude Simons vor zwei Jahren erst auf Deutsch erschienenem Erinnerungsroman »Die Trambahn liegt nahe«. Wie Tellkamp wird Simon der Weg der städtischen Bahn zur Trasse der Erinnerung, zur Allegorie des Lebenswegs, reich ausgestattet mit kulturhistorischen Anspielungen und Zitaten. Und es ist gewiss kein Zufall, dass der Text des 1968 geborenen Arztes sich, zufällig oder absichtlich, am Werk eines Neunzigjährigen, zumal eines Nobelpreisträgers, orientiert. Weist die Parallelität darauf hin, dass Tellkamps Schreiben durchaus unzeitgemäß einem wertkonservativen Bildungsbürger-Begriff verpflichtet ist, der in den vergangenen Jahrzehnten im deutschen Sprachraum literarisch diskreditiert schien? Ein zweiter Autor zog am Freitag die Aufmerksamkeit auf sich: Der 1966 in Hamburg geborene Arne Roß. Seine Erzählung »Pauls Fall« schildert, bravourös verlangsamt und lupengenau auf die geringsten Details fokussierend, den zähflüssigen Zeitlupengang der Stunden im Leben eines alten Mannes. Am Sonntag wurde Roß mit dem Preis der Jury (10000 Euro) ausgezeichnet.

Ein dritter Text schien dann Samstagmorgen Chancen auf den Bachmann-Preis zu haben: des gebürtigen Luxemburgers Guy Helminger an Roald Dahl gemahnende, ebenso witzige wie zunehmend bedrohliche Erzählung »Pelargonien«, die Begegnung eines adoleszenten Psychopathen und einer knapp Vierzigjährigen, die jener anfänglich bei einem Autounfall zu retten scheint. Bei seinen regelmäßigen Besuchen der Versehrten im Krankenhaus nimmt die Anhänglichkeit des jungen Mannes allerdings unheimliche Ausmaße an, was nicht nur die Juroren an Stephen Kings Misery erinnerte.

Bedrohliche Nähe

Helminger gewann schließlich den mit 7500 Euro dotierten 3sat-Preis, während der Ernst-Willner-Preis (7000 Euro) an Simona Sabatos Wahnsinns-Studie und der Publikumspreis an Wolfgang Herrndorfs nächtliche Großstadtbegegnung zwischen einem Dreißigjährigen und einem Dreizehnjährigen verliehen wurden.

Stuttgarter Zeitung, 28. 6. 2004
Martin Halter

Die Dieter Bohlens des Kulturbetriebs

Uwe Tellkamp erhält in Klagenfurt den Bachmann-Preis

Das Klagenfurter Wettlesen, rühmte der Vizebürgermeister Mario Canari, sei das kulturelle »Alleinstellungsmerkmal« der Stadt, selbst wenn die Tatsache, dass er den amtierenden Bürgermeister wegen einer »Fact-Finding-Mission« in Portugal entschuldigen musste, eher dagegen spricht. Die »Tage der deutschsprachigen Literatur« sind für die Stadt Musils und Ingeborg Bachmanns heute tatsächlich so etwas wie ein »unique selling point«. Umgekehrt profitiert auch die Literatur vom überwiegend touristischen Reiz der »Rose vom Wörthersee«. Die Jurorin Ursula März würde zwar auch in der Turnhalle von Lüdenscheid antreten, aber für viele Fachbesucher ist das Bad im Wörthersee attraktiver als das im Wörtersee. Ein lauschiger Abend im Maria Loretto, grüner Veltliner, der ergreifende Gesang der Kärntner Sängerknaben: das sind Alleinstellungsmerkmale, die über schlechte Texte und harte Holzbänke schon mal hinwegtrösten können.

So wäscht eine Hand die andere oder, wie es Doris Moser, langjährige Organisatorin und jetzt auch Verfasserin einer 550-seitigen literatursoziologischen Dissertation über den Wettbewerb, ausdrückt: »Die Veranstaltung ist ein Versuch, die Dichotomie von Kunst und Ökonomie aufzuheben, indem das andere (Ökonomie) in den Dienst des einen (Kunst) gestellt wird, das es ermöglichen soll: Preisgeld, Kontakte, Publikationsmöglichkeiten, öffentliche Aufmerksamkeit, Ehre.« Klagenfurt ist »Börse, Show, Event« geworden, und kaum jemand stößt sich noch an der Dichotomie von literarischem »Bewerb« und kapitalistischem Wettbewerb.

Immerhin präsentierte sich die deutsche Literatur dieses Mal in besserer Verfassung als die Nationalelf, deren Ausscheiden noch Herta Müllers Eröffnungsrede überschattet hatte. Neben viel Geplänkel und behäbigem Standfußball, hilflosen Befreiungsschlägen und verpassten Chancen gab es auch einige feine Dribblings und schöne Tore. Nicht, dass sich junge Talente vom Kaliber eines Ronaldo oder Rooney aufgedrängt hätten; aber die neue Regel, nach der kein Autor mehr ohne Empfehlung eines Verlags oder einer Literaturzeitschrift an den Start gehen darf, filterte blutige Amateure doch schon im Vorfeld aus. Aber Disziplin und deutsche Tugenden, hölzerne Geschichtsverniedlichungsdramen und politische Nickligkeiten können Spielwitz und technische Finessen nicht ersetzen.

Hoch gehandelte Favoriten schieden schon in der Vorrunde aus. Juli Zehs Beitrag etwa, eine »Diskussion im Grundkurs Politik« an der Ernst-Bloch-Schule, war nicht viel mehr als gut gemeinte Jugendliteratur: Zwei Musterschülerinnen spielen auf der Schultoilette Osama bin Laden und Bush. Richard David Precht presste den deutschen Herbst von 1977 sentimental und behäbig in das Briefmarkenalbum eines kleinen Schelms. Dorothea Dieckmanns ebenso riskanter wie spekulativer Versuch, die Verhältnisse im Gefangenenlager Guantánamo im Bewusstseinsstrom eines dort festgehaltenen Islamisten zu beschwören, stieß auf Ratlosigkeit und energischen Widerspruch: Man wollte ihr die «erborgte Authentizität« weder glauben noch durchgehen lassen.

Die Popliteratur ist tot, die deutsche Innerlichkeit löst sich offenbar in Vermüllungswahn und Ich-Zerfall auf. Man kann nicht sagen, dass die Klagenfurt-Literatur diesmal der Realität ausgewichen wäre. Texte über KZ-Gräuel und kreuzfidele Naziomas, Massenvergewaltigungen durch Rotarmisten und die Ordnung im Pionier-Ferienlager, melancholische Erinnerungen der Enkelgeneration waren stärker vertreten als die sonst üblichen Pubertätsdramen und postkafkaesken Scharaden. Und wenn einmal ein Autor mit einer altväterlich-epigonalen Schnurre oder infantiler »Poeselei« antrat, strafte ihn die Jury für seine Harmlosigkeit gnadenlos ab. Ein »Geheimnis«, einen »historischen Hallraum«, ein bisschen »strukturierten Wahnsinn« und »Metaphysik des Alltags«, wenigstens einen »Sog« muss ein Text schon haben, soll er in Klagenfurt Gnade finden.

Uwe Tellkamps fulminante Straßenbahnfahrt durch Dresden hatte all das und noch viel mehr, und so gewann der barock ausladende, neoexpressionistisch aufgestellte Text voller Schokoladengerüche, russischer Offiziersfrauen und DDR-Grotesken des 36-jährigen Arztes aus München schon im ersten Wahlgang den mit 22500 Euro dotierten Bachmann-Preis. »Ganz große Literatur«, schwärmten die Juroren und legten alle akademische Zurückhaltung ab: »Boah ey, der Text geht ab wie eine Rakete.«

Arne Roß bekam für seine ruhige, sorgfältig gearbeitete, aber kreuzbrave Beschreibung des Alltags zweier alter Menschen zwischen Strickhütchen und Alzheimer den Preis der Jury, Guy Helminger für seine putzmuntere, skurrile Stalker-Geschichte den 3-Sat-Preis. Der Ernst-Willner-Preis ging an Simona Sabato, deren niedlich daherhüpfende Geschichte einer manischen Mülltrennerin die Jury lange als »Verarschung« gedeutet hatte; Wolfgang Herrndorf bekam für ein herb-romantisches Männermelodram den Kelag-Publikumspreis – lauter vertretbare Entscheidungen, die nicht ungeschickt eine Balance zwischen robustem Humor, stillem Feinsinn und dröhnender Ekstase hielten.

Wie in Portugal gehörten auch in Klagenfurt die Schiedsrichter zu den herausragenden Akteuren. Das gilt auch für die drei neuen. Heinrich Detering bewies in seinen Urteilen ein glücklicheres Händchen als bei der Auswahl seiner Kandidaten; Klaus Nüchtern, Kolumnist des Wiener »Falters«, machte mit sarkastisch grimmigen Pointen seinem Namen alle Ehre, Martin Ebel überzeugte durch genaue Arbeit am Text. Burkhard Spinnen, der geistreichste Bonmotdrechsler, der immer erst am Ende aus der Deckung kommt, lieferte sich unterhaltsame Sträußchen mit der temperamentvollen Iris Radisch, Norbert Miller steuerte seine professoral abgeklärte Altersweisheit bei.

Und so spielte die Jury mit ihrer mannschaftlichen Geschlossenheit und ihrem überlegenen Spielwitz die Kandidaten glatt an die Wand. »Wir haben hier unsere eigene kleine Castingshow«, kommentierte Detering Thomas Raabs Text über eine Castingshow, »wir sind die Dieter Bohlens.« Raabs Kritik der Kulturindustrie von innen heraus gipfelte in dem Satz, heute genüge es, einen guten Hintern zu haben, um als Künstler zu gelten. So weit ist es in Klagenfurt denn doch noch nicht gekommen.

Süddeutsche Zeitung, 28. 6. 2004

Ijoma Mangold

Kuss auf die Wange

Alles anders: Der 28. Literaturwettbewerb in Klagenfurt

Die Ideologiekritik ist die Wissenschaft, die hinter den vorgeschobenen Idealen die eigentlichen Interessen entlarvt. Sie lässt sich von hehren Worten nicht beeindrucken und erkennt dahinter die profanen und eigennützigen Motive. Für die Ideologiekritiker stellte sich der Klagenfurter Ingeborg-Bachmann-Wettbewerb stets als ein großes Täuschungsmanöver dar: Viel Überbau, wo vom Dienst an der Literatur und vom Entdecken neuer Talente die Rede war, während es dem Tross des Literaturbetriebs in Wahrheit darum ging, einige schöne und spesenfähige Tage vor der idyllischsn Kulisse des Wörthersees in beschwingter, auch und gerade nachtaktiver Geselligkeit zu verbringen.

Die Kompensationstheorie machte eine in der Anlage ähnliche Rechnung auf. Sie war aber im Ganzen versöhnlicher gestimmt. Ihre Vertreter machten angesichts einer Flut unbegreiflich schlechter Texte geltend, dass sich der Wettbewerb nur aufgrund seiner außerliterarischen Vorzüge (die Sonne Kärntens, der Saibling aus dem Wörthersee, die unverdrossene Lebensbejahung des Literaturbetriebs) halten könne. Der hohe Freizeitwert kompensiere das unterirdische Niveau der vorgetragenen Texte – und so lange diese Mischkalkulation aufgehe, werde es den Wettbewerb geben.

Beide Theoriemodelle helfen in diesem Jahr nicht weiter. Nicht nur weil das Wetter schlecht war. Auch vor einem metereologischen Hoch hätten bei den 28. Tagen der deutschsprachigen Literatur die Autoren mit ihren Texten bestehen können. Seit dem 2000er Jahrgang, als Georg Klein den Bachmann-Preis gewann, daneben aber auch so spannende Autoren wie Andreas Maier, Susanne Riedel oder David Wagner mit von der Partie waren, hat es keinen so gut besetzten »Bewerb«, wie die Österreicher sagen, mehr gegeben.

Starkes Mittelfeld
Und das ist noch zurückhaltend formuliert. Zur Erinnerung: Dass man in den vergangenen Jahren am Bachmann-Wettbewerb zu Recht verzweifeln konnte, lag nicht nur an den Autoren, sondern auch an der Jury: In verlässlicher Abgewogenheit aus trotziger Inkompetenz und beleidigter Leberwurst, taumelnd zwischen Phlegma und Ressentiment, für alle sichtbar selbst unglücklich in dem auszuübenden Amt, konnte es nur wenig überraschen, dass die Autoren in den Jahren 2001 und 2002 das getreue Spiegelbild der sie einladenden Jury abgaben.

Nun wurde aber im vergangenen Jahr die Jury unter dem Vorsitz von Iris Radisch gründlich renoviert und vergrößert. Und man wäre entweder ungerecht oder blind, wenn man nicht anerkennen würde, dass das Erfolg hatte. Die Jury agierte 2003 wesentlich gescheiter und gewitzter. Nur auf die Autorenauswahl schien es überhaupt nicht durchgeschlagen zu haben. Und so wurde im letzten Jahr mit raffinierten Argumenten und lebhafter Belesenheit an Texten herumgeschraubt, die in ihrer Armseligkeit vor so viel kritischem Aufwand eigentlich hätten erröten müssen. Es war eine Gespensterdiskussion. Von wenigen Ausnahmen abgesehen (wie Feridun Zaimoglu) waren es Texte, die vor allem durch eines charakterisiert waren: Durch die Grundlosigkeit ihrer Existenz. Durch die absolute Unbegreiflichkeit, warum ihre Verfasser sich der Mühe unterzogen hatten, diese Überflüssigkeiten aus dem Nichts ins Sein zu hieven. Was Klagenfurt in den vergangenen Jahren präsentierte, war viel schlechter als das, was die deutsche Gegenwartsliteratur tatsächlich zu bieten hatte.

Warum nun war das dieses Jahr alles anders? Weil allen der Schreck in den Gliedern saß? Weil die Bewerber endlich begriffen haben, dass sie *hate crimes* provozieren, wenn sie mit dieser bestimmten Sorte bedürfnisloser, humorfreier, monadischer Selbstdurchstreichungsprosa in Hauptsatz-Askese Ernst machen? Oder einfach weil alles im Leben und so auch Literaturwettbewerbe ihre Zyklen haben? Wir wissen es nicht.

Jedenfalls war Klagenfurt 2004 ein starker, ein spannender Wettbewerb, der gerade auch im Mittelfeld diskussionsfähig blieb. Und das ist wichtig. Auch die weniger guten Texte waren in diesem Jahr so, dass man den Impuls erahnte, dem sie sich verdankten. Auch die weniger guten Texte waren so, dass in ihnen in irgendeiner Weise Welt greifbar wurde, an die man als Zuhörer anknüpfen konnte. Noch die Analyse ihres Scheiterns war erhellend: Sie offenbarten eine Vielfalt und Abwechslung an Genres und Formaten, ohne die ein 18-Stunden-Lese-Marathon sonst nur für protestantische Pflichtethiker durchzuhalten wäre.

Zu diesen Texten gehörte zum Beispiel Dorothea Dieckmanns Romanausschnitt »Guantánamo«, der sich die Aufgabe stellte, in den Kopf eines in Guantanámo Inhaftierten zu gucken. Trotz eines sprachlich reichen Registers krankte der Text daran, dass er sich in die Empathie der Innenschau flüchtete, ohne die Schwierigkeit einer solchen allwissenden Einfühlung selbst zu thematisieren. Oder Juli Zeh, die in das seit längerem abgelegte Kostüm des politisch engagierten Literaten schlüpfte. Das war dankenswert, demonstrierte aber, wie groß die Gefahren sind, dabei in einem naiv-ideologischen Schwarz-Weiß zu verharren. Oder Roswitha Haring, die mit »Das halbe Leben« in bedrückender Weise den disziplinarischen Zurichtungscharakter – der Welt? der DDR? – beschrieb. Nur dass diese Ausweglosigkeit der Manipulation durch die Ordnungsinstanzen der Gesellschaft eine war, die der Text in penibler Einseitigkeit allererst konstruiert hatte.

Der Gewinner des Bachmann-Wettbewerbs heißt Uwe Tellkamp. In den kleinen Zirkeln der Lyrikfreunde kennt der ein oder andere ihn bereits als überschäumenden Rhapsoden. Auch sein Romanauszug »Der Schlaf in den Uhren«, mit dem er in Klagenfurt antrat, dürfte die Vertreter einer *arte povera* das

Fürchten gelehrt haben. In keinem Autor hätte die Abkehr von der Monotonie der vergangenen Jahre glanzvoller symbolisiert sein können. Was eine Satzperiode ist, welche Musik in ihr steckt, aber auch welches Zittern und Bangen, welche Euphorie und Überdrehtheit, welcher Witz und welches Pathos, kurz, welches Leben, das hat Uwe Tellkamp, dieser Sprachberserker und Geschichtsmetaphysiker, virtuos vorgeführt. Aus einer Straßenbahnfahrt durch Dresden wird eine zeitgeschichtliche Fahrt durch das Panorama der deutschen Geschichte, die – um zumindest das zu sagen – nicht gerade als ein »langer Weg nach Westen« (Heinrich August Winkler) gedeutet wird.

Den zweiten Preis, den Preis der Jury, erhielt Arne Roß. »Pauls Fall« ist eine zarte, aber in keinem Moment weichliche Elegie über das Sterben eines alten Mannes; in der die Welt, die er verlässt, mit großer Schärfe noch einmal zur Darstellung kommt. Vielleicht nicht gerade unser Genre, aber wirklich sehr gut gemacht. Dritter wurde Guy Helminger, dem das nicht unerhebliche Verdienst zukommt, in Klagenfurt wieder Humor eingeführt zu haben (wobei auch Tellkamp über ein burleskes Potential verfügt). »Pelargonien« erzählt die Geschichte eines Stalkers, der sein Opfer mit Liebe und Hilfsbereitschaft verfolgt – der komödiantische Beweis, dass die Liebe am besten als Einbahnstraße funktioniert. (Wobei die Jury zu Recht einen Mord am Horizont sich abzeichnen sah.)

Den vierten Preis erhielt Simona Sabato. Man war von ihrem Text ziemlich überfordert, aber auch bereit, der Jury zu vertrauen, da sie sich dieses Zutrauen verdient hatte. Und auch die Gerechtigkeit war sich nicht zu schade, in letzter Sekunde durch den Publikumspreis einzugreifen und Wolfgang Herrndorf zu ehren, der ansonsten leer ausgegangen wäre.

Was bleibt noch zu sagen? Dass Klaus Nüchtern vom Wiener »Falter« ein vergnüglicher und kluger Neuzugang der Jury war. Und natürlich: Die große Rührung und Teilnahme bei der Preisverkündigung durch das Publikum und durch die Autoren. Symbolisiert in dem herzhaften Kuss, den Arne Roß seinem Juror Burkhard Spinnen (eher ein Mann für das Pathos der Distanz) auf die Wange drückte.

Der Tagesspiegel, 28. 6. 2004

Marius Meller

In Schokoladengewittern

Kritik ist die schönste Drecksarbeit der Welt; beim Wettbewerb um den Bachmann-Preis in Klagenfurt fand sie würdige Gegner

Wenn sich die Kritiker jedes Jahr wieder in Klagenfurt die Ärmel hochkrempeln und sich ihnen die Kameraaugen wie Fleisch fressende Pflanzen entgegenrecken, dann wissen sie nur allzu gut: Kritik ist Drecksarbeit. Und gefährlich. Der erste deutsche Popautor, Goethe, wollte die Rezensentenhunde am liebsten totschlagen. Wenn er milder gestimmt war, formulierte er weniger blutrünstig, aber genauso bissig: Die Kritik erscheint wie Ate: Sie verfolgt die Autoren, aber hinkend. Das bedeutet: Die Kritik hat für das literarisch Neue, wenn es wirklich neu ist, noch keine Kategorien. Sie muss sie erst entwickeln. Und sie hinkt wie Ate, die Göttin der Verblendung, hinter den Autoren her, weil sie den Apparat des literarisch Vergangenen, den Kanon, mitschleppt.

In Klagenfurt ist der Abstand zwischen kritischem Subjekt und Objekt am kürzesten. Die Köpfe stoßen direkt auf die Bücher und die ganze deutschsprachige Welt kann im Fernsehen zugucken und zuhören, wie das aussieht, wie das klingt. Jedem der neun Jury-Kritiker ist klar, dass er während der vielen Stunden mal etwas Dummes sagen wird. Das ist das Risiko. Und: Ist der Autoren-Jahrgang mau, ist die Jury schuld. Dann hallt es ganz martialisch im deutschsprachigen Feuilleton: Schafft Klagenfurt ab, radiert es aus, auf dass es woanders neu und herrlich auferstehe. Aber Klagenfurt ist zäh. Es lockt jedes Jahr mit universalen Konstanten: Radeln zum Bad im Wörthersee, Fischessen im Maria Loretto, exzessives Abhotten im Schottch-Club und Literaturklatsch, viel Literaturklatsch.

Die Unkenrufe werden dieses Jahr jedoch kaum hörbar sein. Denn heuer war ein guter Jahrgang, der Beste seit langem. In den letzten Jahren gab es einzelne große Texte: von Georg Klein, von Michael Lentz, von Feridun Zaimoglu. Aber diesmal, bei den 28. Tagen der deutschsprachigen Literatur, konnten die Juroren-Kritiker ihr Glück kaum fassen. Obwohl gleich fünf Preise zu vergeben sind, vom Bachmann-Preis mit 22500 Euro bis zum Publikumspreis mit 5000 Euro, waren es nicht genug. Alle zehn Autoren, die am Ende auf der Shortlist der Jury standen, hätten, über die letzten Jahre verteilt, Preise bekommen.

Gleich die Startnummer zwei, der Berliner Maler und Autor Wolfgang Herrndorf, trieb die kritischen Messlatten so hoch, dass man später leider nicht mehr so genau wusste, wo man sie hingehängt hatte. Das ist das Schicksal der Früh-Leser. Herrndorf bekam schließlich nur den Publikums-Preis, der per E-mail ermittelt wird. Nur ein Trostpflästerchen, denn sein Text »Diesseits des Van-Allen-Gürtels« hätte unter Normalbedingungen mindestens einen bis anderthalb Bachmannpreise verdient. In einer leisen, unprätentiösen, lakonischen, intensiven Sprache schildert er den Spätnachmittag eines Melancholikers um die Dreißig auf dem Balkon der leer geräumten Nachbarswohnung. Ein pubertierender Rüpel aus dem Viertel gesellt sich dazu. Es wird getrunken und geraucht. Man beobachtet den Mond. Der Dreißigjährige dekonstruiert grausam das Weltbild des Jungen. Aber er bringt ihn zum Weiterdenken, so wie Samuel Becketts Moran seinen Sohn, den er aus Erkenntnisgründen lehrt, an die Höllenqualen zu glauben. Auf ihre Weise erleben beide Figuren einen Moment transzendenter Erhabenheit. Und das Ganze funktioniert, ohne im Geringsten kitschig zu wirken.

Herrndorf, Jahrgang 1965, war die eigentliche Entdeckung des Wettbewerbs. Sein Schreiben erweckt den Eindruck, es sei ganz dicht an der Gegenwart, was immer das heißen mag, und trotzdem angeschlossen an die Literaturgeschichte: an Kafka, Beckett, Carver und die deutsche Popliteratur.

Doch Herrndorfs Text war zu leise, um sich gegen die 10000 Watt zu behaupten, mit denen der letztlich zum Bachmann-Preisträger gekürte Uwe Tellkamp in die am Freitagnachmittag leicht ermüdeten Hirne der Jury brüllte. Zugegeben: Tellkamp, Münchner Arzt, geboren 1968 in Dresden, ehemaliger NVA-Panzerkommandant, ist eine eminente literarische Begabung. Er hat Rhythmus, Phantasie, literarische Bildung und einen Hang zum CSU-mäßigen Outfit, das im Literaturbetrieb höchst ungewöhnlich und erfrischend ist.

Aber sein Romanauszug »Der Schlaf in den Uhren« gewann nur deshalb, weil er bei der Jury, neben dem Erfrischungseffekt, literarische Elterninstinkte auslöste: Der dichte Bewusstseinsstrom einer Figur, die in der Dresdner Straßenbahn sitzt und eine ganze Kaskade von Tunnelblicken in die Geschichte erlebt, ist von Hofmannsthal-Zitaten aus dem Rosenkavalier durchsetzt, die ein Lämpchen blinken lassen: Achtung! Hier geht es um Sein und Zeit. Da diese Cento-Technik in der Gegenwartsliteratur unüblich ist, befand die stolze Eltern-Jury: Toll, was unser Liebling gelesen hat, toll, wie er sich für Geschichte interessiert. Denn heute, hört man, schwinde ja (literar-)historisches Bewusstsein.

Als dann auch noch eine Handgranate in einer Schokoladenfabrik des Nachkriegs-Dresden explodiert, war man gänzlich überzeugt, denn auch im Rosenkavalier kommt Schokolade vor. Die Schokolade spritzt in Tellkamps James-Joyce-Claude-Simon-Pastiche über russische Soldatenköpfe und der Jury schmeckte das ganz vorzüglich. Im wohligen Schokoladengewitter übersah man alle wuchernden Stilblüten: »meergrüne Schallplatte in der Nacht, schwappende Systole des auf dem Plattenteller schwimmenden Lichts...«. Lecker. Bestnote. Setzen. Tellkamp hat viel auf dem Kasten, nur hat er keinen Geschmack. Und so klingt seine Literatur leider wie Phil Collins goes Classic.

Aber verblendet, wie Goethes Ate, war die Jury ganz und gar nicht. Eher kurzzeitig geblendet. Denn nach dem Abtupfen der Schokolade sah sie durchaus klar: Der zweite, der Preis der Jury, ging an den Berliner Autor Arne Roß, Jahrgang 1966, für seinen Romanauszug »Pauls Fall«. In einer Art literarischem Minimalismus schildert Roß einen alten Mann, der aus dem Fenster schaut, der vergisst, den Kuchen aus dem Backofen zu nehmen, aufsteht, sich wieder setzt, dann doch noch an den Kuchen denkt. Ein sympathischer Text in klarer Sprache von meditativer Langsamkeit. Vielleicht ein wenig brav ist diese schöne Geronto-Prosa, von der man trotzdem gerne 200 Seiten lesen würde.

Den dritten, den 3sat-Preis, erhielt die andere Entdeckung dieses Wettbewerbs, der gebürtige Luxemburger und heutige Kölner Guy Helminger, Jahrgang 1963. Mit seinem Text »Pelargonien« wurde endlich einmal wieder der literarische Humor Klagenfurt-preiswürdig. Die Geschichte über einen Fahrrad fahrenden Halbnarren, der gerne harmlose Passanten einen Klaps auf den Hinterkopf gibt, war so komisch, dass der Autor nicht verhindern konnte, beim Lesen einmal in schallendes Gelächter auszubrechen. Der Text hat aber auch Abgründe: Wird der Halbnarr schließlich zum Vergewaltiger? Helmingers Text ist von einer eigenartigen Lichtmetaphorik durchsetzt, die der Atmosphäre des Textes einen, man muss es so sagen, humanistischen Schein verleiht.

Der namenlose Romananfang der Kamerafrau Simona Sabato, ebenfalls in Berlin lebend, Jahrgang 1964, polarisierte die Studio-Kritiker. Jurysprecherin Iris Radisch verwarf den Text zunächst pauschal (»100 Prozent Gaga«, »genauso gut könnte man das Telefonbuch rezensieren«). In der Debatte öffnete sich dann der schön-skurrile Text, der von einem kommunikativen Missverständnis zum andern mäandert. Es ist Radisch hoch anzurechnen, dass sie sich zu ihrem Irrtum bekannte und schließlich sogar für Sabatos Diskurs-Slapstick stimmte. Simona Sabato erhielt den vierten, den Ernst-Willner-Preis, dotiert mit 7000 Euro.

Nicht nur die Karrieren der fünf Preisträger dieses soliden Literaturjahrgangs werden einen Sprung machen. Viele andere Teilnehmer, die diesmal keinen Blumentopf gewannen, wird die Öffentlichkeit allmählich wahrnehmen.

Sie lebt, die deutschsprachige Literatur der Gegenwart. Und Kritik ist die schönste Drecksarbeit der Welt.

Die Tageszeitung, 28. 6. 2004

Gerrit Bartels

Zeitlos groß in Klagenfurt

Bei aller gebotenen literarischen Qualität: Auf den 28. Tagen der deutschsprachigen Literatur zu Ehren Ingeborg Bachmanns in Klagenfurt wurde offenbar, dass sich die deutsche Gegenwartsliteratur erstaunlich wenig für die Gegenwart interessiert

Am frühen Freitagnachmittag, die Sonne hatte sich in Klagenfurt gerade mühsam durch viele dunkle Gewitterwolken gearbeitet, war es endlich auch in den schmucklosen Räumlichkeiten des ORF-Theaters so weit. Plötzlich waren die vielen ordentlichen und guten und nicht nur gut gemachten Texte nur noch »mittelmäßige Texte, über die wir viel zu lange geredet haben«, wie es Jurymitglied Heinrich Detering ausdrückte. Schlagartig waren auch die öden Wettbewerbe der letzten Jahre vergessen, die hie und da geäußerten Forderungen nach der Abschaffung des Klagenfurter Bachmann-Lesens, die im Vorfeld entrüstet als Wiedergänger entlarvt wurden, aber immerhin für willkommenen Gesprächsstoff sorgten.

Endlich ein Schwergewicht

Die neunköpfige Jury nämlich, sie hatte endlich ein literarisches Schwergewicht gefunden, einen großen Autor: Uwe Tellkamp, geboren 1968 in Dresden, von Beruf Arzt und Autor, Unfallchirurg und Verfasser des 2000 bei Leipziger Verlag Faber & Faber erschienenen und weithin ignorierten Romans »Der Hecht, die Träume und das Portugiesische Café«.

Als viel zu knapp empfand die Jury auf einmal die Zeit, um Tellkamps Text, einen Romanauszug, würdigen zu können, und als viel zu klein auch die sonst fein und mit Bedacht gewählten Worte: »Ganz große Kunst, ganz große Literatur«, schwärmte Ursula März, mit »sehr, sehr schön, sehr groß, sehr kunstfertig«, sekundierte ihr Heinrich Detering, während die Jury-Vorsitzende Iris Radisch sich »wie eine Blume begossen« fühlte dank der Fülle und Überfülle dieses Textes. Und tatsächlich: Tellkamp begibt sich in diesem auf eine vielstimmige, vielperspektivische und auch musikalische Erinnerungsreise, und zwar mit einer Straßenbahn durch das Dresden der Kriegs-, Nachkriegs- und Vorwendezeit. Ein genauso gekonnter wie sinnlicher Text, aber auch ein düsterer, in vielen dunklen Farben gehaltener.

Mit absoluter Mehrheit

Nun möchte Tellkamp bei dem in diesem Jahr zum 28. Mal stattfindenden Ingeborg-Bachmann-Wettbewerb eine echte Entdeckung gewesen sein, ein alle anderen überstrahlendes Juwel: Mit einer absoluten Mehrheit von fünf der neun Stimmen wurde ihm der 22500 Euro dotierte Ingeborg-Bachmann-Preis verliehen. Doch wies seine Entdeckung mitnichten auf das schlichte Mittelmaß der anderen. Dieser Bachmann-Jahrgang war literarisch gesehen ein guter, interessanter und abwechslungsreicher. Es war ein Wettbewerb, bei dem man sich nie sicher sein konnte, ob auf einen guten Text nicht schon bald ein besserer folgte; der gar durch einige lebendige Vorträge auffiel, wobei es Richard David Precht leider übertrieb mit seiner anbiedernden Performance; und dessen Beiträge es schafften, die oft sehr einig wirkende Jury und ihr diesen Wettbewerb mitkonstituierendes, in diesem Jahr manchmal etwas müde wirkendes Diskutieren und Bewerten gar in den Hintergrund treten zu lassen. Ja, man ertappte sich dabei, nicht gleich etwas von der Jury hören, dem Text erst mal seinen eigenen Nachhall geben zu wollen.

Kurz nach Tellkamps Auftritt überzeugte auch der Berliner Autor Arne Roß mit seinem langsamen, anrührenden Text über einen alten Mann; ein passabler, wenngleich nicht brillanter Text, der mit seiner Thematik stark an den von Inka Parei aus dem Vorjahr erinnerte. Er wurde gleichfalls unisono belobigt und bekam den mit 10000 Euro dotierten Preis der Jury. Aber auch in Wolfgang Herrndorf und seiner melancholischen Herr-Lehmann-Variation »Diesseits des Van-Allen-Gürtels« fand sich schon früh ein erster möglicher Sieger; auch Thomas Raab und Andreas Münzner lieferten gute Arbeiten ab, der eine mit einer perfekt collagierten Mediensatire, der andere mit einem genauen, bewusst undeutlich gehaltenen Familienfeier-Text; auch Simona Sabato, Dorothea Dieckmann und Bettina Balàka wussten positiv Kontroverses vorzulesen. Dabei riss Sabato mit ihrem bewusst ungeordneten Chaostext, dem Psychogramm einer Wahnsinnigen, die größten Gräben in der Beurteilung auf («unsortiert«, »zu viel schlechter Müll«, »Gaga-Text« hieß es da zu Anfang), bekam am Ende aber den mit 7000 Euro dotierten Ernst-Willner-Preis; und schließlich entpuppte sich der deutschluxemburgische Autor Guy Helminger als weiterer Preisanwärter und späterer 3sat-Preisträger (7500 Euro): mit einem mitunter komischen Suspense-Text über einen Neurotiker und dessen gewaltsame Besitznahme einer bei einem Verkehrsunfall verunglückten Frau.

Ich bin engagiert!

Was aber bei aller Qualität auffiel in diesem Jahr: Die deutsche Gegenwartsliteratur, so sie sich denn in Klagenfurt als repräsentativ darstellte, interessiert sich nicht mehr besonders stark für die Gegenwart. Und damit auch die führende Literaturkritik, denn schließlich ist es die Jury, die die Texte vorab auswählte. Kindheitserinnerungen dominierten, Texte mit starken Kinderperspektiven, wie die von Sandra Hoffmann, Richard David Precht, Roswitha Haring; und solche, in denen die deutsche Vergangenheit einen großen Raum einnimmt, wie die von Uwe Tellkamp, Artur Becker, Andreas Münzner, Bettina Balàka und Arno Geiger. Wo die Gegenwart doch einmal im Zentrum stand, auf dem Schulhof bei Juli Zeh, im Gefängnis auf Guantánamo bei Dorothea Dieckmann, in der Castingshow bei Thomas Raab, hatte sie etwas zu eben Formatiertes, platt Ideologisches (Juli-ich-bin-eine-politisch-engagierte-Schriftstellerin-Zeh), war sie zu sehr der durchschnittlichen Vorstellungswelt entrissen (Dieckmann) oder geriet sie zu einem kühl durchkalkulierten, mechanisch anmutenden Experiment (Raab).

Diese merkwürdige Gegenwartslosigkeit fällt gerade in einem mehr als literaturfernen Ort wie Klagenfurt auf, in der zufällig Ingeborg Bachmann geboren ist, und passt zu den innerbetrieblichen Begleiterscheinungen des Bachmann-Lesens: hier eine

Stadt, in der die *Kronenzeitung* auf dem Neuen Platz ihr unsägliches »Kronenfest« veranstaltet; eine Stadt, die es, ach Gott, ach Gott, nicht schafft, eine große EM-Leinwand im Zentrum aufzustellen, was für einen großen Aufreger bei der ortsansässigen *Kleinen Zeitung* sorgt; und deren stets braun gebrannter Kulturreferent ein Dessoushändler ist, der eine halbe Stunde bei den Lesungen vorbeikommt, sich ein Manuskript auf der richtigen Seite aufschlagen lässt und dann telegen in die ORF-Kamera lächelt.

Und dort, in einer anderen Wirklichkeit, der deutschsprachige Literaturbetrieb, der mit Tunnelblick seinen immer gleichen Klagenfurter Vergnügungen nachgeht: baden, Rad fahren, Fußball spielen, Obstler trinken beim Philosophieprofessor Mitterer, essen im See-Restaurant Maria Loretto und beim Bürgermeisterempfang im Stadthaus.

Zu dieser eigenen Literaturbetriebswirklichkeit passen natürlich auch Irritationen in der Jury, als ein Name wie der des englischen Popstars Paul Weller auftauchte, Daniela Strigl nichts mit dem goldenen Hanuta-Papierchen anfangen konnte oder Heinrich Detering in Raabs Castingtext gleich den eigenen Wettbewerb gespiegelt sah: Klagenfurt sucht den Superautor. Das war nett und stimmte vielleicht als Bild, hat aber mit der Wirklichkeit doch nur wenig zu tun, man vergleiche nur die Einschaltquoten des das Bachmann-Lesen übertragenden Fernsehsenders 3sat und eben RTL.

Man könnte es auch so sagen: Der Bachmann-Preis wird immer dann vergeben, wenn ein Autor wie Guy Helminger in einem der den Lesungen vorangestellten Fernsehporträts vorgestellt wird als »ehemaliger Barkeeper in einer Punk-Kneipe, der jetzt Familienvater ist«: Pop und Literatur, no way! Da konnte auch der Neujuror Klaus Nüchtern mit seinem schönen und lockeren Durchblickertum nichts reißen, und da passte es, dass Wolfgang Herrndorf mit dem vielleicht gegenwärtigsten Klagenfurt-Text bei der Preisvergabe immer nur von Klaus Nüchtern nominiert wurde, am Ende aber den Publikumspreis bekam: Das Publikum tickt immer anders als die Literaturkritik.

Der unkaputtbare Preis
Möglicherweise aber ist es genau diese Unvereinbarkeit von Klagenfurt und Literaturbetrieb, von der Gegenwart und der deutschen Gegenwartsliteratur, die den Charme, die Unkaputtbarkeit und die Einmaligkeit dieses Wettbewerbs ausmachen – in Berlin oder in Frankfurt, und auch in keiner Lüdenscheider Turnhalle hätte er eine Chance. Und trotzdem, trotz dieses gegenwartslosen, aber erstaunlich guten Jahrgangs sehnt man sie sich eines Tages herbei: den Autor oder die Autorin, der oder die in den Neunzigerjahren die verlorene Zeit sucht oder eine Parallelhandlung zu beschreiben und die Tristesse oder auch Großartigkeit der Nullerjahre in eine große literarische Form zu gießen weiß.

Die Autoren

DOROTHEA DIECKMANN, geb. 1957 in Freiburg/Breisgau, lebt in Hamburg. Studium der Literatur und Philosophie. Seit 1993 Kritikerin für die ZEIT, die Neue Zürcher Zeitung und diverse Rundfunkanstalten. Zahlreiche Beiträge für Anthologien und Literaturzeitschriften (u.a. Lettre International, Manuskripte, ndl).

Publikationen (Auswahl): *Wie Engel erscheinen*. Prosaskizzen. Rotbuch 1994. *Die schwere und die leichte Liebe*. Novelle. Berlin Verlag 1996. *Belice im Männerland*. Berlin Verlag 1997. *Damen & Herren*. Roman. Klett-Cotta 2002. *Sprachversagen*. Essay. Droschl 2002. *Guantánamo*. Roman. Klett-Cotta 2004.

Auszeichnungen: Hamburger Förderpreis für Literatur 1990. Stipendienaufenthalt in Schloss Wiepersdorf 1997. Marburger Literaturpreis 1998. Stipendium der International Writer's Colony, Ledig House, Ghent/NY 2004.

ARNO GEIGER, geb. 1968 in Bregenz, lebt in Wien und Wolfurt. Studium der Germanistik, Vergleichenden Literaturwissenschaft, Alter Geschichte und Zeitgeschichte. Langjährige Tätigkeit als Videotechniker bei den Bregenzer Festspielen. Zahlreiche Veröffentlichungen in Anthologien und Literaturzeitschriften.

Publikationen (Auswahl): *Irrlichterloh*. Roman. Carl Hanser 1999. *Alles auf Band*. Drama. Deuticke 2001 (gemeinsam mit Heiner Link). *Schöne Freunde*. Roman. Carl Hanser 2002. »Natürliche Schwankungserscheinung«. In: *Beste deutsche Erzähler 2003*. Hrsg. von Hubert Winkels. DVA 2003.

Auszeichnungen: Abraham Woursell-Award für junge europäische Literatur 1998. Carl Mayer-Drehbuchförderpreis der Grazer Diagonale 2001.

ROSWITHA HARING, geb. 1960 in Leipzig, lebt in Köln. Kleidungsfacharbeiterlehre und Abitur in Görlitz. Studium der Kulturwissenschaft in Leipzig. Veröffentlichungen in Literaturzeitschriften.

Publikationen (Auswahl): »Tanz in den Mai«. In: *Der wilde Osten*. Hrsg. von Roland Koch. S.Fischer 2002. *Ein Bett aus Schnee*. Novelle. Ammann 2003.

Auszeichnungen: aspekte-Literaturpreis des ZDF für das beste deutschsprachige Debüt 2003. Förderstipendium des Landes Nordrhein-Westfalen 2004. Stipendium der Stiftung Künstlerdorf Schöppingen 2004.

GUY HELMINGER, geb. 1963 in Esch/Alzette (Luxemburg), lebt in Köln. Studium der Germanistik und Philosophie in Luxemburg, Heidelberg und Köln. Arbeit als Barkeeper, Schauspieler, Regieassistent und 3D-Grafiker. Leitet Seminare, in denen er mit Autoren das Vorlesen und Performen ihrer Gedichte erarbeitet. Zahlreiche Veröffentlichungen (Lyrik, Prosa, Hörspiel, Theater) in Anthologien.

Publikationen (Auswahl): *Die Ruhe der Schlammkröte*. Roman. Eigenverlag 1994. *Leib eigener Leib*. Gedichte. Editions Phi 2000. *Rost*. Kurzgeschichten. Editions Phi 2001. *Verwanderung*. Gedichte. Editions Phi 2002. *Venezuela*. Theaterstück. Editions Phi 2004.

Auszeichnungen (Auswahl): Autorenstipendium Filmstiftung NRW 2000 und 2001. Förderpreis für Jugend-Theater des Landes Baden-Württemberg 2002. Prix Servais 2002. 3sat-Preis 2004.

WOLFGANG HERRNDORF, geb. 1965 in Hamburg, lebt in Berlin. Studium der Malerei.
Publikation u.a.: *In Plüschgewittern*. Roman. Haffmans bei Zweitausendeins 2002.

ANDREAS MÜNZNER, geb. 1967 in Mount Kisco (USA), aufgewachsen in der Schweiz, lebt in Hamburg. Freier Autor und Übersetzer, zuletzt aus dem Französischen.

Publikationen (Auswahl): »Lyrik und Erzählungen«. In: *Hamburger Ziegel.* Dölling und Galitz 2002. *Die Höhe der Alpen.* Roman. Rowohlt 2002.

Auszeichnungen u.a.: Förderpreis der Jürgen-Ponto-Stiftung 2002. Irmgard-Heilmann-Preis 2003. Preis der Schweizerischen Schillerstiftung 2003.

RICHARD DAVID PRECHT, geb. 1964 in Solingen, lebt in Köln. Studium der Germanistik, Philosophie und Kunstgeschichte. 1992 bis 1995 wissenschaftlicher Mitarbeiter an der Universität Köln. 1994 Promotion über Robert Musil. Seit 1995 journalistisch-essayistische Tätigkeit für die ZEIT, FAZ, Frankfurter Rundschau, Geo, Deutschlandfunk, WDR u.a. 2002 bis 2004 Kolumnist bei der Zeitschrift »Literaturen«.

Publikationen (Auswahl): *Die gleitende Logik der Seele.* Metzler 1996. *Noahs Erbe.* Rotbuch 1997. *Das Schiff im Noor.* Roman. Luchterhand/Limes 1999 (gemeinsam mit Georg Jonathan Precht). *Die Kosmonauten.* Roman. Kiepenheuer & Witsch 2003.

Auszeichnungen: Arthur F. Burns Fellow bei der Chicago Tribune 1997. Heinz-Kühn-Stipendium 1999. Stipendium des Europäischen Journalisten Kolleg Berlin 2000/2001.

THOMAS RAAB, geb. 1968 in Odessa, lebt in Wien. Studium der Naturwissenschaften in Graz, Wien und Berkeley. Nach mehreren Forschungsstipendien als selbstständiger Kognitionswissenschaftler diverse Arbeiten in der Kunstbranche. Heute Schriftsteller, freier Wissenschaftler und Übersetzer. Zahlreiche Veröffentlichungen in Literatur-, Wissenschafts- und Kunstzeitschriften, Vorträge, Beiträge in Künstlerkatalogen.

Publikation u.a.: *Verhalten.* Roman. Tropen 2002.

Auszeichnungen: Romstipendium des österreichischen Bundeskanzleramts 1999. Literaturförderungspreis der Stadt Graz 2002. Arbeitsstipendium des österreichischen Bundeskanzleramts 2003.

ARNE ROSS, geb. 1966 in Hamburg, lebt in Berlin. Studium der Germanistik und Geschichte in Berlin. Heute Schriftsteller und Lehrer.

Publikationen (Auswahl): »Martha«. In: *Die Stadt nach der Mauer. Junge Autoren schreiben über ihr Berlin*. Hrsg. von J.J. Becker/U.Janetzki. Ullstein 1998. *Frau Arlette*. Roman. DuMont 1999. »Kleckse! Kleckse!« In: *Helden wie ihr. Junge Schriftsteller über ihre literarischen Vorbilder*. Hrsg. von J.J. Becker/U.Janetzki. Quadriga 2000. »Die Fechtmeisterin«. In: *Eiszeit. 25 Autoren schlottern vor Kälte*. Hrsg. von Anne Enderlein und Cornelie Kister. Aufbau 2000. »Das Begräbnis«. In: *Vom Fisch bespuckt*. Neue Erzählungen von 37 deutschsprachigen Autorinnen und Autoren. Hrsg. von Katja Lange-Müller. Kiepenheuer & Witsch 2002.

Auszeichnungen: Preis für das beste deutschsprachige Debüt 1999. Stipendium des Berliner Senats 1997, 1998. Künstlerhaus Schloss Wiepersdorf 2000. Stadtrandschreiber von Berlin-Hellersdorf 1999/2000.

SIMONA SABATO, geb. 1964 in Berlin, lebt in Berlin. Ausbildung zur Kamerafrau an der SFOF Berlin. Zehn Jahre Arbeit als Kamerafrau. Studium Szenisches Schreiben an der UDK Berlin.

Publikationen (Auswahl): »Nicht in den Mund«. In: *Spectaculum 73*. Suhrkamp 2002. *Super lucky dog*. Theaterstück. Suhrkamp 2004. »Gotland«. In: *Spectaculum 75*. Suhrkamp 2004.

Auszeichnungen: Preis der Jürgen-Ponto-Stiftung 2001. Arbeitsstipendium des Berliner Senats für Kultur und Wissenschaft 2002. Arbeitsstipendium der Stiftung Preußische Seehandlung 2003. Alfred-Döblin-Stipendium der Akademie der Künste 2004.

UWE TELLKAMP, geb. 1968 in Dresden, lebt in München. Arzt und Autor. Studien zu Farnen. Beiträge in Literaturzeitschriften und Anthologien.

Buchpublikation: *Der Hecht, die Träume und das Portugiesische Café*. Roman. Faber & Faber 2000.

Auszeichnungen: Schulterschlag vom Oberarzt für Diagnose und rechtzeitige Therapie einer klinisch untypischen, im Lauf des Nachtdiensts lebensgefährlichen Meningitis. Brief von Günter Grass. »Der schreibt gar nicht wie ein Deutscher. Sondern wie ein Ungar!« (ungarischer Literatursachverständiger). Sächsisches Staatsstipendium für Literatur 2002. Dresdner Lyrikpreis 2004.